Sabiduría Diaria
para Mujeres

Sabiduría diaria para mujeres
© 2014 por Casa Promesa

Print ISBN 978-1-63058-658-4

eBook Editions:
Adobe Digital Edition(.epub) 978-1-63409-056-8
Kindle and MobiPocket(.prc) 978-1-63409-057-5

Títuo en inglés: *Daily Wisdom for Women*
© 2013 por Barbour Publishing, Inc.

Desarrollo editorial: *Semantics, Inc.* P.O. Box 290186, Nashville, TN 37229. semantics01@comcast.net

Publicado por Casa Promesa, P. O. Box 719, Uhrichsville, Ohio 44683, www.casapromesa.com.

Nuestra misión es publicar y distribuir productos inspiradores que ofrecen valor excepcional y estímulo bíblico a las masas.

Impreso en los Estados Unidos de América.

Sabiduría Diaria
para Mujeres

inspiración para la vida

CASA PROMESA
Una división de Barbour Publishing, Inc.

Introducción

Experimenta una íntima conexión con tu Padre celestial
con la colección de devocionales *Sabiduría diaria para mujeres*.
Este hermoso volumen, que presenta una poderosa
lectura devocional y oración para cada día del año,
proporciona inspiración y aliento para tu alma.
Mejora tu viaje espiritual con las refrescantes lecturas que
te llevarán a conocer con exactitud la forma tan profunda
y tierna en que Dios te ama.

Nueva oportunidad

Ahora dice el Señor a su pueblo: «Ya no recuerdes el ayer, no pienses más en cosas del pasado. Yo voy a hacer algo nuevo, y verás que ahora mismo va a aparecer. Voy a abrir un camino en el desierto y ríos en la tierra estéril».
Isaías 43.18-19 dhh

No hay nada tan redentor como una "nueva oportunidad". Un popular psicólogo alienta a los padres a ofrecer a los niños la oportunidad de "volver a hacer algo desde el principio" cuando su conducta necesita corrección. El progenitor declara: "Tu conducta no ha sido aceptable. ¿Te importaría volver al principio y hacerlo de nuevo?". Casi sin excepción, el niño acepta con alegría la ocasión de hacer las cosas bien.

En la vida contamos con algunas "oportunidades". El Año Nuevo es una de ellas. Sin hacer una lista de decisiones que, transcurrida una semana, se habrán olvidado, considera esto: ¿En qué necesitas una "nueva oportunidad"? ¿Alguna relación en tu vida necesita reparación? ¿Tendrías que revisar tus prioridades? Si no has estado comiendo de forma saludable, ¿deberías modificar tu lista de la compra?

Al comenzar un nuevo año, entiende que nadie es perfecto. Haz, pues, un inventario de los ámbitos de tu vida que podrían beneficiarse de un nuevo comienzo. ¡Aprovecha la ocasión de una "nueva oportunidad"!

¡Gracias, Señor, por un nuevo año! Dame la disciplina requerida para realizar los cambios necesarios. Te amo, Padre. Amén.
EB—Aliento

En su presencia

Acerquémonos, pues, confiadamente al trono de la gracia, para alcanzar misericordia y hallar gracia para el oportuno socorro.
HEBREOS 4.16 RVR1960

Abigail tenía tan solo tres años, pero sabía que cuando estaba en casa de su abuelo él era el mejor compañero de juegos. En ocasiones ella solo se lo tenía que pedir un par de veces y él jugaba a la casita con ella y con varios animales de trapo o muñecas especiales de la abuela. Enseguida apagaba los aspersores para que Abigail pudiera correr por la hierba del jardín con los pies descalzos. Y, sobre todo, disfrutaba encaramándose en su regazo con su libro favorito, y entregándoselo a él para que se lo leyera. Si alguna vez se cansaba de la misma vieja historia, él no se inmutaba. En vez de ello, cada vez la leía con sorpresa y sinceridad, como si no hubiera visto nunca antes aquellas palabras.

Qué gozo saber que, igual que Abigail, podemos entrar en la presencia de Dios y darle a conocer nuestras peticiones. Así como a los abuelos les gusta ver la alegría en los ojos de su nieta, a Dios le encanta darnos regalos y ver que nos deleitamos en el tiempo que pasamos con él. Podemos venir y sentarnos con nuestro Padre celestial, contarle cualquier necesidad que tengamos y hablarle de todo.

Padre celestial, gracias por acogerme siempre en tu presencia. Tengo la seguridad de que sabes qué necesito y de poder descansar siempre en tu misericordia y gracia. Amén.
SG—ORACIÓN

Vístete de amor

Por encima de todo, vístanse de amor, que es el vínculo perfecto.
COLOSENSES 3.14 NVI

¿Cuántas mañanas hemos pasado de pie, frente a nuestro armario, contemplando sin esperanza su atiborrado contenido y pensando que no tenemos nada que ponernos? Lo que queremos decir en realidad es que no tenemos nada que ponernos para sentirnos lindas o hermosas, deportiva o profesional, o cualquier look que pretendamos para ese día. Queremos vernos atractivas. Queremos que los demás se sientan atraídos por nosotras. Y, a veces, independientemente del número de blusas del que dispongamos para elegir, con nada nos sentimos bien.

No obstante, hay un accesorio que todas tenemos a nuestra disposición y que siempre queda bien. Hace que el aspecto siempre sea el adecuado y en todo momento nos hace más atractivas a ojos de los demás. Cuando vamos vestidas con él, somos hermosas por ajada y antigua que esté nuestra ropa. Cuando nos vestimos de él, nos volvemos más populares, nos buscan y nos admiran más.

Te preguntarás cuál es ese accesorio y dónde lo puedes comprar.

Es el amor y no lo puedes comprar en ninguna parte. Sin embargo es gratis y siempre está disponible a través del Espíritu Santo. Cuando clamamos a él para que nos ayude a amar a los demás, él nos cubre con una hermosa capa que atrae a las personas a nosotros y nos hace perfectamente agradables en todos los aspectos.

Amado Padre, al vestirme cada día ayúdame a recordar que el accesorio más importante que puedo vestir es tu amor. Amén.
RB—AMOR

Una rama sobre la cual descansar

Así dice el Señor: Deténganse en los caminos y miren; pregunten por el buen camino, y no se aparten de él. Así hallarán el descanso anhelado".
JEREMÍAS 6.16 NVI

El día era tan largo y estresante que Tracey no salió al porche delantero hasta muy tarde, por la noche, para regar sus flores. Los últimos días habían sido tan inusualmente calurosos y secos en el Medio Oeste, agotando sus ilusiones a la vez que sus cestas colgantes de petunias, antes tan hermosas, que ahora languidecían.

Dejó escapar un suspiro de alivio por el frescor del anochecer, escuchando cómo los últimos pájaros se arrullaban, mientras lo grillos tomaban el relevo con su canción. Pero, al estirarse para regar una de las sedientas macetas, algo aleteó furiosamente al caerle el chorro de agua. Asustada, Tracey dio un salto atrás e intentó definir de qué se trataba. La pequeña criatura voló directamente hasta un arbusto de hibisco junto al porche, donde ahora pudo comprobar que se trataba de un pequeño gorrión. *Tal vez esté herido*, pensó, cuando vio que se había dormido sobre la fina rama, meciéndose con la suave brisa de la noche.

Por la mañana descubrió que el pajarillo seguía descansando en el mismo lugar y se acercó lentamente. El gorrión salió volando con fuerza hacia el resplandor del sol.

*Señor, gracias por darme el descanso que necesito a
lo largo del viaje. Así como lo haces por el diminuto
gorrión, por mí lo haces muchísimo más. Amén.*
SL—ALIENTO

Promesas de Dios

Pues el Señor tu Dios vive en medio de ti. Él es un poderoso
Salvador. Se deleitará en ti con alegría. Con su amor calmará
todos tus temores. Se gozará por ti con cantos de alegría.
SOFONÍAS 3.17 NTV

¡Considera todas las promesas encerradas en este único versículo de las Escrituras! Dios está contigo. Es tu poderoso Salvador. Se deleita en ti con alegría. Calma tus temores con su amor. Se regocija sobre ti con cánticos de júbilo. ¡Vaya! ¡Qué lote de esperanza se encuentra aquí para el creyente! Así como una madre está en armonía con el llanto de su bebé recién nacido, lo mismo ocurre con el corazón de tu Padre celestial y tú. Para él es una delicia ser tu Padre. Sabe cuándo rugen las tormentas de la vida alrededor de ti. Siente tus necesidades y se ocupa de ellas y calma tus temores. Es en esos momentos cuando es un Príncipe de Paz y un Consolador para ti. Se regocija sobre ti con cánticos gozosos. ¿Puedes imaginar que Dios te ama tanto que le haces cantar? Dios canta sobre ti. Y sus cánticos son alegres. Te ama con un amor incondicional, eterno. Enfrenta este día sabiendo que tu Dios está contigo. Te tranquiliza. Canta sobre ti. Eres hija del Rey y eso es una bendición para ti.

Padre, gracias por amarme como lo haces,
Eres todo cuanto necesito. Amén.
EB—AMOR

Trabajar duro

Hagan lo que hagan, trabajen de buena gana, como para
el Señor y no como para nadie en este mundo.
Colosenses 3.23 nvi

Pablo alentó a sus lectores para que trabajaran duro, con todo el corazón. Muchos de los nuevos conversos eran esclavos de amos no cristianos. La tensión entre cristianos y no cristianos aumentaba cuando estos últimos tenían la autoridad de señorear sobre los cristianos.

Pero la sabiduría de este versículo se aplica hoy a nosotros. Deberíamos trabajar siempre duro, dar siempre lo mejor de nosotros, incluso cuando no nos gusten nuestros jefes. En última instancia, la calidad del trabajo que hacemos se refleja en nuestro Padre. Si somos perezosos o nuestro trabajo no está a la altura, tiene un impacto negativo en el Cuerpo de Cristo. Pero cuando cumplimos nuestros plazos y nuestro trabajo excede las expectativas, tenemos una impresión positiva en los demás en lo que a ser cristiana se refiere.

Si queremos salir adelante en nuestro trabajo y ayudar a edificar el reino de Dios, hemos de tener una reputación impecable. Una forma de hacerse una reputación positiva es ser una buena trabajadora. Cuando de verdad hacemos lo mejor en cualquier tarea, las personas lo notan. Cuando entregamos sistemáticamente productos y servicios de calidad, las personas se dan cuenta. Honramos a Dios y a nosotras mismas cuando trabajamos duro en las tareas que se nos han encomendado.

Amado Padre, quiero honrarte con el trabajo que hago.
Ayúdame a trabajar duro, con todo mi corazón. Amén.
RB—Aliento

Cuando me faltan las palabras

No me llega aún la palabra a la lengua cuando tú, Señor, ya la sabes toda.
SALMO 139.4 NVI

El sermón del pastor John, el domingo por la mañana, había sido sobre la oración. Después del culto, Melissa, una joven madre de la congregación, le preguntó al pastor si podían hablar en privado.

"Pastor —le dijo— no puedo orar. Sus oraciones son tan hermosas. Sin embargo, cuando oro, a veces no tengo palabras y cuando las tengo suenan... bueno... estúpidas".

El pastor esbozó una sonrisa tranquilizadora. "Melissa, a Dios no le importa la elocuencia de tus palabras. A él le importa lo que hay en tu corazón. Sin que tú se los cuentes, Dios ya conoce tus pensamientos y deseos. Cuando ores, háblale como si estuvieras hablando con tu Padre amoroso".

En ocasiones, los cristianos se sienten tan abrumados por sus necesidades o por la grandeza de Dios que, sencillamente, no pueden orar. Cuando no llegan las palabras, Dios ayuda a crearlas. Pablo afirma en Romanos 8.26: "Además, el Espíritu Santo nos ayuda en nuestra debilidad. Por ejemplo, nosotros no sabemos qué quiere Dios que le pidamos en oración, pero el Espíritu Santo ora por nosotros con gemidos que no pueden expresarse con palabras." (NTV)

Dios escucha tus plegarias incluso antes de que ores. Cuando no sepas qué decir y no te vengan las palabras, puedes pedirle sencillamente a Dios que te ayude orando en Su nombre.

Amado Dios, hoy me siento agradecida de que, en mi silencio, todavía me oyes. Amén.
JF—ORACIÓN

Te perdono

Las personas inteligentes saben cómo refrenar su lengua;
su grandeza consiste en perdonar y olvidar.
PROVERBIOS 19.11 (TRADUCCIÓN LIBRE DE LA VERSIÓN MSG)

Gran poder encierran estas tres pequeñas palabras: *Te perdono.* Con
frecuencia son difíciles de pronunciar, pero son poderosas en su
capacidad de sanar nuestros propios corazones. Jesús enseñó a orar a
sus discípulos: "Perdona nuestras deudas como nosotros perdonamos a
nuestros deudores". Sabía que necesitábamos perdonar a los demás para
ser completos. Cuando estamos enojados o guardamos resentimiento
contra alguien, nuestro espíritu está atado. La liberación que viene
al extender el perdón faculta a nuestro espíritu para que tenga una
comunión más estrecha con Dios y que el amor aumente dentro de
nosotros.

¿Cómo perdonas? Empieza orando. Reconoce la humanidad de la
persona que te hizo daño y escoge perdonar. Pídele al Señor que te ayude
a perdonar a la(s) persona(s). Sé honesta, porque el Señor ve tu corazón.
Confía en el Espíritu Santo para que te guíe y te limpie. Luego sal y sigue
su dirección en obediencia.

Perdonando podemos seguir adelante, sabiendo que Dios tiene
buenas cosas guardadas para nosotros. Y la pesadumbre del espíritu se
disipa y el alivio recorre todo nuestro ser después de haber perdonado.
Surgen una nueva esperanza y expectativas. *Te perdono.* ¿Necesitas
pronunciar hoy esas palabras?

Padre, escudriña mi corazón y muéstrame los ámbitos en
los que puedo necesitar perdonar a otra persona. Ayúdame
a liberarme y que empiece a sanar. Amén.
EK—AMOR

Oraciones atrevidas

Josué oró al Señor delante de todo el pueblo de Israel
y dijo: «Que el sol se detenga sobre Gabaón».
JOSUÉ 10.12 NTV

¿Oras de forma conservadora o con audacia? Josué oró con atrevimiento, y el sol se detuvo. Ana oró con valentía y Dios le concedió un hijo. Daniel oró audazmente y la boca de los leones permaneció cerrada toda la noche. (¡Qué alivio para él!) Jesús oró con audacia y Lázaro resucitó de los muertos.

¿Qué me dices de ti? ¿Te has atrevido a elevar una oración loca o te contentas con pedirle a Dios cosas fáciles?

Jennie, su marido y sus dos hijos, decidieron orar con audacia para que Dios les ayudara a adoptar a una niña pequeña en Haití. No tenían dinero de sobra, y el importe de la adopción se elevaba a unos quince mil dólares. Aun así, se sentían guiados a rellenar el papeleo necesario y a hacer planes.

En las fechas que habían esperado acabar con el proceso, la familia seguía careciendo tristemente sin fondos. Sin embargo, de repente, un pariente distante llamó a Jennie y le dijo que su tío abuelo (al que la familia había visto una sola vez) había muerto y le había dejado una herencia a Jennie. A la semana siguiente, Jennie casi se desmaya cuando abrió el sobre certificado... y de él cayó un cheque por catorce mil quinientos dólares.

Ora con atrevimiento. Nunca sabes lo que Dios hará.

Dios, gracias por responder de forma poderosa cuando
oramos valientemente con fe. Amén.
DD—ORACIÓN

Sitúate por encima de todo

Piensen en las cosas del cielo, no en las de la tierra.
Colosenses 3.2 dhh

Si has viajado alguna vez en avión, sabes con solo una Mirada por la ventanilla, a treinta mil pies de altura, lo pequeño que parece el mundo. Con los pies en la tierra, es posible que tú te sientas pequeña en un mundo grande; y resulta fácil que los desafíos de la vida y las circunstancias del día a día te presionen. Pero si miras desde por encima de las nubes, las cosas se pueden volver claras al tener la oportunidad de situarte por encima de todo.

A veces, los desafíos más difíciles a los que te enfrentas se desarrollan en tu cabeza, donde la lucha por controlar el resultado y resolver los detalles de la vida te puede consumir. Cuando sales de los detalles —te alejas lo bastante de ellos— puedes ver las cosas desde una perspectiva más alta. Cierra los ojos y empuja los pensamientos que intentan agarrarte y mantenerte atada a las cosas del mundo.

Elévate hacia Dios y deja volar tu espíritu. Entrégale tus preocupaciones y déjale resolver los detalles. Descansa en él y él te llevará más arriba de todo, en cada paso del camino.

Dios, tú estás muy por encima de cualquier detalle de la vida que me concierne. Ayúdame a confiar en ti hoy para las respuestas a estas cosas que parecen hundirme. Deliberadamente pongo mi corazón y mi mente en ti, hoy. Amén.
SG—Aliento

¡Contéstame!

*Responde a mi clamor, Dios mío y defensor mío. Dame alivio
cuando esté angustiado, apiádate de mí y escucha mi oración.*
SALMO 4.1 NVI

¿Te has sentido alguna vez como si Dios no te estuviera escuchando?
Todas lo hemos sentido de vez en cuando. David lo sintió cuando durmió
en una fría y dura cueva, noche tras noche, cuando lo perseguían los
hombres de Saúl. Lo sintió cuando su hijo Absalón se volvió contra él. Una
y otra vez David se sintió abandonado por Dios. Con todo, se le definió
como un hombre según el corazón de Dios.

Independientemente de nuestro grado de madurez, habrá periodos
en los que nos sintamos abandonados por Dios. Habrá momentos en los
que nuestra fe fluctúe y nuestra fortaleza decrece. Está bien. Es normal.

Pero David no abandona. Siguió clamando a Dios, postrándose de
rodillas en adoración, siguió asaltando la presencia de Dios con sus
súplicas. David sabía que Dios no escondería su rostro durante mucho
tiempo, porque tenía claro algo que nosotras a veces olvidamos: Dios es
amor. Nos ama sin condición y sin límite. Y nunca está lejos de aquellos a
los que ama.

Por lejos que Dios parezca estar, necesitamos seguir hablando con él.
Continuar orando. Persistir derramando nuestro corazón. Podemos saber,
como David, que Dios contestará a su tiempo.

*Amado Padre, gracias por escuchar siempre mis oraciones. Ayúdame
a confiar en ti incluso cuando pareces distante. Amén.*
RB—ORACIÓN

Una elección

*Canto gozosa alabanza a Dios. Hago piruetas de gozo ante mi Dios
Salvador. Contando con el reinado de Dios para prevalecer, cobro ánimo y
recupero fuerzas. Corro como un ciervo. ¡Me siento el rey de la montaña!*
HABACUC 3.18-19 (TRADUCCIÓN LIBRE DE LA VERSIÓN MSG)

Muchos días, la vida parece como una batalla cuesta arriba, donde
peleamos contra la corriente, esforzándonos por mantener nuestro
equilibrio. Agotadas por la batalla, con frecuencia levantamos nuestras
manos de fastidio y queremos abandonar. Es entonces cuando deberíamos
darnos cuenta de que tenemos una elección. ¡Podemos escoger entregar
nuestras cargas al Señor!

  ¿Qué ocurriría si seguimos el consejo del salmista y hacemos
una pirueta de gozo en nuestro corazón —independientemente de las
circunstancias— y nos inclinamos y confiamos en su gobierno para
prevalecer? Piensa en la felicidad y la paz que podrían ser nuestras con
una rendición total al cuidado de Dios.

  Es la decisión de contar con el gobierno del Dios para triunfar.
Y debemos entender que su Palabra, su reinado, nunca fallan. Nunca.
Entonces, debemos querer estar firmes en esa Palabra. Dando un paso
de gigante, armadas con las Escrituras, alabando y gozándonos, podemos
superar cualquier obstáculo puesto delante de nosotras, correr como una
cierva, escalar las altas montañas. Con Dios a nuestro lado, es posible ser
la reina de los montes.

*Amado Señor, necesito tu ayuda. Guíame suavemente para que pueda
aprender a apoyarme en ti y a confiar en tu cuidado. Amén.*
EK—ALIENTO

El Señor mismo va delante de ti

El Señor mismo marchará al frente de ti y estará contigo; nunca
te dejará ni te abandonará. No temas ni te desanimes.
DEUTERONOMIO 31.8 NVI

¡Cuán reconfortante y libertador es cuando permitimos que Dios vaya
delante de nosotros! Detente y considéralo por un momento: puedes ceder
el control de tu vida y de las circunstancias al Señor mismo. ¡Relájate! Sus
hombros son lo suficientemente fuertes para llevar todas tus cargas.

¿Tienes un nudo en el estómago por algo, ahora mismo? Pídele
al Señor que vaya delante de ti. ¿Un problema que te lleva a desear
esconderte bajo las mantas y dormir hasta que todo acabe? Confía en que
Dios no te abandonará nunca y que él lo está solucionando todo.

Josué 1.9 nos dice: "¡Sé fuerte y valiente! ¡No tengas miedo ni te
desanimes!" Porque el Señor tu Dios te acompañará dondequiera que
vayas. ¡Aliéntate! Aunque lo parezca, nunca estás verdaderamente sola. Y
siempre tendrás acceso al poder de Dios.

Si has confiado en Cristo como tu Salvador, el Espíritu de Dios
mismo está vivo, bien y trabajando dentro de ti en todo momento. ¡Qué
milagro tan asombroso! El Creador del universo mora dentro de ti y está
disponible para alentarte y ayudarte a hacer las elecciones correctas en
cada momento.

Gracias, Señor, por el increíble regalo de tu presencia en
todas y cada una de las situaciones que afronto. Permíteme
recordarlo e invocar tu nombre al abordar cada día. Amén.
MP—ALIENTO

La oración de Jonás

Al sentir que se me iba la vida, me acordé del SEÑOR, y
mi oración llegó hasta ti, hasta tu santo templo.
JONÁS 2.7 NVI

Jonás escapó de Dios. Sabía adónde le había dicho Dios que fuera, pero se negó. Pensó que sabía más que Dios. Confío en su propio camino por encima del de Dios. ¿Adónde le condujo esto? Acabó en el vientre de un gran pez durante tres días. Esto no fue un castigo, ¡sino más bien un retiro forzoso! Jonás necesitaba tiempo para pensar y orar. Tocó fondo y recordó a su Dios soberano. Describe las profundidades donde cayó. No era algo físico solamente, sino también emocional. Jonás había tenido una dura lucha entre el llamamiento de Dios y su propia voluntad.

En el versículo 6 de su gran oración desde el vientre del pez, leemos estas palabras: "*Pero tú, Señor, Dios mío, me rescataste de la fosa*". Cuando Jonás llegó al punto de la desesperación, entendió que Dios era su única esperanza. ¿Te has visto en una situación así? No en el vientre de un gran pez, sino en un lugar donde tomas intensamente consciencia de que ha llegado el momento de volver a Dios. Él ama a sus hijos y siempre está dispuesto a recibirnos cuando necesitamos una segunda oportunidad.

Padre, como Jonás, a veces pienso que mis caminos son
mejores que los tuyos. Ayúdame, Padre a tener presente que
tus caminos siempre son buenos y correctos. Amén.
EB—ORACIÓN

¡Cuán grande es nuestro Dios!

*Y le dije: «Señor, Dios del cielo, Dios grande y terrible, que mantienes firme
tu alianza y tu fidelidad con los que te aman y cumplen tus mandamientos.*
NEHEMÍAS 1.5 DHH

Cuando Dorothy conoció, por fin, al brujo que había estado buscando
en *El mago de Oz,* se sintió decepcionada. El "Gran y Terrible" mago,
que se había promocionado como un hombre todopoderoso, de carácter
explosivo, resultó ser una persona normal detrás de una cortina, aunque
con gran habilidad con los efectos especiales.

Quédate tranquila; cuando por fin conozcamos a Dios no sentiremos
la misma desilusión. La Biblia observa las inestimables cualidades de Dios
—el amor incondicional, la misericordia sin fin, una fuerza inimaginable—
con reverencia. Los autores del Nuevo Testamento también escribieron
una y otra vez sobre la misericordia y la compasión de Dios, para que no
desesperemos nunca al pensar acercarnos a él.

Por supuesto, es necesario que temamos al santo Creador y Hacedor
de todas las cosas, y que luchemos por hacer su voluntad; pero Aquel que
nos formó, Dios, sabe que fallaremos (y a pesar de ello nos ama). Su amor
es la razón por la que envió a Jesús para que muriera en la cruz.

Piensa hoy en el amor, la misericordia y la fuerza de Dios a lo largo
de tu día. Cuando afrontes problemas, pídele que los resuelva en lugar de
intentar resolverlos tú misma. Ríndete a él una y otra vez con reverencia,
porque él es grande, pero ciertamente no es terrible.

*Dios Creador, Hacedor, Redentor, eres maravilloso. Gracias
por tu sabiduría, tu fuerza y tu amor. Amén.*
DD—AMOR

Amor y matrimonio

Sométanse unos a otros, por reverencia a Cristo.
Efesios 5.21 nvi

Las jóvenes parejas suelen plantearse el matrimonio pensando que su amor sobrevivirá a cualquier cosa. Luego, cuando la primera dificultad pone a prueba su fe y su Resistencia, su amor se desmorona.

El autor y aviador Antoine de Sant-Exupéry escribió: "El amor no consiste en mirarse fijamente el uno al otro, sino en mirar hacia afuera juntos en la misma dirección". Esta es la meta de una pareja comprometida con Cristo.

Admítelo: el matrimonio es trabajo. Con todo, Dios une a dos personas para un propósito común: levantarse uno cuando el otro cae, dar en vez de recibir, ejercer el arte del compromiso y de la comprensión. Por otra parte, un matrimonio sin amor es aquel que se basa en la autoabsorción o el egoísmo por parte de uno o de ambos individuos.

El amor que una vez nos atrajo hacia nuestro cónyuge no es el que sostiene nuestro matrimonio. Más bien el amor de Dios prevalece en la vida de la pareja que escoge, en mutua sumisión, dar el primer lugar a Cristo.

El texto más arriba indica que la sumisión se aplica tanto a hombres como a mujeres, aunque Pablo sigue exhortando a las mujeres que se sometan a sus maridos, porque al someterse y respetar a su esposo, él , a su vez, ama a su esposa (Ef 5.22-28).

¿El resultado? Un hombre y una mujer unidos en fe, que viajan en la misma dirección.

Padre, ayúdame a convertirme en la compañera que tú pretendías. Guíame para que viva una vida de sumisión a ti, primeramente, y después a mi esposo. Que ambos podamos seguir tu dirección y no la nuestra. Amén.
TK—Amor

Haz lo que quieras

*Reconozcan que el SEÑOR es Dios; él nos hizo, y somos
suyos. Somos su pueblo, ovejas de su prado.*
SALMO 100.3 NVI

"Tú el alfarero, yo el barro soy". Son las palabras resonantes del cántico
"Haz lo que quieras de mí, Señor" que agita las emociones y provoca el
deseo de permitir que Dios nos moldee y nos haga a su imagen. ¡Pero
qué cosa tan difícil de hacer! Luchamos por crear nuestro propio mundo,
por hacer un plan, por cumplirlo. Sin embargo, Dios nos pide que le
permitamos reinar libremente.

Las ovejas siguen a su pastor y confían en él para su sustento.
"Manso y humilde yo quiero ser". Sumisas a sus amos, pastan
tranquilamente en las laderas, sabiendo que el pastor lo sabe todo. Qué
imagen verbal tan maravillosamente relajante: confiar en la dirección y el
tiempo de Dios, seguir sus pasos.

Pedirle que nos ayude a abandonar el control es una oración sencilla,
pero no es tarea fácil. En obediencia a su Palabra, podemos inclinar
nuestra cabeza, pedir la dirección del Espíritu Santo y que quite nuestras
manos del volante. Luego espera. Tranquilamente en nuestras laderas, sin
discutir; con el corazón "rendido y en calma". Esperamos la voz suave y
tranquila. Este día, decide escuchar y seguir.

*Señor, humildemente nos inclinamos ante ti y te pedimos tu
dirección divina. Ayúdanos a seguir tu plan con corazones
rendidos, siempre dispuestas a dejarte a ti el control. Amén.*
EK—ORACIÓN

De lo podrido

Me ha enviado a darles una corona en vez de cenizas, aceite de alegría
en vez de luto, traje de fiesta en vez de espíritu de desaliento. Serán
llamados robles de justicia, plantío del Señor, para mostrar su gloria.
ISAÍAS 61.3 NVI

En algún momento de agosto, tras semanas de arduo trabajo de día (y, en ocasiones, también de noche) y un proyecto de enlosado de un cuarto de baño por la noche (y, a veces, hasta altas horas de la madrugada), Mary bajó los escalones de su porche delantero y respiró profundamente.

Cuando miró a su alrededor, le sobrecogió ver lo descuidado que estaba su jardín. Había una invasión masiva de malas hierbas de hojas anchas por todo el terreno. Al mirarlas de cerca comprobó que, en realidad, eran plantas de calabaza nacidas de forma inadvertida de una calabaza podrida del año anterior que se había quedado allí.

Pensó en arrancar las enredaderas ya que apenas crecía nada en ellas, pero decidió dejar que lo que estaba vivo siguiera creciendo. No pasó mucho tiempo antes de que aparecieran tres grandes calabazas de un naranja resplandeciente que se abrieron paso entre los rojos crisantemos (que casi no se veían ahora).

Mary empezó a pensar en cuántas cosas se ofrecían voluntarias para entrar en su vida y acababan siendo hermosos añadidos a sus días.

Dios, gracias por tomar las cosas podridas de la vida y
convertirlas en copiosas bendiciones. Amén.
SL—ALIENTO

Deja de fingir

No finjan amar a los demás; ámenlos de verdad.
Aborrezcan lo malo. Aférrense a lo bueno.
ROMANOS 12.9 NTV

En nuestras vidas, muchas veces nos sentimos heridos por los que están más cerca de nosotros. Y porque son miembros de la familia o personas con las que debemos mantener una relación, fingimos amarlos escondiendo los problemas bajo la alfombra. Nos relacionamos con ellas mecánicamente en paz, mientras alimentamos la amargura en nuestro corazón. Madre Teresa declaró: "Si de verdad queremos amar, debemos aprender a perdonar".

Dios quiere que nuestras relaciones sean reales. Quiere que seamos reales con él y con los demás. Fingir es deshonesto. Él dice en Mateo 15.7-8 que los líderes religiosos lo honraban de labios, pero sus corazones estaban lejos de él. Los llama hipócritas.

¿Eres hipócrita? ¿Estás fingiendo amar, cuando no sientes nada que se le parezca?

Dile al Señor cómo te sientes. Pide su ayuda para vencer los temores de tu corazón y siendo real con él y con los demás. Aprende a perdonar y observa cómo el Señor transforma tus relaciones en algo que lo honren a él.

Padre celestial, ayúdame a vencer mis temores y a compartir
mis verdaderos sentimientos. Perdóname por fingir amar cuando
mi corazón no está implicado. Quiero vivir en una relación
auténtica contigo y con los demás a los que amo. Amén.
MP—AMOR

Escalar montañas

El Señor es mi luz y mi salvación; ¿a quién temeré? El Señor
es el baluarte de mi vida; ¿quién podrá amedrentarme?
SALMO 27.1 NVI

Meteora, en Grecia, es un complejo de estructuras monásticas en la cima de una montaña. El acceso a las mismas era deliberadamente difícil. Algunos de estos "monasterios colgantes" solo eran accesibles mediante cestos que hacían descender con cuerdas y cabestrantes, y hacer un viaje hasta allí requería un salto de fe. Una vieja historia asociada a los monasterios decía que las cuerdas solo se remplazaban "cuando el Señor dejaba que se rompieran".

Aunque, probablemente, la mayoría de nosotras no escalemos nunca la montaña para visitar estos monasterios, con frecuencia sentimos que tenemos muchos montes escarpados propios que escalar. Tal vez quede mucho mes todavía cuando el dinero se acaba. O quizá estamos sufriendo por problemas de salud o de relaciones. Cualquiera que sea la razón de nuestro sufrimiento, enojo, de nuestra sensación de desesperación o de desesperanza, Dios está dispuesto a ayudarnos y podemos depositar toda nuestra esperanza en Aquel que es fiel. Podemos hacerlo porque estamos conectadas a él y hemos visto su fidelidad en el pasado.

Señor, permaneceré fuerte en ti y tomaré valor. Puedo confiar y descansar
en ti. Comoquiera que me sienta ahora, cualesquiera que sean mis
emociones, te las entrego a ti, porque eres mi esperanza y mi salvación.
Tú eres bueno siempre, y puedo confiar absolutamente en ello. Amén.
BO-E—ALIENTO

Habla con tu mejor amigo

*Fiel es Dios, quien los ha llamado a tener comunión
con su Hijo Jesucristo, nuestro Señor.*
1 Corintios 1.9 nvi

¿Cuándo oras? ¿Con qué frecuencia invocas a Dios? ¿Dónde hablas con él?

Del mismo modo en que conversamos con nuestro marido o con nuestra mejor amiga sobre lo que está ocurriendo en nuestra vida, el Señor también espera y siente expectación por mantener conversaciones con nosotras.

Sí, él lo sabe todo sobre nosotras, pero desea nuestra comunión en privado. Jesús escogió a doce discípulos con quienes tener comunión, a quienes enseñar y con quienes llevar su evangelio a toda nación. Vivían y comían con Jesús; lo conocían personalmente; eran sus mejores amigos. De la misma manera, Dios nos da el divino privilegio de conocerle a nivel personal, por medio de nuestra relación con Cristo.

Cuándo, dónde o cómo conversemos con Dios tiene poca importancia para el Salvador. Podemos hablar con el Señor mientras bajamos por la calle en el auto, caminamos por el parque o de pie frente al fregadero de la cocina. Podemos pedir su ayuda en decisiones que parecen insignificantes o en las mayores. Nuestras preocupaciones son suyas también, y él desea que compartamos nuestros pensamientos más profundos con él.

Tener comunión con Dios es hablar con nuestro mejor amigo, sabiendo que él entiende y proporciona ayuda y sabiduría a lo largo del viaje de nuestra vida. Significa demostrar nuestra fe y confianza en Aquel que nos conoce mejor que nadie.

Señor, recuérdame que hable contigo en cualquier momento, en cualquier sitio. Sé que mientras oro, tú también conversas conmigo. Amén.
TK—Oración

Negarse a abandonar

Y yo rogaré al Padre, y os dará otro Consolador, para que esté con vosotros para siempre: el Espíritu de verdad, al cual el mundo no puede recibir, porque no le ve, ni le conoce; pero vosotros le conocéis, porque mora con vosotros, y estará en vosotros.
Juan 14.16-17 rvr1960

Hay días en los que parece que nada va bien y luchas por conseguir poner un pie delante del otro. La buena noticia en un día así es la verdad de que no estás sola. Cualquiera que sea el obstáculo en tu camino, no tienes que vencerlo con tu propio poder. Dios está contigo. Jesús envió al Consolador. El Espíritu Santo es tu ayuda presente en cualquier situación.

El Espíritu Santo es el Espíritu mismo de Dios. Siempre está contigo, dispuesto a cuidar de ti y a guiarte. Por fe puedes descansar y confiar en el Espíritu Santo para que nos dé fuerza, sabiduría e inspiración.

La próxima vez que sientas ganas de abandonar, niégate a hacerlo. Pídele al Espíritu Santo que intervenga, que te provea la fuerza y la sabiduría para seguir tu viaje.

Jesús, me has enviado al Consolador. Creo que está siempre conmigo, proporcionándome lo que necesito hoy para negarme a abandonar. Tomo el siguiente paso en el viaje sabiendo que él está conmigo. Puedo esforzarme para seguir hoy por fe. Amén.
SG—Aliento

Porque te amo

No corregir al hijo es no quererlo; amarlo es disciplinarlo.
PROVERBIOS 13.24 NVI

Julie vio la figura de su hijo de cinco años contra la pared. Lo había vuelto a castigar, una vez más. Casi se le rompió el corazón a Julie cuando tuvo que disciplinar a su hijo. Con frecuencia se preguntaba si estaba haciendo lo correcto, si no habría sido demasiado dura o rápida en reaccionar. De una cosa estaba segura, amaba a su hijo profundamente y quería que creciera para convertirse en una persona responsable y segura.

La disciplina de Dios tiene los mismos objetivos. Cuando la administra un progenitor amoroso, con miras al futuro, con el objetivo de ayudar al niño para que se convierta en todo lo que pueda llegar a ser, significa que él nos ama. Su propósito es que podamos compartir su santidad. La disciplina nunca es algo que se disfrute ni por parte de quien la aplica ni por quien la recibe. Sin embargo, si consideramos la corrección como señal de su genuino amor por nosotros, nos ayudará a cambiar nuestras conductas por amor a nosotras mismas y a nuestro Padre celestial.

Abba Padre, gracias por amarme lo suficiente como para mostrarme el camino por el que debo caminar, aunque sea por medio de tu disciplina. Te ruego que me alientes a no pensar que se trata de un castigo, sino de la amorosa reacción hacia una conducta incorrecta. Quiero ser santa y solo puedo lograrlo con tu ayuda y tu dirección. Te lo pido en el nombre de Jesús. Amén.
BO-E—AMOR

Crear y disfrutar

Entonces Dios miró todo lo que había hecho, ¡y vio que era muy bueno!
GÉNESIS 1.31 NTV

Mary había estado trabajando con diligencia embaldosando su cuarto de baño. Era un gran proyecto para ella y había requerido mucha planificación y reflexión para diseñarlo correctamente y con exactitud. La argamasa tenía que sustituir el viejo y mohoso pladur y el fontanero tenía que encajar la bañera. Midió, serró, acarreó pesadas planchas, clavó, cortó, pegó y lechó. Cada noche, después del trabajo, se afanaba cuidadosamente y caía en la cama, exhausta, durante casi tres semanas seguidas.

Por fin había acabado ¡y le gustaba! Lo adornó con cortinas nuevas y unas pocas toallas recién compradas. Descubrió que iba al baño, solo por estar en aquella habitación: ¡estaba tan contenta!

Unos días después encontró a su hijo de pie en el baño. "Me gusta venir aquí solo a mirar, mamá; es tan bonito. ¡No me puedo imaginar lo bien que debes sentirte!".

Mary pensó en ello y sonrió. "Dios nos hizo como él. Sabes, él también se echó hacia atrás y disfrutó de su creación después de hacerla".

Señor Dios, gracias por permitirnos ser creativas y disfrutar de la obra de nuestras manos. Sobre todo, gracias por hacernos y observarnos cada día, porque te gusta lo que has hecho. Amén.
SL—AMOR

Personas difíciles

*¡Así que sé fuerte y valiente! No tengas miedo ni sientas
pánico frente a ellos, porque el Señor tu Dios, él mismo
irá delante de ti. No te fallará ni te abandonará.*
DEUTERONOMIO 31.6 NTV

Jennifer había tenido éxito en su trabajo en una gran empresa de seguros,
pero un cambio de dirección convirtió su empleo en una pesadilla. Ella
y su nuevo jefe no se llevaban bien. Él parecía disgustado con cualquier
cosa que ella hacía. La llamaba a su oficina y se quejaba de su trabajo,
se ponía junto al escritorio de ella y se burlaba delante de todos sus
compañeros. A veces, Jennifer se iba a casa y lloraba.

No sabía qué hacer. Tenía varias opciones. Podía encontrar otro
trabajo; podía aprender a soportar la mala conducta de su jefe, o podía
enfrentarse a él de forma piadosa. Al buscar respuestas por medio
de la oración y de las Escrituras, decidió hablar con su jefe. La idea la
aterrorizaba. Por su mente pasaban las consecuencias a toda velocidad.
¡Podía perder su trabajo! A pesar de ello, era lo que necesitaba hacer.
Cuidadosamente, preparó lo que le diría. Planeó los siguientes pasos si la
conversación iba mal y se aferró estrechamente a la promesa de que el
Señor la guiaría.

¿Estás tratando con una persona difícil? Si es así, haz lo que hizo
Jennifer. Busca la voluntad de Dios. Actúa por fe, sabiendo que él te
apoyará.

*Señor, ayúdame en mi relación con _____.
Muéstrame qué debo hacer. Amén.*
JF—ALIENTO

Orar por el perseguidor

*Ustedes han oído que se dijo: «Ama a tu prójimo y odia a tu enemigo».
Pero yo les digo: Amen a sus enemigos y oren por quienes los persiguen
para que sean hijos de su Padre que está en el cielo. Él hace que salga
el sol sobre malos y buenos, y que llueva sobre justos e injustos.*
MATEO 5.43-45 NVI

"No puedo creer que me echara debajo de los caballos de esa manera", le
contó Sherri a una amiga en el trabajo. "Mi jefa estaba allí, de pie, en la
reunión con el presidente y con la alta dirección y le dijo a todo el mundo
cómo yo había metido la pata en la presentación del presupuesto". La
verdad era que Sherri lo había hecho todo correctamente. Tenía toda la
razón del mundo para odiar a su jefa en aquel momento. Pero, en vez de
ello, oró por ella. Lo que le permitió orar por aquella mujer fue un amor
humanamente imposible.

¿En qué situaciones te has visto en que te habría resultado más
fácil (y quizás te habrías sentido más realizada) arremeter contra alguien
que se ha portado mal contigo? En esos momentos, deberíamos pedirle
al Espíritu Santo que nos llene de amor para que podamos orar pidiendo
bendiciones sobre aquellos que nos odian. Ese es el amor de Cristo, amar
a cada persona, no por sus acciones, sino por su humanidad.

*Amado Padre, te ruego que me ayudes a orar por aquellos que se
portan mal conmigo. Lléname de tu amor ágape, para que pueda
mirar más allá de mi dolor personal y pedirte bendiciones. Solo de
esta forma puedo ejemplificar de verdad el amor que tú sientes
por las personas. En el nombre de Jesús te lo pido. Amén.*
BO-E—ORACIÓN

Llámame

Invócame en el día de la angustia; yo te libraré y tú me honrarás.
Salmo 50.15 nvi

"Llámame y comemos".

"Llámame y conversaremos más."

"Llámame si necesitas algo."

¿Cuántas veces hemos pronunciado estas palabras o las hemos escuchado? Este vocablo, *llámame,* que tiene tanta relevancia, se ha convertido en algo tan común que apenas pensamos en ello.

Sin embargo, cuando Dios dice que quiere que clamemos a él, que lo llamemos, lo dice de verdad. Debe andar cerca, inclinando su oído, esperando, anhelando escuchar el sonido de su nombre saliendo de nuestros labios. Está preparado para librarnos de nuestras dificultades, o, al menos, de llevarnos mientras las atravesamos y ponernos a salvo.

David clamó a Dios en sus dificultades. Algunos de esos problemas se los había creado él mismo, mientras que otros escapaban a su control. Es bueno que Dios no distinga entre las cuitas que merecemos y las que no. En lo que a él respecta, somos sus hijas. Nos ama y quiere ayudarnos de cualquier forma posible.

Aunque no escoge siempre arreglar las cosas con un chasquido de sus dedos, podemos estar seguras de que él se ocupará de que lleguemos al otro lado por una senda más suave que si hubiéramos viajado sin él. Está esperando para ayudarnos. Lo único que tenemos que hacer es llamar.

Querido Padre, estoy tan contenta de poder llamar en cualquier momento, estando en cualquier tipo de problema. Amén.
RB—Oración

Aliéntense los unos a los otros

Así que aliéntense y edifíquense unos a otros, tal como ya lo hacen.
1 Tesalonicenses 5.11 ntv

Aliento significa literalmente "poner valor en". Cuando alientas a alguien, estás poniendo valor en su corazón. Cristo nos llama a alentarnos los unos a los otros. Esto no significa simplemente hacer cumplidos o pronunciar frases caducas en tiempo de dificultad como: "Todo va a ir bien" o "Espero que todo salga bien". El aliento bíblico significa instilar en el corazón de otra persona el valor que necesita para enfrentarse al mundo. La palabra raíz en griego traducida "alentar" en el Nuevo Testamento es *paracollatos*, forma verbal del sustantivo *paraclete*. Este significa "colocarse al lado de". Se nos llama a ponernos al lado de los que están en necesidad y a alentarlos. Así como el Espíritu Santo alienta nuestro corazón, nosotros también debemos reafirmar a otros. Intenta centrar tu estímulo en la persona y no en algo que haya hecho. Edifícala. Pronuncia palabras de verdad que entren en su vida. Deja a un lado los cumplidos vacíos o las formas de estímulo que dependen de las acciones. Prueba: "creo en ti. Dios será fiel para completar la buena obra que ha comenzado" o "aprecio de veras quién eres".

Cuando necesitas aliento ¿te da la sensación de que no hay nadie para ofrecértelo? Pídele al Espíritu Santo que se acerque a ti. Él es tu Consolador, enviado por el Señor para fortalecerte y guiarte.

Señor, quiero poner valor en el corazón de otros. Amén.
EB—Aliento

Consuelo por consuelo

*Y para eso tenía que hacerse igual en todo a sus hermanos, para
llegar a ser Sumo sacerdote, fiel y compasivo en su servicio a
Dios, y para obtener el perdón de los pecados de los hombres por
medio del sacrificio. Y como él mismo sufrió y fue puesto a prueba,
ahora puede ayudar a los que también son puestos a prueba.*
HEBREOS 2:17-18 DHH

Dios escogió venir a la tierra en forma humana para ser hecho como
nosotros. Para entender lo que significa lo que es ser humano. Para ser
capaz de adoptar por completo nuestro lugar y quitar nuestros pecados.
Al ser plenamente humano a la vez que era completamente Dios, puede
ayudar. Puede consolar. La Biblia dice que "nos consuela en todas
nuestras tribulaciones para que con el mismo consuelo que de Dios hemos
recibido, también nosotros podamos consolar a todos los que sufren" (2
Co 1.4 NVI).

¡Resulta tan alentador que Jesús fuera exactamente igual a nosotros!
Nuestro Dios no es alguien que quiere permanecer como un rey supremo
distante, fuera del contacto de los plebeyos. Él quiere una relación muy
personal con cada una de nosotras. Se humilló hasta nuestro nivel para
que pudiéramos tener un acceso personal y continuo a él. Su gloria no
tiene límites; sin embargo, él desea ser nuestro Amigo. Que este sea tu
gran consuelo.

Y, después, cuando las personas que te rodean estén en dificultad,
podrás tomar cartas en el asunto. Por lo que Jesús ha hecho por ti, podrás
rodear con tus brazos a alguien que necesite una amiga.

*Amado Jesús, gracias por el gran regalo de tu amistad.
Dame la oportunidad de ser una amiga y consolar a aquellos
que me rodean y están en necesidad. Amén.*
MP—ALIENTO

Pruebas y sabiduría

Hermanos míos, considérense muy dichosos cuando tengan que enfrentarse con diversas pruebas, pues ya saben que la prueba de su fe produce constancia. Y la constancia debe llevar a feliz término la obra, para que sean perfectos e íntegros, sin que les falte nada. Si a alguno de ustedes le falta sabiduría, pídasela a Dios, y él se la dará, pues Dios da a todos generosamente sin menospreciar a nadie.
SANTIAGO 1.2-5 NVI

Las pruebas y las dificultades se hallan en todos los ámbitos de la vida, aquí, en un mundo caído. El pastor y autor, Max Lucado, declara: "Disminuye tus expectativas en la tierra. Esto no es el cielo, así que no esperes que lo sea".

Sencillamente, las cosas no van a ser más fáciles hasta que lleguemos al cielo. Entonces, ¿cómo podemos levantar nuestra cabeza y entrar en el mañana sin sucumbir al desaliento? Recordamos que Dios es bueno. Confiamos en su fidelidad. Pedimos su presencia y su paz para cada momento. Oramos por sabiduría y creemos que el Dios que sostiene el universo en sus manos está haciendo que cada una de las pruebas, junto con los triunfos, obren juntos para nuestro bien y para su gloria.

Este versículo de Santiago nos dice que cuando carezcamos de sabiduría, se la pidamos simplemente a Dios. No tenemos por qué afrontar solas nuestros problemas. No necesitamos preocuparnos de que Dios tenga en cuenta nuestros errores pasados. Siéntete alentada al pensar que, con gran generosidad, el Señor te da sabiduría ¡sin encontrar ninguna falta!

Señor Jesús, te ruego que me des sabiduría. Hay tantos problemas que me están hundiendo. Ayúdame a entregarte todas mis cargas y aumenta mi fe y mi confianza en ti. Amén.
MP—ALIENTO

No tires jamás la toalla

*Jesús les contó a sus discípulos una parábola para mostrarles
que debían orar siempre, sin desanimarse.*
LUCAS 18.1 NVI

Jesús les contó a sus discípulos la historia de una viuda que defendió su causa ante un juez injusto y sin compasión. Aunque a él no le importaba en absoluto aquella mujer, ella siguió presentando su caso delante de él, una y otra vez. Finalmente, con tal de quitársela de encima, se aseguró de que le hicieran justicia.

Si un juez inmisericorde puede mostrar clemencia, aunque solo sea por deshacerse de alguien, ¿cuánto más nuestro Dios clemente mostrará misericordia, gracia y compasión? ¡Él nos ama! Solo quiere cosas buenas para nosotras.

Esto no significa que sea necesario proferir incontables repeticiones sin sentido para que Dios actúe. Tenemos que caminar en una actitud de oración constante, sabiendo que Dios es tan consciente de nuestros problemas como nosotras mismas. Quiere que confiemos en él y la oración persistente es una forma de demostrar que lo hacemos. Cuando oramos, le demostramos que sabemos que él es Aquel que tiene la respuesta.

Sus respuestas a nuestras oraciones pueden retrasarse. Tal vez no sean las contestaciones que queremos. Pero jamás debemos tirar la toalla a la hora de contar con su bondad. Podemos confiar en su corazón y saber que, en la imagen panorámica, sus planes para nosotros son siempre, siempre buenos.

*Amado Padre, gracias por escuchar y actuar a mi favor.
Confío en ti aun cuando no entiendo. Amén.*
RB—ORACIÓN

Escoge el amor

Les doy este mandamiento nuevo: Que se amen los unos a
los otros. Así como yo los amo a ustedes, así deben amarse
ustedes los unos a los otros. Si se aman los unos a los otros,
todo el mundo se dará cuenta de que son discípulos míos.
JUAN 13.34-35 DHH

En tu vida hay personas con las que no puedes evitar chocar, que te
irritan, que te caen mal y que te sacan de tus casillas al momento. Pueden
causar una erupción de emociones dentro de ti solo con entrar en la
habitación; son personas con las que trabajas, con las que vas a la iglesia
y, lamentablemente, incluso dentro de tu propia familia.

¿Cómo puedes controlar el volcán para que no explote y cause un
daño profundo en tus relaciones? Jesús dio el mandamiento de amar; y
porque le amamos a él, tenemos la capacidad de vivir cada día en su amor.

La Biblia declara: "Dios ha derramado su amor en nuestro corazón
por el Espíritu Santo" (Ro 5.5). No es tu amor, sino el de Dios, el que
responde a esos momentos de irritación. Imagínate tomando tus
irritaciones y dejando caer tu reacción emocional en el mar del amor de
Dios que fluye a través de tu corazón. Desaparecen en la inundación y,
entonces, puedes amar desde su sobreabundancia de amor por los demás.

Padre celestial, recuérdame que respire profundamente y
escoja amar, independientemente de las circunstancias.
Ayúdame a amar a los demás como tú lo haces, viviendo por
tu amor y respondiéndoles como tú lo harías. Amén.
SG—AMOR

Paso a paso

Ahora no podemos verlo, sino que vivimos sostenidos por la fe.
2 CORINTIOS 5.7 DHH

Con frecuencia, las experiencias y circunstancias de nuestra vida pueden llevarnos a desalentarnos. El apóstol Pablo nos exhorta a apartar los ojos del mundo presente y a confiar en Dios por fe. El diccionario Webster define la fe como una creencia firme y una confianza completa. Confiar incluso cuando nuestra fe es pequeña no es tarea fácil. Sin embargo, cuando comprendemos que Dios es un Dios de fe y que obra de maneras que sea la fe, y no los sentimientos, la que pueda discernir, nos resultará más fácil confiar en él.

Los niños pequeños aprenden a caminar agarrándose a un mueble o a la mano de un progenitor. Se sueltan y se trastabillan; a veces se caen, pero, por naturaleza se vuelven a poner de pie y dan otro paso. ¡Cómo se les anima cuando están aprendiendo a caminar! Paso a paso, inseguros.

Agárrate hoy a la Palabra de Dios y siente su presencia. Aférrate con fuerza y no dejes que tus pasos flaqueen. Él está a tu lado y te guiará. Confiar y caminar con él es un proceso muy parecido al de los niños pequeños. Recuerda levantar la mirada y, si das un traspié, él está ahí para agarrarte.

Amado Padre celestial, hoy escojo aferrarme a tu mano y sentir tu presencia mientras camino arduamente por las sendas de mi vida. Confío en que estás junto a mí. Amén.
EK—ALIENTO

Ora con persistencia

Jesús les contó a sus discípulos una parábola para mostrarles
que debían orar siempre, sin desanimarse.
1 Tesalonicenses 5.16-18 nvi

El Evangelio de Lucas nos habla de una viuda que tenía una incesante disputa con un enemigo. La mujer era testaruda, estaba decidida a ganar y se negó a abandonar su altercado hasta que un juez decidiera a su favor. Se presentó en muchas ocasiones ante el juez y le exigió: "¡Hazme justicia!".

A este juez no le importaba Dios ni las personas, y, desde luego le daba igual que se le hiciera justicia o no a aquella mujer; pero sí le importaba él mismo. ¡La viuda lo estaba volviendo loco! Entonces, para quitársela de encima, se decidió a su favor.

Jesús utilizó esta historia para enseñar a sus seguidores sobre la oración persistente. Dijo: "Tengan en cuenta lo que dijo el juez injusto. ¿Acaso Dios no hará justicia a sus escogidos, que claman a él día y noche?" (Lc 18.6-7 ntv).

Cuando el enemigo acecha a los cristianos, ellos claman: "¡Líbranos, Señor!". A veces parece que Dios está lejos. Sin embargo, la historia de la viuda les recuerda a los cristianos que sean persistentes en la oración y que permanezcan fieles, que Dios les responderá. Cuando los cristianos oran, no solo están demostrando su fe en Dios, sino también su confianza en su fidelidad para con ellos. En su tiempo, el Señor vendrá y traerá justicia a su pueblo.

Amado Dios, ayúdame a permanecer fiel y a no cansarme de orar. Amén.
JF—Oración

Esfuérzate por conocerle

*Esforcémonos por conocerlo. Él nos responderá, tan cierto como viene
el amanecer o llegan las lluvias a comienzos de la primavera.*
OSEAS 6.3 NTV

Monica estaba de pie, en el vestíbulo de la iglesia, decidida a recuperar el control de sí misma. Entrar al edificio había disparado sus lágrimas, ríos de lágrimas. Cuando la congregación empezó a cantar dentro del lugar de culto, ella respiró profundamente y se secó los ojos.

De repente, Sharon, la coordinadora del ministerio de la congregación para las mujeres rodeó la esquina.

—¿Monica? —le preguntó—. ¿Qué te ocurre?

Sharon condujo a Monica hacia un banco.

Monica luchó por expresar sus emociones con palabras.

—Siento como si Dios no escuchara mis oraciones.

—A mí también me ocurre en ocasiones —respondió Sharon.

—¿De veras?—, dijo Monica. Como creyente reciente no sabía que los cristianos veteranos tuvieran dudas.

—¡Por supuesto!—, contestó Sharon, dándole palmaditas en la rodilla—. Cuéntaselo a él, aunque sientas que tus oraciones chocan contra el techo. De todos modos, él ya sabe cómo te sientes.

Monica sonrió tímidamente.

—Creo que puedo hacerlo—, dijo—. ¿Irá todo mejor?

—¡Claro que sí—, afirmó Sharon—. Dios es fiel. No sé cuánto tendrás que esperar, pero sí sé que está justo aquí, con nosotras. ¿Quieres que ore por nosotras?

—Sí, por favor—, contestó Monica—. Me gustaría.

Padre, danos fe para ver, incluso en la oscuridad. Concédenos paciencia para esperar tus respuestas y amigas que vengan a nuestro lado mientras aguardamos que actúes. Amén.
DD—ALIENTO

La definición del amor

El amor es paciente y bondadoso. El amor no es celoso ni fanfarrón
ni orgulloso ni ofensivo. No exige que las cosas se hagan a su
manera. No se irrita ni lleva un registro de las ofensas recibidas.
No se alegra de la injusticia sino que se alegra cuando la verdad
triunfa. El amor nunca se da por vencido, jamás pierde la fe, siempre
tiene esperanzas y se mantiene firme en toda circunstancia.
1 CORINTIOS 13.4-7 NTV

La definición refinada, prístina, perfecta del amor es... bueno,
exploremos. El texto más arriba nos da una vista elevada de lo que abarca
el amor en realidad: paciencia y bondad, falta de orgullo, de envidia o de
grosería. El amor no es exigente ni irritable y no guarda memoria de las
ofensas. Se regocija en la verdad ¡y nunca abandona o pierde la fe!

¿Qué cristiano ejemplifica todos estos atributos todo el tiempo?
Ninguno. Ahora vuelve a leer el versículo de hoy y sustituye la palabra
amor por Dios. ¿Estás lista? Ahora, lee el versículo como si Dios te
estuviera hablando personalmente. Él nunca te da por perdida, nunca
pierde la fe en ti; y su amor nunca deja de ser. Y, sobre todo, a pesar de
tus imperfecciones y tus fracasos, sigue amándote.

C. S. Lewis afirmó: "Él no nos amó porque fuéramos dignos de amor,
sino porque él es amor". ¿Cuál es la verdadera definición del amor? Dios.

Padre celestial, ¿cómo puedo expresar mi amor por ti cuando tu nivel de amor
es tan alto y el mío tan imperfecto? Ayúdame a amar como tú amas. Amén.
TK—AMOR

Entrar en su presencia

Lleguemos ante él con acción de gracias, aclamémoslo con cánticos.
SALMOS 95.2 NVI

Si Dios está en todas partes, ¿cómo es posible entrar *en* su presencia? Aunque es verdad que Dios está siempre presente, sus hijos reciben una invitación especial a acercarse a él. Sí, él puede estar en el banquete, pero nosotras podemos ocupar el lugar de honor justo a su lado.

La forma de acercarnos a Dios es a través de una combinación hermosa y equilibrada de reverencia y entusiasmo. Aunque nuestro respeto hacia Dios requiere una medida de solemnidad, él no está chapado a la antigua. Quiere que seamos felices y que estemos gozosos en su presencia. Anhela escuchar un simple, sincero y entusiasmado "gracias" de boca de sus hijos por todas las cosas buenas que ha hecho en el pasado. Ansía vernos cantar y danzar en su presencia y que le digamos cuánto lo amamos.

Cuando parece que Dios está distante, podemos recordar nuestra invitación especial a unirnos a él en íntima conversación. Él nos acogerá en sus brazos cuando caigamos delante de él, le demos las gracias entusiasmados y cantemos cánticos gozosos de amor y alabanza.

Amado Padre, gracias por invitarme a entrar en tu presencia. En ocasiones irrumpo directamente, soltando mi lista de peticiones y me olvido de decirte "gracias". No me acuerdo de decirte lo maravilloso que eres. Perdóname por ello. Gracias, Padre por todo lo que has hecho por mí. Te amo. Amén.
RB—ORACIÓN

Amor obediente

*En esto consiste el amor: en que pongamos en práctica sus
mandamientos. Y éste es el mandamiento: que vivan en este
amor, tal como ustedes lo han escuchado desde el principio.*
2 Juan 1.6 nvi

Cuando la labradora dorada de una amiga tuvo cachorros, ilusionada,
Betty adoptó uno al que llamó Louie, por el músico Louis Armstrong.

Louie se hizo grande y pronto aprendió a sentarse, a rodar y a
echarse. Amaba a Betty y seguía todas sus órdenes, excepto en lo tocante
a salir de paseo. ¡Louie tenía su propia mente! Tan pronto como Betty
le ponía el collar, lo sujetaba con la correa y abría la puerta principal,
salía disparado arrastrándola a ella. Los vecinos veían cómo Louie tosía,
se atragantaba y tiraba de su collar mientras Betty trotaba detrás de él,
agradecida por poder detenerse.

En algunas formas, los seguidores de Dios son muy parecidos a
Louie. Aman al Señor y no tienen problema en obedecer algunos de sus
mandamientos, pero cuando se trata de otros, pegan una carrera y hacen
exactamente lo que quieren.

¿Eres como Louie? ¿Le desobedeces a Dios algunas veces? Él lo
entiende y te ama de todos modos.

*Amado Padre, ayúdame a amarte aun más
obedeciendo tus mandamientos. Amén.*
JF—Amor

Ora en vez de planear... o de inquietarte

Ora que el Señor tu Dios nos muestre qué hacer y adónde ir.
JEREMÍAS 42.3 NTV

Tu lista de quehaceres no parece acabarse jamás, seas madre, esposa, empleada o amiga. Mientras tanto, la casa es un desastre; los parientes se disputan; las facturas siguen llegando y, en medio de la cacofonía, Dios parece notablemente ausente.

Por deprimente que parezca tu situación, Dios no te ha olvidado. Filipenses 4.6-7 (NVI) declara: "No se inquieten por nada; más bien, en toda ocasión, con oración y ruego, presenten sus peticiones a Dios y denle gracias. Y la paz de Dios, que sobrepasa todo entendimiento, cuidará sus corazones y sus pensamientos en Cristo Jesús".

Jeremías 42.3 se hace eco de esta declaración. Insta a los creyentes a orar pidiendo dirección en lugar de ponerse en marcha con la noción preconcebida de cómo será el día (o el mes o la década).

Cuando empiezas a preocuparte por no tener lo que se necesita para cumplir con las exigencias de la vida, recuerda que no tienes por qué hacer, porque ya se encarga Dios. La autora y oradora Rebekah Montgomery afirma: "Si Dios te pide que construyas un arca, te dará las medidas. Si te pide que salgas de un barco y camines sobre el mar, te mostrará la técnica. Si te pide que ores, te enseñará cómo hacerlo. Si te pide que ames a tu prójimo, te dará amor".

Jesús, gracias por tu presencia y por la paz que tan gratuitamente das.
Ayúdame a orar antes de preocuparme, catalogar, o trazar estrategias. Amén.
DD—ORACIÓN

Él hace nuevas todas las cosas

Crea en mí, oh Dios, un corazón limpio, y renueva la firmeza de mi espíritu.
No me alejes de tu presencia ni me quites tu Santo Espíritu. Devuélveme
la alegría de tu salvación; que un espíritu obediente me sostenga.
SALMO 51.10-12 NVI

El rey David cometió adulterio e hizo que mataran al marido de la mujer en la batalla (ver Salmo 51). ¡Hablando de culpa! Con todo, la Biblia afirma que David fue un hombre según el corazón de Dios. Amó de verdad a Dios y, siendo un rey con poder, ¡metió la pata regiamente!

David tenía fe en la bondad de Dios. Su arrepentimiento era genuino y confiaba ser restaurado en la presencia de Dios. No podía soportar estar apartado de Dios. Reconoció que debía presentarse limpio de nuevo por medio del poder del perdón.

Tal vez haya habido momentos en los que te has sentido distante de Dios por las elecciones que has hecho. No hay pecado demasiado grande que Dios no pueda cubrir ni tan pequeño como para molestarle con ello. Él está deseando perdonar y olvida la ofensa cuando tú te arrepientes. Espera que hagas lo mismo. Si no dejas ir el pecado perdonado, puede convertirse en una herramienta de tortura para que el enemigo la use contra ti. Dios envió a Jesús a la cruz por ti, para restaurarte a ti y tu relación con él.

Padre celestial, gracias por enviar a Jesús para que pagara por mis pecados.
Perdóname y hazme nueva. Lléname hoy de tu presencia. Amén.
SG—AMOR

Adiós y hola

Por eso no nos desanimamos. Pues aunque por fuera nos vamos
deteriorando, por dentro nos renovamos día a día. Lo que sufrimos
en esta vida es cosa ligera, que pronto pasa; pero nos trae como
resultado una gloria eterna mucho más grande y abundante. Porque
no nos fijamos en lo que se ve, sino en lo que no se ve, ya que las
cosas que se ven son pasajeras, pero las que no se ven son eternas.
2 Corintios 4.16-18 dhh

Una de las cosas más difíciles en la vida es observar cómo un ser querido
va llegando al final de su vida. Tal vez conozcas a alguien que está
cuidando a una persona así en estos momentos. Esos últimos kilómetros
en el viaje terrenal pueden ser largos y duros.

El autor y clérigo estadounidense, Henry Van Dyke, ofrece aliento en
su poema "Una parábola de la inmortalidad". Compara a una persona a un
hermoso y fuerte barco que extiende sus velas a la brisa de la mañana y,
lentamente, navega hacia el horizonte. Llegado el momento, se desvanece
donde el océano y el horizonte se encuentran, y entonces alguien dice:
"¡Ahí va!". Pero en ese momento exacto, los que están del otro lado lo
ven aparecer en el horizonte, tan fuerte y poderoso como cuando inició su
travesía, y gritan gozosos: "¡Aquí viene!".

¿No es magnífico que Dios prometa a los cristianos la vida eterna? El
viaje puede ser difícil, pero el destino es espléndido.

Amado Dios, gracias por la seguridad de la vida eterna y
gozosa para todos los que creen en Jesús. Amén.
JF—Aliento

Guarda silencio y aprende

Sino que pone su amor en la ley del Señor y en ella medita noche y día.
SALMO 1.2 DHH

¿Deseas conocer mejor a Dios? ¿Que él te fortalezca? Pasar tiempo con el Señor en oración y leyendo la Biblia son las mejores formas de aprender más sobre su misericordia, su bondad, su amor y su paz.

Estas disciplinas son como el agua en una esponja. Nos ayudan a entender quién es Dios y lo que trae a nuestra vida. En su presencia tomamos consciencia de sus bendiciones y los recursos que ha provisto para fortalecernos para las batallas de cada día. Nos facultará para poder cumplir su plan para nuestra vida.

Pasar tiempo con el Señor requiere disciplina, pero esta simple conducta ayuda a mantener viva nuestra esperanza, y proporciona luz a nuestra senda. Cuando el programa parece ocupar un lugar preponderante o el agotamiento de la vida diaria te tientan para que descuides la oración y el estudio bíblico, recuerda que son tu recurso vital. Te ayudan a crecer en tu relación con el Amante de tu alma.

Padre celestial, quiero conocerte más. Quiero sentir tu presencia. Enséñame tus caminos para que pueda vivir en la casa del Señor por siempre. Amén.
EK—ORACIÓN

Volar alto

Pero los que confían en el Señor renovarán sus fuerzas; volarán como las águilas: correrán y no se fatigarán, caminarán y no se cansarán.
ISAÍAS 40.31 NVI

Los muros recién pintados de las escaleras ya tienen huellas de dedos sucios de los niños. Un olor indistinto sale de la despensa y de las inmediaciones del cubo de la basura, difícil de precisar. Una quemadura irreparable en la alfombra pide a gritos ser reemplazada, pero, en vez de ello, se echa encima un pequeño tapete decorativo. El trabajo y la escuela hacen salir a la familia de la casa mientras las bolas de polvo ruedan detrás de ellos como diminutas plantas rodadoras hacia la puerta que se cierra de golpe.

Una rápida reunión de la pandilla en casa, después de la escuela, llevó a Sue al jardín delantero para recoger el correo antes de correr a un encuentro de corredores de campo a través. Algo llamó su atención, y levantó la vista para ver cómo planeaba un águila a mucha altura, por encima del vecindario. Era una pausa muy necesitada.

De camino al encuentro, Sue pensó en la vista que tendría aquella águila, lo quietas y juntas que debían parecer las cosas desde esa perspectiva. Pensó en lo loca y desordenada que puede llegar a ser la vida con frecuencia y, a pesar de ello, cuando confiaba en Dios en todas las cosas, recibía una fuerza inesperada.

Señor Dios, gracias por ayudarnos a volar alto, con tu fuerza, incluso cuando atravesamos los lugares bajos de la vida. Amén.
SL—ALIENTO

En mi corazón

Pues es por creer en tu corazón que eres declarado justo a los ojos de Dios y es por confesarlo con tu boca que eres salvo.
ROMANOS 10.10 NTV

La fría lluvia de febrero caía mientras ella recogía sus ceras y el papel para manualidades y los extendió sobre la mesa de la cocina. Cuidadosamente, calcó un corazón rojo de cartulina, un resto de la decoración del día de San Valentín reciclado como herramienta para su trabajo artístico. Coloreó el dibujo en forma de corazón utilizando una cera rojo brillante y después la recortó con unas tijeras de punta redondeada. La punta de su lengua se deslizó entre sus labios cerrados mientras se esforzaba por cortar siguiendo el trazo. Finalmente, sostuvo el corazón en sus manos, levantándolo y lo estudió. Algo no se veía bien. Clavó la tijera en el centro y creó un agujero abierto. Ya estaba. Ahora podría enseñárselo a su madre.

—¡Qué bonito, cariño! —dijo su madre—. ¿Pero por qué hay un agujero en el corazón?

—¡Para que Jesús pueda entrar! —respondió.

—Tesoro, Jesús no necesita un agujero para entrar. Cuando crees que él te ama tanto que murió por tus pecados, él entra en tu corazón.

Ella pensó durante un momento.

—Mami, yo lo creo—, dijo—. ¿Lo crees tú también?

—Sí —, contestó la madre.

Y, en aquella lluviosa mañana, acurrucada en los brazos de su madre, su pequeño corazón se hinchó de amor por Cristo.

Amado Jesús, recuérdame hoy no solo que crea en ti,
sino también que te comparta con otros. Amén.
JF—AMOR

Amor de verdad

Amados, amémonos unos a otros; porque el amor es de Dios.
Todo aquel que ama, es nacido de Dios, y conoce a Dios. El que
no ama, no ha conocido a Dios; porque Dios es amor.
1 Juan 4.7-8 rvr1960

El mundo está lleno de imitaciones, pero la Palabra de Dios revela la verdad sobre el amor. El simple hecho es que si conocemos a Dios, pasamos nuestra vida amándole. Y la mejor forma en que podemos amarlo es amando a los demás. El apóstol Pablo nos dice en 1 Corintios que el amor es paciente y amable. Podemos vivir con eso. Pero, entonces, llega a la parte de no llevar un registro de las ofensas... ¡Vaya! ¡Esto ya es otra cosa! ¿Y qué hay de las ofensas graves? ¿Se supone que debemos limitarnos a perdonar y olvidar? ¿Y qué pasa con nuestros derechos? ¿Nuestros límites? ¿Acaso no hay límite a la hora de perdonar a los demás? El mundo dice que sí, pero Jesús vivió y enseñó la norma de las setenta veces siete. Perdona una y otra y otra vez. Ama incansablemente. El amor es mucho más que un dulce de San Valentín en una caja, un día al año. Soporta. Aguanta hasta el final. No lleva un registro de las ofensas.

Padre, tú me amas con un amor infalible. Eres incapaz de nada
menos que esto. Haz que yo pueda reflejar tu amor al mundo que me
rodea y a los que están más cerca en mi vida, sobre todo a los que
están lo suficientemente cerca como para hacerme daño. Amén.
EB—Amor

Cuando el pueblo de Dios ora

Pidamos por la paz de Jerusalén: «Que vivan en paz los que te aman».
SALMO 122.6 NVI

Cuando se trata de marcar la diferencia en este mundo, a veces resulta fácil sentirse indefensa. Hay guerras del otro lado del mundo. Hay personas que mueren de hambre, sufren, padecen. Por mucho que nos gustaría ayudar, no podemos hacer gran cosa, ¿verdad?

Es cierto, pero sí hay algo que podemos hacer. Es lo más poderoso que alguien pueda realizar: podemos orar. En todo su poder, Dios nos ha invitado a acompañarlo. Nos ha pedido que nos unamos a él en su obra, orando los unos por los otros.

Durante siglos, el pueblo de Dios ha sido tratado de un modo injusto. Con todo, hemos sobrevivido cuando otros grupos no han podido. La razón de nuestra supervivencia, cuando tantos han procurado silenciarnos se debe a que tenemos algo de lo que carecen nuestros enemigos. El poder de Dios nos respalda.

Cuando oramos, echamos mano de todos los recursos a nuestra disposición como hijos de Dios. Invocamos su fuerza, su compasión, su ferocidad, su misericordia, su amor y su justicia. Tenemos la capacidad de extender el alcance de Dios al otro lado de nuestra ciudad o al otro lado del mundo, y todo porque oramos.

Amado Padre, gracias por permitirme unirme a ti en tu obra. Te ruego que bendigas a las personas que te aman, dondequiera que estén en este mundo. Permite que prosperen según su amor por ti. Amén.
RB—ORACIÓN

Amor multiplicado

Porque donde dos o tres se reúnen en mi nombre,
allí estoy yo en medio de ellos.
MATEO 18.20 NVI

Era un domingo por la mañana frío y gris. Jackie habría preferido volver a acurrucarse bajo las mantas en lugar de ir a la iglesia. De hecho, resultaba sumamente tentador seguir durmiendo. Se obligó a salir del cálido lecho y se preparó para salir. Pocos instantes después de entrar en la iglesia, una pareja de amigas la saludaron y la invitaron a sentarse con ellas durante el culto. El sombrío y nuboso día se transformó de inmediato por las bendiciones del amor y de la amistad.

En ocasiones, parece que asistir a la iglesia es una carga en vez de una bendición. Con el versículo de hoy, Dios nos recuerda que es mucho más que una reunión con otras personas. ¡Allí nos encontramos también con *él*! Cuando dos o más se reúnen para adorarle, su presencia se experimenta de una forma asombrosa. Esto no solo es una bendición, sino también un privilegio. Hay muchas personas en el mundo que no pueden adorar libremente.

Gracias, Padre, por el don de la comunión en una Hermosa familia de creyentes. Gracias también por el privilegio de adorarte libremente. Te sentimos en medio de nosotros, incluso en los grupos más pequeños. ¡Qué aliento saber cuánto nos amas y cómo estás siempre con nosotros! Amén.
BO-E—AMOR

Permanecer en su amor

Así como el Padre me ha amado a mí, también yo los he amado a
ustedes. Permanezcan en mi amor. Si obedecen mis mandamientos,
permanecerán en mi amor, así como yo he obedecido los
mandamientos de mi Padre y permanezco en su amor.
JUAN 15.9-10 NVI

Permanecer en el amor de Cristo es la única forma duradera de
fructificar. Juan 15 nos presenta una hermosa imagen de lo que significa
llevar fruto. ¿De qué tipo de fruto estamos hablando aquí? La clase
de fruto que marca la diferencia para Cristo. Los frutos del Espíritu
son amor, gozo, paz, paciencia, benignidad, bondad, fe, mansedumbre,
templanza (Gá 5.22-23). Estos son los frutos que honran a Dios y que
proceden de una vida que está creciendo en él.

La Biblia afirma que si permanecemos en el amor de Dios, llevaremos
mucho fruto. Entonces, ¿cómo permanecemos en su amor? Juan 15.10 nos
da la respuesta: "Si guardareis mis mandamientos, permaneceréis en mi
amor". Podemos tener completo gozo y llevar todo tipo de fruto espiritual
si seguimos la Palabra de Dios y vivimos una vida que le complazca a él.

Así como el pámpano que ha sido cortado de la vid no puede hacer
nada, tampoco nosotros podemos hacer algo importante si no estamos
conectados a ella.

Padre, ayúdame a permanecer conectada a ti para poder llevar la clase
de fruto que importa. Sé que sin ti no puedo hacer nada. Amén.
MP—AMOR

Levanta mis ojos

A las montañas levanto mis ojos; ¿de dónde ha de venir mi ayuda?
Mi ayuda proviene del Señor, creador del cielo y de la tierra.
SALMO 121.1-2 NVI

Jenna miró su chequera y el montón de facturas, suspirando. De nuevo tendría que ser creativa y decidir qué pagar y qué no. Sus circunstancias eran desalentadoras. Jenna y su esposo iban de cabeza con su casa, debiendo más del valor que tenía. Su marido llevaba casi un año buscando trabajo, sin éxito. El sueldo de ella, único ingreso de la familia, no se había mantenido a la altura de la inflación. Parecía que siempre se quedaban descolgados.

Todas nos sentimos desalentadas en ocasiones, sobre todo cuando nuestras circunstancias parecen presionarnos tanto que no podemos ver todo lo bueno que tenemos. El Señor nos recuerda que él es nuestro poder sustentador, mayor que cualquier cosa, y que deberíamos mantener nuestros ojos en él, y no en nuestras circunstancias. Estas pueden cambiar y suelen hacerlo. El Señor es constante y nunca cambia. ¡Qué bendición!

Amado Señor, se me recuerda que eres un Amigo mayor que cualquiera de mis circunstancias. Acudo a ti como mi Fuente de fuerza. Tú eres digno, y siempre lo serás. Te alabo a ti y tu fidelidad. Estoy eternamente agradecida. ¡Amén!
BO-E—ALIENTO

Hambrienta

*Esto ha venido a confirmarnos la palabra de los profetas, a
la cual ustedes hacen bien en prestar atención, como a una
lámpara que brilla en un lugar oscuro, hasta que despunte el
día y salga el lucero de la mañana en sus corazones.*
2 Pedro 1.19 nvi

Sally se apresuró para llegar a una cita matinal, ignorando el desayuno.
Menos mal que pronto, cuando se dirigía a Toledo, recordó que había
echado una bolsa de semillas de edamame secas en la guantera. Aliviada
de poder tener algún alimento, se las arregló para conducir con cuidado,
abrió la bolsa y agarró un gran puñado del saludable tentempié.

Las engulló y, al empezar a masticarlas, se le abrieron de repente
los ojos de par en par, presa del pánico. Las semillas eran picantes. ¡Muy
picantes! Se puso una pequeña bolsa de plástico para basura a la altura
de la cara y empezó a escupir como una loca, a la vez que intentaba
mantener los ojos en la carretera. Picaban tanto que sacudió la cabeza en
señal de descrédito.

Tras recuperar la compostura, tomó la bolsa de semillas de edamame
del asiento del conductor. Abajo, en la línea inferior de la etiqueta decía:
"Wasabi".

Era la información a la que ojalá hubiera prestado atención en la
tienda, o, al menos, antes de meterse un puñado de semillas en la boca.

*Señor Dios, gracias por los momentos divertidos que
nos recuerdan que tenemos que prestar atención a tu
Palabra y a muchos detalles de la vida. Amén.*
SL—Oración

Amarnos a nosotras mismas de la forma adecuada

Honra a tu padre y a tu madre; ama a tu prójimo como a ti mismo.
MATEO 19.19 NTV

Existe una diferencia entre humildad y autodesprecio. Demasiadas mujeres creen que, con el fin de ser adecuadamente humildes, necesitan machacarse. Pero Jesús dijo que debíamos amar a nuestro prójimo como a nosotras mismas. ¡Es evidente que no estaba hablando de maltratar a nuestro prójimo!

Es necesario que, con la ayuda de Dios, nos veamos tal como él nos ve. Entonces podemos obedecer su mandamiento de cuidar de los demás. Además, deberíamos practicar un cuidado piadoso de nosotras mismas, sobre todo en los periodos altamente estresantes.

En su libro *How to Find Selfless Joy in a Me First World*, Leslie Vernick, LPC, alienta a las mujeres a hacer tres cosas: "[1] Entender que Dios es la fuente de nuestro gozo y a buscarlo con gusto; sin él estamos desesperadas. [2] Tener disciplina (ejercicio, comer de forma adecuada, descansar, no gastar mucho, etc.) para que nos encontremos lo mejor posible y no estemos fuera de control. Uno de los frutos del Espíritu es el dominio propio y creceremos en esto a medida que nos acerquemos más a Dios. [3] Aceptar nuestras limitaciones; hay cosas que SOLO Dios puede hacer".

El egoísmo no consiste en cuidar de nosotras mismas o pedir lo que queremos. El egoísmo es exigente a la hora de conseguir lo que deseamos. Ámate a ti misma como Dios te ama a ti, y después podrás amar a tu prójimo como él quiere que lo hagas.

Dios, dame una visión adecuada de mí misma, no demasiado alta ni demasiado baja. Gracias por crearme como lo has hecho. Amén.

DD—AMOR

La oración de Ana

*Los ojos del Señor recorren toda la tierra para fortalecer a los
que tienen el corazón totalmente comprometido con él. ¡Qué
necio has sido! ¡De ahora en adelante estarás en guerra!*
2 CRÓNICAS 16.9 NTV

En la Biblia hay muchas oraciones extraordinarias. Existen oraciones
pidiendo sabiduría y unidad, oraciones de arrepentimiento y negociaciones
con Dios. La de Ana fue una oración de angustia para pedir un hijo.

Ana era estéril. Oró delante de Dios con un corazón quebrantado
y le prometió que si le daba un hijo, ella se lo entregaría al Señor todos
los días de su vida. Dios escuchó y respondió su oración. ¿Acaso Dios
responde siempre así la oración para pedir un hijo? No; no lo hace. Hay
mujeres a las que Dios ama profunda e incondicionalmente y que no darán
a luz un hijo en esta vida. Pero en ese caso, Dios le concedió un hijo varón
a Ana al que llamó Samuel. Ella solo tuvo a Samuel durante un breve
tiempo antes de llevárselo a Elí, el sacerdote. No era un niño corriente.
Escuchó la voz de Dios a una edad muy temprana. Creció y se convirtió en
un juez y profeta sin igual en toda la historia de Israel.

Dios está buscando hombres y mujeres corrientes, cuyas oraciones
reflejen un corazón completamente comprometido con él. Encontró esta
clase de compromiso en Ana y respondió su oración.

*Padre, haz que mis oraciones reflejen un profundo compromiso contigo y que
todo lo que yo te pida sea para tu reino y no para mi propia Gloria. Amén.*
EB—ORACIÓN

Preparada para el cambio

*Si mi pueblo, que lleva mi nombre, se humilla y ora, y me
busca y abandona su mala conducta, yo lo escucharé desde
el cielo, perdonaré su pecado y restauraré su tierra.*
2 CRÓNICAS 7.14 NVI

Cuánto anhelamos los "viejos tiempos". Muchas de nosotras recordamos
con nostalgia los años de nuestra infancia, como un tiempo que fue más
amable y suave. Pensamos que las cosas eran mucho mejores entonces. El
rey Salomón pudo haber pensado lo mismo cuando se le dio este versículo
en la dedicación del templo. Es una llamada al avivamiento.

El avivamiento no tiene por qué ser un acontecimiento corporativo.
A veces tiene que ser personal. La declaración es condicional: si, por
nuestra parte, cumplimos los requisitos, podemos estar seguras de que
Dios se moverá por la suya.

*Dios soberano, vengo a ti deseando un avivamiento en mi vida. Me
humillo ante ti, comprendiendo que no puedo hacer nada sin ti. Te
ruego que vuelvas a encender mi deseo por ti y que escuches mi
promesa de limpiar cualquier cosa de mi vida que no te agrade. Sé
que me oirás; ayúdame y sáname como has prometido. ¡Amén!*
BO-E—ORACIÓN

Pídeselo a él

Clama a mí y te responderé, y te daré a conocer
cosas grandes y ocultas que tú no sabes.
JEREMÍAS 33.3 NVI

Tras un largo día de trabajo, Sue se fue a casa, donde la aguardaba más frustración. Había que pagar facturas y no había suficiente dinero para abonarlas todas. Otro de los autos necesitaba reparación. Uno de los niños estaba teniendo problemas y él también pasó un mal día. Además de todo esto, tuvo una discusión con su esposo.

Una vez más, pasó algún tiempo gritándole a Dios, pidiéndole respuestas. "Dios —le dijo—, ¡estoy harta de tener que venir a ti pidiéndote ayuda! ¿Por qué no puedes estar conmigo todo el tiempo y ayudarme?".

Hubo lágrimas y una pausa, y se quedó sorprendida. Su suave y apacible voz le recordó que él nunca la abandonaba, jamás. Sue entendió que era ella quien se desviaba de él. Tras clamar de nuevo a Dios, ahora en un tono más calmado, empezó a ver su dirección y la forma en que debería responder a sus desafíos.

Señor Dios, ayúdanos a buscar continuamente tu fuerza y tu dirección.
Gracias porque estás aquí mismo, todo el tiempo, esperando. Amén.
SL—AMOR

Sigue siendo fácil de enseñar

Como Apolos quería pasar a Acaya, los hermanos lo animaron y les escribieron a los discípulos de allá para que lo recibieran. Cuando llegó, ayudó mucho a quienes por la gracia habían creído.
HECHOS 18.27 NVI

Apolo era una persona dinámica para el Señor. Las Escrituras lo describen como "Era un hombre ilustrado y convincente en el uso de las Escrituras... con gran fervor hablaba y enseñaba con la mayor exactitud acerca de Jesús" (Hch 18.24-26).

Resulta, pues, interesante que incluso con esas credenciales, habiéndole escuchado Priscila y Aquila, lo invitaran a su casa para darle enseñanza adicional. Después de aquello, Apolo deseó predicar en Acaya y la pareja lo alentó a hacerlo. Contactaron de inmediato con los discípulos que estaban allí para que le dieran la bienvenida. ¿El resultado? Apolo refutó a los judíos en un debate público, demostrando que Jesús era el Mesías, mientras ayudaba al mismo tiempo a los apóstoles (Hch 18.27-28).

Todas tenemos espacio para el crecimiento espiritual y el conocimiento piadoso, independientemente del tiempo que llevemos en el Señor. La Biblia nos alienta a animarnos unos a otros. ¿Qué resultado tendría en el progreso del reino si, a pesar de su posición o su antigüedad espiritual, todos los creyentes ejercieran la humildad de Apolo? Aunque erudito, aceptó instrucción adicional de otros creyentes que, a su vez, alentaron su ministerio. Cosas como la envida, el orgullo o querer llevar siempre la delantera no existían.

Hemos de alentarnos los unos a los otros, así como Dios nos alienta.

Señor, haz que yo siga siendo fácil de enseñar para que pueda llegar a ser más eficiente en tus manos al alentar a los demás en sus ministerios. Amén.
TK—ALIENTO

No perjudica

El amor no perjudica al prójimo. Así que el amor es el cumplimiento de la ley.
Romanos 13.10 nvi

El amor no perjudica. Nunca. Es una ponderosa declaración.

Si el amor no ofende al prójimo, quiere decir que nunca pronuncia palabras crueles. El amor nunca chismorrea. Nunca es violento ni impaciente, ni se aíra con facilidad. Y, desde luego, el amor nunca planea acciones malvadas o despiadadas.

El amor solo hace el bien a las personas que nos rodean. Solo el bien.

Lamentablemente, ninguna de nosotras ama de una forma perfecta... todavía. Y no lo haremos hasta que nuestro Creador nos perfeccione, cuando comparezcamos delante de él. Hasta ese momento, seguiremos cometiendo errores. Actuaremos, en ocasiones, con muy poco amor.

La clave está en hacer del amor una costumbre y, cuando no actuamos en amor, admitirlo. Cuando descubrimos que estamos teniendo pensamientos poco amables, es necesario que los enderecemos, porque de lo contrario nos conducirán a acciones que carecen de amor. Cuando dejamos que nuestra lengua se deslice y decimos cosas crueles, deberíamos pedir perdón. Y tenemos que examinar continuamente nuestro corazón y nuestros motivos, para comprobar que es el amor el que los gobierna.

El amor siempre edifica, siempre le indica a las personas cuál es la Fuente de amor: Dios. Y, dado que el amor de Dios por todos y cada uno de sus hijos es perfecto y completo, debemos esforzarnos por dar, a nuestra vez, ese mismo tipo de amor.

Amado Padre, perdóname por las veces que he sido cruel
o desconsiderada y no he actuado en amor. Ayúdame a
convertir el amor en una forma de vida para mí. Amén.
RB—Amor

El Señor está cerca

El Señor es justo en sus caminos, bondadoso en sus acciones. El Señor está cerca de los que lo invocan, de los que lo invocan con sinceridad.
SALMO 145.17-18 DHH

¿Te sientes como si te acercaras a Dios en oración con las mismas cosas, una y otra vez? ¿Necesita tu vida de oración un poco de alegría? Los salmos están llenos de oraciones y verdad. Para encontrar un mapa de carreteras para oraciones y promesas, recurre a los salmos.

Los autores de Salmos conocían la verdad de esta Escritura: que el Señor está cerca de aquellos que oran a él. Le expresaban a Dios sus emociones sinceras, su gozo, sus temores, su alabanza. Comprendían que Dios los amaba y que quería tener una relación personal con ellos, como le ocurre contigo.

Si estás luchando por saber cómo orar a Dios y sobre qué hacerlo, usa los Salmos como guía. Ora un salmo cada día. Añade tus pensamientos y tus sentimientos personales a tus oraciones. Muy pronto, te darás cuenta de que has iniciado una Amistad personal con el Creador del universo.

¡Qué sorprendente que tú, Señor, Creador del cielo y de la tierra, me quieras conocer íntimamente! Gracias por amarme y por mostrarte a mí a través de tu Palabra y de tu creación. Gracias por estar cerca de mí para que pueda conocerte y vivir para ti. Amén.
MP—ORACIÓN

¿Oración o manía por la brevedad?

*Dios sabe cuántas veces los recuerdo en mis oraciones. Día y noche hago
mención de ustedes y sus necesidades delante de Dios, a quien sirvo
con todo mi corazón anunciando la Buena Noticia acerca de su Hijo.*
ROMANOS 1.9 NTV

Nuestro lenguaje está cargado de abreviaturas o, como alguien lo definió,
por la manía de la brevedad. Las organizaciones son conocidas por sus
acrónimos —MCCE, ONU, CEE— y abreviaturas como AMA, ADA, ANR,
y AFT abundan. ¿Y qué me dices de los mensajes de texto, que usan
símbolos y letras para traducir frases completas o emociones? Llorar
equivale a :'-(y PLQV significa "para lo que vale".

Aunque las abreviaturas —diseñadas para acortar palabras— están
de moda, desconciertan a los que superan los cincuenta años de edad.
¿Es demasiado pedir que se vocalice una frase para aquellas de nosotras
que consideramos que detenernos ante un PMIA (Pausa mental para la
interpretación de una abreviatura) es una distracción?

Del mismo modo, nuestras oraciones se pierden con frecuencia
en la oscuridad de la brevedad. Nos encanta la comida rápida y el éxito
inmediato. Mientras tanto, luchamos por sacar el tiempo de pronunciar
unas cuantas sílabas de más dirigidas a Dios. Disparamos oraciones
"flechas" mientras que esperamos la respuesta de Dios ABP (a la
brevedad posible). Esperamos que el Señor, que todo lo sabe, interprete
todas nuestras necesidades.

Aunque las oraciones «flecha» sean a veces necesarias, Dios nos
pide que oremos *específicamente* y con frecuencia por la persona o por
el problema, como lo hacía Pablo. Dios nos hizo para que tuviéramos
comunión con él. Esto incluye una comunicación abierta ¡libre de manías
por la brevedad!

*Señor, perdóname por mis oraciones abreviadas, vacías de
sustancia y de corazón. Enséñame a orar en detalle, con menos
generalidades, al derramar abiertamente mis necesidades
y mis deseos más profundos delante de ti. Amén.*
TK—ORACIÓN

Paz como un río

*Yo les he dicho estas cosas para que en mí hallen paz. En este mundo
afrontarán aflicciones, pero ¡anímense! Yo he vencido al mundo.*
JUAN 16.33 NVI

Estaba empezando a ser un día terrible. Beth se había quedado dormida
y le pusieron una multa por exceso de velocidad de camino al trabajo.
Al llegar, descubrió que la recepcionista había llamado para avisar que
estaba enferma y la otra ayudante estaba ausente por duelo. Beth era la
responsable de llevarlo todo en su pequeña oficina. El equipo de venta no
parecía entender por qué no podía con las peticiones que le disparaban
a toda velocidad. Casi a punto de llorar, Beth se sintió abrumada y
desalentada.

La vida parece, a menudo, un mar tempestuoso en lugar de un
río tranquilo y apacible. Las circunstancias tienen la capacidad de
vencernos y hacer que nos sintamos inestables y fuera de control. Es
cierto que la paz que fluye procede de Jesús. Es en él en quien podemos
tener confianza y una mente calmada, tranquila e impasible. Los
acontecimientos de la vida pueden hacer que apartemos nuestros ojos de
Jesús. Nuestro río de paz está en nuestro Salvador.

*Padre clemente y amoroso, te damos las gracias por tu paz, esa paz
que sobrepasa todo entendimiento. Cuando las circunstancias me
hacen apartar los ojos de ti, te ruego que me recuerdes que tú eres
mi paz, mi confianza y mi gozo. Las circunstancias pueden cambiar.
¡Tú no cambias jamás! Gracias por amarme tanto. Amén.*
BO-E—ALIENTO

Que te conozcan por tu amor

Queridos hermanos, amémonos los unos a los otros, porque el
amor viene de Dios, y todo el que ama ha nacido de él y lo conoce.
El que no ama no conoce a Dios, porque Dios es amor.
1 Juan 4.7-8 nvi

"Dios es amor". Es un versículo que muchos recuerdan haber aprendido en la escuela dominical o en los campamentos bíblicos. ¿Pero qué significa? Por su naturaleza misma, Dios es amor. Todo lo que hace proviene de un corazón del que fluye un amor incondicional. El amor incondicional divino sobrepasa cualquier otro que hayamos recibido o dado.

Los cristianos han de conocerse por su amor. La letra de un cántico que se escribió hace muchos años lo expresa así: "Somos uno en el Espíritu. Somos uno en el Señor... Y que somos cristianos se verá en nuestro amor". ¿Pero es esto así? ¿De verdad las personas de tu esfera de influencia saben que eres cristiana por tu amor? ¿O tal vez te mezcles en la multitud? Sé una vasija de amor y paz. Que el amor sea tu característica, una señal distintiva de que eres creyente. Nunca sabrás el impacto que esto tiene para el reino.

¿Qué aspecto tiene el amor? Adopta todas las figuras y formas. Algunos ejemplos pueden ser ayudar a otros, acompañar la milla adicional, ofrecer palabras de aliento o dejar a un lado tus propias ambiciones para poner primero las de los demás.

Padre, te ruego que me uses como vasija de amor en
mi familia y en mi lugar de trabajo. Amén.
EB—Amor.

Sigue hablando

El Señor está cerca de quienes lo invocan, de quienes lo invocan en verdad.
SALMO 145.18 NVI

Dios está en todas partes, todo el tiempo. En un sentido, está cerca de todo el mundo, ya que no hay lugar donde podamos escondernos de su presencia. Pero la palabra cerca, en este versículo, alude a un sentido de proximidad espiritual, emocional. Yo podría estar en la misma habitación con un centenar de extranjeros, pero no me consideraría cerca de ninguno de ellos. Pero si me preguntaras sobre mi mejor amiga que vive al otro lado del país, te diría que estamos muy cerca.

Cuando clamamos a Dios, independientemente de nuestras circunstancias, nos acercamos a él. Ve nuestro corazón, tiene compasión de nosotras, anhela atraernos a sus brazos y mantenernos allí. Cuando clamamos a él, cuando pasamos tiempo hablando con él y diciéndole lo que hay en nuestra mente, fortalecemos nuestra relación con él.

Estamos cerca de él.

Cuando nos sentimos lejos de Dios, a veces lo último que queremos es conversar con él. Pero solo podemos acercarnos a su presencia a través de la conversación sincera, sentida, por mucho que nos pueda parecer unilateral. Cuando nos sentimos lejos de Dios, necesitamos seguir hablando. Él está ahí.

Amado Padre, gracias por tu promesa de escucharme. Te amo, te necesito, y quiero estar cerca de ti. Amén.
RB—ORACIÓN

Levanta el tejado

Ven, gritemos alabanzas a Dios, ¡levanta el techo para la
Roca que nos salvó! ¡Marchemos en su presencia, cantando
alabanzas, levantando las vigas con nuestros himnos!
SALMO 95.1-2 (TRADUCCIÓN LIBRE DE LA VERSIÓN MSG)

En la década de 1600, el letrista Johann Schütz escribió estas palabras en su cántico "Sing Praise to God Who Reigns Above" [Canta alabanzas al Dios que reina en lo alto]: "Así durante mi penoso caminar, canto en voz alta tus alabanzas, para que la tierra pueda oír el agradecido cántico que mi incansable voz eleva. Gózate en el Señor, corazón mío; el alma y el cuerpo compartid con él: A Dios sea toda alabanza y Gloria".

¡Qué hermosa exhortación para nosotros hoy! ¿Penoso camino? ¿Estás cansada? ¡Canta! ¡Alégrate en tu corazón! No muchos lo tuvieron más difícil que el rey David, que se acurrucaba en cuevas para esconderse de sus enemigos, o que Pablo en una oscura celda en las mazmorras; con todo, seguían alabando a Dios a pesar de las circunstancias. Y nuestro Dios extendió su gracia hacia ellos cuando ellos lo aclamaron en su sufrimiento.

El Señor quiere escuchar nuestros gritos de júbilo y vernos entrar marchando en los atrios, regocijándonos. Oye nuestros cánticos vacilantes y los convierte en una sinfonía para sus oídos. Así que levanten sus voces y únanse a la alabanza a nuestro Creador y Señor. Levantemos las vigas y permitamos que él filtre nuestras ofrendas de gozo con su amor.

Amado Padre celestial, alabo tu santo nombre. Te bendigo, Señor.
Gracias por tu gracia y tu misericordia hacia mí. Amén.
EK—ALIENTO

Oración solitaria

Acérquense a Dios, y él se acercará a ustedes.
SANTIAGO 4.8 NVI

¿Tienes un lugar de oración? Jesús dijo: "Y cuando ores, no seas como los hipócritas; porque ellos aman el orar en pie en las sinagogas y en las esquinas de las calles, para ser vistos de los hombres; de cierto os digo que ya tienen su recompensa. Mas tú, cuando ores, entra en tu aposento, y cerrada la puerta, ora a tu Padre que está en secreto; y tu Padre que ve en lo secreto te recompensará en público (Mt 6.5-6 RVR1960). ¿Qué quería decir Cristo con "aposento"? La palabra original deriva del griego *tamion*. Significa una cámara interior o habitación secreta.

Jesús advirtió contra las personas que oran en público con la intención de mostrar a los demás lo piadosos que son. En su lugar, aboga por la soledad. Jesús solía apartarse en solitario para acercarse a su Padre y orar, y esto es lo que sugirió en el pasaje de Mateo.

No es necesario tener una habitación secreta, más bien un lugar tranquilo donde una pueda estar a solas con Dios. Tal vez tu aposento sea tu jardín o la playa. Podría ser en la quietud de tu propio hogar, cuando tu esposo y tus hijos están fuera. Dondequiera que esté, disfruta de algún tiempo a solas con Dios. Acércate a él en oración y él se aproximará a ti.

Amado Dios, cuando nos encontramos en el lugar tranquilo,
permíteme respirar en tu presencia. Amén.
JF—ORACIÓN

Él lo provee todo

*Pues Dios amó tanto al mundo, que dio a su Hijo único, para que
todo aquel que cree en él no muera, sino que tenga vida eterna.*
JUAN 3.16 DHH

Empezando por Adán, Dios proveyó para sus amados: un carnero para
que Abraham escatimara a su hijo, maná para el pueblo judío errante.
La Biblia resuena con las provisiones de un Dios poderoso. Y la Palabra
afirma que nuestro Dios es hoy el mismo que entonces. Por tanto,
sabemos que él proveerá para nuestras necesidades. El verdadero amor
reflejado por su preocupación por nosotros cada día.

Su provisión no solo va destinada a nuestras necesidades materiales;
lo más importante es que extiende hacia nosotros su favor, su gracia
cuando menos lo merecemos. Nos proporciona un amor que lo abarca todo
una vez que lo aceptamos. Y sella sus promesas con el don del Espíritu
Santo, convirtiéndonos en herederos al trono. Cuando entendemos la
profundidad del cuidado que hemos recibido de nuestro Padre celestial, es
algo que quita la respiración.

Siempre un paso por delante, va proveyendo antes de que exista
cualquier necesidad. Dios nos dio todo lo que tenía, lo mejor, cuando nos
dio a su Hijo. Proveyó todo. Servimos a un Dios glorioso y poderoso.

*Señor, tu amor total me asombra. Gracias por todo lo que has
hecho y lo que seguirás haciendo en mi vida. Amén.*
EK—AMOR

Limpia el almacén de tu alma

Hermanos, yo mismo no pretendo haberlo ya alcanzado; pero una cosa hago: olvidando ciertamente lo que queda atrás, y extendiéndome a lo que está delante, prosigo a la meta, al premio del supremo llamamiento de Dios en Cristo Jesús. Así que, todos los que somos perfectos, esto mismo sintamos; y si otra cosa sentís, esto también os lo revelará Dios.
FILIPENSES 3.13-15 RVR1960

El hombre de negocios y ministro, John G. Lake, afirmó: "Amados, si existe alguna cosa que no sea santa en naturaleza, no está ahí por el consentimiento del Espíritu de Dios. Si hay falta de santidad en tu vida, es porque tu alma lo está permitiendo y tú la estás reteniendo. Déjala ir. Échala fuera y deja que Dios se abra camino en tu vida".

Conforme vas creciendo en Cristo, descubrirás que tu vieja forma de pensar tiene que desaparecer para dejar lugar a la nueva comprensión de los deseos y los planes de Dios para tu vida. Esto es limpiar el almacén de tu alma. La antigua forma de pensar y las costumbres son como la comida basura o envoltorios caducados. Al tirar lo viejo, descubrirás los nuevos pensamientos y hábitos renovados de vida y fuerza en Cristo.

Padre celestial, quiero pensar tus pensamientos y conocer tus caminos. Ayúdame a dejar ir los antiguos caminos y vivir hoy en los nuevos. Amén.
SG—ALIENTO

Cuando no puedes orar

Además, el Espíritu Santo nos ayuda en nuestra debilidad. Por ejemplo, nosotros no sabemos qué quiere Dios que le pidamos en oración, pero el Espíritu Santo ora por nosotros con gemidos que no pueden expresarse con palabras. Y el Padre, quien conoce cada corazón, sabe lo que el Espíritu dice, porque el Espíritu intercede por nosotros, los creyentes, en armonía con la voluntad de Dios.
ROMANOS 8.26-27 NTV

A veces nos resulta literalmente imposible orar. El Espíritu Santo asume el control en estas ocasiones. Preséntate delante de Dios; entra en su presencia en un lugar tranquilo donde no habrá interrupciones. Quédate allí, en silencio, delante del Señor. Cuanto tu corazón está quebrantado, el Espíritu Santo intercederá por ti. Cuando has perdido a alguien o algo precioso para ti, el Espíritu Santo comparecerá delante del Padre a tu favor. Cuando estás débil, el Consolador le pedirá al Padre que te fortalezca. Cuando estés confusa y angustiada por una decisión que se cierne sobre ti, el Consolador procurará lo mejor de Dios para ti. No estás sola. Eres una preciosa hija del Dios vivo. Y cuando Cristo ascendió al cielo, no te dejó en esta tierra para que te forjaras tú sola a través del desierto. Envió a un Consolador, un Consejero, el Espíritu Santo, el Espíritu de Verdad. Cuando no sabes qué orar, la Biblia promete que el Espíritu te cubre.

Padre, te ruego que escuches los gemidos del Espíritu Santo que intercede a mi favor delante de tu trono. Amén.
EB—ORACIÓN

Construyendo amistades

En todo tiempo ama el amigo; para ayudar en la adversidad nació el hermano.
PROVERBIOS 17.17 NVI

El mundo actual no está diseñado para la amistad. Su ritmo es demasiado rápido, con demasiadas exigencias y demasiado estrés. Bueno, estamos conectadas con todo el mundo, todo el tiempo, a través de los mensajes de texto, los teléfonos móviles y el Facebook. Pero por divertido que pueda parecer Facebook, nos roba tiempo de estar cara a cara. Estamos tan distraídas con todo al mismo tiempo que nos resulta difícil centrarnos en una sola cosa, en una persona a la vez.

Pero la amistad exige un tiempo en privado, cara a cara. Y, aunque la mayoría de nosotras sentimos que no disponemos de mucho tiempo para dar, ¡debemos hacerlo! Sencillamente tenemos que convertir en una prioridad la amistad y el construir relaciones de carne y hueso.

Dios nos creó para las relaciones. Y, aunque un correo electrónico en el momento oportuno o un mensaje de texto puede levantarnos en ocasiones, nada puede sustituir un abrazo real y en vivo. Nada reemplaza a una amiga sentada junto a tu cama en el hospital, sosteniendo tu mano. Y no tendremos estas cosas, a menos que estemos dispuestas a dejar a un lado nuestros artilugios de alta tecnología y a invertir tiempo en las personas que nos rodean.

Esforcémonos hoy por apagar nuestro teléfono móvil. Apartémonos de nuestro ordenador por un rato y tengamos una conversación real con alguien. Esa persona puede convertirse en una verdadera amiga.

Amado Padre, enséñame a ser una verdadera amiga. Ayúdame a convertir la amistad en una prioridad y a invertir en las personas que me rodean. Amén.
RB—AMOR

La salida

*Ustedes no han sufrido ninguna tentación que no sea común al género
humano. Pero Dios es fiel, y no permitirá que ustedes sean tentados
más allá de lo que puedan aguantar. Más bien, cuando llegue la
tentación, él les dará también una salida a fin de que puedan resistir.*
1 CORINTIOS 10.13 NVI

Todo el mundo se enfrenta a la tentación. Las Escrituras afirman que
nadie escapa a ella y que todos se convierten en sus víctimas (Ro 3.23).
Pero no te desalientes. Dios proporciona una salida.

Las creyentes aprenden a soportar y a resistir la tentación por la
gracia de Dios. Cuando confían en el poder que viene del Espíritu Santo,
entonces Dios les proporciona la fuerza para resistir. Jesús dijo que esta
fuerza de voluntad procede de estar alerta y de orar. "Estén alerta y oren
para que no caigan en tentación. El espíritu está dispuesto, pero el cuerpo
es débil" (Mt 26.41 NVI).

Por mucho que las personas lo intenten, la tentación vence en
ocasiones. Dios también tiene un plan para esto. Envió a su Hijo, Jesús,
al mundo para que llevara sobre sí el castigo por los pecados de todo
aquel que crea en él. No solo sufrió las consecuencias del pecado, sino que
también, por medio de su sacrificio, le proporcionó a Dios un camino para
perdonar la pecaminosidad y prometer a los creyentes la vida eterna.

Vela y ora hoy para que no caigas en tentación, pero si lo haces,
entonces recuerda esto: el pecado gana en el momento, pero la gracia y el
perdón de Dios son para siempre.

*Amado Señor, no me dejes caer en tentación, sino
líbrame del mal hoy y siempre. Amén.*
JF—ALIENTO

¡Señor, ayúdame!

«Señor, ¡socorro!», clamaron en medio de su dificultad, y él
los salvó de su aflicción. Calmó la tormenta hasta convertirla
en un susurro y aquietó las olas. ¡Qué bendición fue esa
quietud cuando los llevaba al puerto sanos y salvos!
Salmo 107.28-30 ntv

Las oraciones no tienen por qué ser elocuentes o majestuosas. Nada requiere que sean largas y elaboradas. Lo único necesario es que te comuniques con Dios. Tus palabras pueden ser conmovedoras —surgir desde lo más profundo de tu alma— o tranquilas y suaves como un susurro. Cualquiera que sea la forma en que le hables, puedes saber que él te escucha y que responderá.

Samuel Morse, el padre de la comunicación moderna, dijo: "El único rayo de esperanza, y no puedo subestimarlo, procede de la confianza en Dios. Cuando miro hacia arriba, calma cualquier aprensión por el futuro, y me parece oír una voz que dice: 'Si yo visto los lirios del campo, ¿no te vestiré también a ti?'. Esta es mi fuerte confianza, y esperaré pacientemente la dirección de la Providencia".

La respuesta a tus oraciones no depende de ti. Las expresiones de tu corazón que le transmites a tu Padre lo ponen en el escenario para cualquier cosa que necesites.

Padre, gracias por escuchar mis oraciones. Sé que siempre estás a
mi lado y que contestas el llanto de mi corazón. Ayúdame a venir
primero a ti en lugar de intentar resolver las cosas yo sola. Amén.
SG—Oración

Amor eterno

*Ámense unos a otros con un afecto genuino y
deléitense al honrarse mutuamente.*
ROMANOS 12.10 NTV

Clara quería un columpio en el jardín. A lo largo de sus cincuenta años
de matrimonio, le había pedido a Walter que construyera uno, pero otros
proyectos tomaban prioridad. Un columpio no era algo tan importante.
Ella lo quería sobre todo, para ver ponerse el sol sobre el lago y ver salir
las estrellas.

Un día, Walter decidió sorprender a su esposa. Había descubierto
algo olvidado desde hacía mucho tiempo, metido en el granero, algo que
sería el asiento perfecto para un columpio.

Cuando Clara se ausentó durante un par de días para visitar a su
hermana, Walter estuvo muy ocupado. Construyó el cimiento del columpio
y, después, un robusto tejado de celosía donde enganchó dos fuertes
cadenas. Luego, sacó el asiento delantero de su Plymouth de 1946, el
asiendo donde él y Clara compartieron su primer beso. Lo frotó bien y lo
amarró a las cadenas tan solo unos minutos antes de que ella regresara a
casa.

"¡Oh... pero...!", exclamó Clara ahogando un grito. "¡Oh... vaya!".

No era el columpio que había imaginado, pero aun así, era el
columpio más hermoso que había visto jamás. Cuando el sol se puso,
Clara y Walter se sentaron en él, juntos. Él rodeó sus hombros con su
brazo y la besó suavemente en la mejilla. "Dios me bendijo contigo,
cariño", le dijo. "Te amo hoy y para siempre".

*Gracias, Señor, por bendecirme con amor y gracias
por amarme para siempre. Amén.*
JF—AMOR

Una batalla mayor

*Pues aunque vivimos en el mundo, no libramos batallas como lo
hace el mundo. Las armas con que luchamos no son del mundo,
sino que tienen el poder divino para derribar fortalezas.*
2 Corintios 10.3-4 nvi

Una de las conocidas de Janice estaba hablando muy mal de ella. Parecía
que la única motivación detrás de aquellas palabras poco amables era
la envidia. No obstante, Janice se sintió triste cuando escuchó lo que se
estaba diciendo. Busco dentro de sí misma por si había hecho dicho o algo
ofensivo sin darse cuenta, pero no se le ocurría nada.

Después de hablar con una amiga de confianza que también conocía a
la persona que hablaba mal de ella, la amiga de Janice le dijo claramente.
"Tú no tienes nada que ver".

Janice no podía evitar pensar cómo el enemigo había distorsionado
algo para conseguir aquello. Un poco de información se había recibido de
forma errónea o se había plantado un pensamiento. El enemigo, a quien le
encanta destruir, podía haber tergiversado cualquier cosa.

En vez de amargar a Janice, esta experiencia la ayudó a considerar
con cuánta frecuencia cualquiera de nosotras podemos dejarnos
influenciar por el enemigo. Y, lo más importante, renovó su compromiso
de estar más alerta espiritualmente. Lo que el enemigo pretendía que
fuera para mal, ¡Dios volvió a usarlo para bien!

*Amoroso Dios, gracias por ser Aquel a quien puedo ir para cambiar
la influencia y derrumbar las fortalezas del enemigo. Amén.*
SL—Aliento

Justo a tiempo

Acerquémonos, pues, con confianza al trono de nuestro
Dios amoroso, para que él tenga misericordia de nosotros
y en su bondad nos ayude en la hora de necesidad.
HEBREOS 4.16 DHH

Como creyentes, nuestra vida se vuelve apasionante cuando esperamos en Dios para que dirija nuestra senda, porque él sabe qué es lo mejor para nosotros en cualquier momento concreto. Sus planes y su programa nunca son erróneos. Solo necesitamos practicar el vivir según su plan. Y pasar tiempo en oración. ¡Pero decirlo es más fácil que hacerlo! Con frecuencia, nos morimos por discutir y resulta difícil esperar.

Cuando entendemos plenamente que él sabe más y volvemos nuestra vida hacia el Espíritu en busca de dirección, podemos permitir que Dios se encargue de nuestro calendario; su horario es lo primordial.

Cuando estamos ansiosas por una oferta de trabajo o por una proposición, su tiempo puede parecer lento. "¡Date prisa, Dios", gemimos. Pero cuando aprendemos a aguardar con paciencia sus promesas, veremos que los planes que él tiene para nosotros son mucho más de lo que nos atrevíamos a esperar, o soñar. Dios promete respondernos; y él, siempre llega justo a tiempo.

Señor, quiero tu perfecta voluntad en mi vida.
Ayúdame a aprender a esperar en ti. Amén.
EK—ORACIÓN

Descansa en su infalible amor

*Muchas son las calamidades de los malvados, pero el gran
amor del Señor envuelve a los que en él confían.*
Salmo 32.10 nvi

En el transcurso de unos meses brutales, Alecia y su esposo se vieron
sacudidos y presionados como nunca habían imaginado. Su negocio se
vino abajo; dos de sus progenitores sufrieron un ataque al corazón y su
relación pasó por una gran agitación. Sin embargo, un año antes de que su
estresante periodo comenzara, Alecia había memorizado varios salmos y
también pasajes del Nuevo Testamento sobre el amor y la paz de Dios.

Dios sabía que el corazón de Alecia necesitaría verse fortalecido
por la verdad bíblica. Incluso cuando su familia pasó por problemas
financieros, emocionales y relacionales, experimentó un gozo inexplicable.

En el libro *Jesús hoy*, Sarah Young escribe: "Cuando estás sufriendo,
tu necesidad de mí es mayor que nunca. Cuanto más escojas acercarte a
mí, más esperanza podrás hallar en mi infalible amor".

En la paradójica economía de Dios, cuanto más sufrimos, más nos da
él de su amor, su fuerza y su paz. También imparte gozo y esperanza que
el mundo nunca entenderá, pero pregúntale a Alecia; son muy reales.

*Padre, gracias por los dones espirituales del amor, gozo, paz y esperanza.
Dame recordatorios diarios para acercarme más a ti en medio de los
buenos y malos tiempos, porque tú me estás esperando. Amén.*
DD—Amor

Alábale cuando sufres

Fíate del Señor de todo tu corazón, y no te apoyes en tu propia prudencia.
Reconócelo en todos tus caminos, y él enderezará tus veredas.
Proverbios 3.5-6 rvr1960

Bridgett y su hija pequeña eran muy parecidas en muchas cosas. Sin embargo, cuando esta se convirtió en una joven adulta, a veces parecía que su relación estaba a punto de romperse en dos. Bridgett sufría en su corazón añorando los días en que su hija la adoraba, cuando "mami" era la única que podía apaciguar su dolor y secar sus lágrimas.

Bridgett había aprendido que cualquier cosa que tuviera que opinar sobre las elecciones de vida de su hija no haría más que ensanchar el abismo que había entre ellas. De modo que llevó a diario su propio sufrimiento a su Padre celestial y oró pidiendo la gracia y la dirección de Dios para la vida de ambas. "Señor, confío en que tú cumplirás tu propósito y tu plan para nosotras".

Cada vez que sentía la tentación de preocuparse por su hija y por las decisiones que estaba tomando, alababa a Dios intencionadamente por obrar en su corazón. Transcurrió algo más de un año y Bridgett empezó a notar el cambio. El corazón de su hija se suavizó y las oportunidades ordenadas por Dios se abrieron para ella. La relación madre-hija mejoró y Bridgett supo que sus oraciones estaban siendo contestadas a través de su decisión de alabar a Dios por medio de la oración.

Padre, escojo confiarte mis preocupaciones. Gracias por obrar en mi vida según tus planes. Te la entrego a ti y te alabo por adelantado. Amén.
SG—Oración

Una amiga amorosa

El que es generoso prospera; el que reanima será reanimado.
PROVERBIOS 11.25 NVI

¿Estás convencida de no tener suficientes amigas, o tal vez las que tienes no están supliendo tus necesidades? Considera qué tipo de amiga eres. El trillado axioma: "Si quieres tener una amiga, sé tú una amiga" es cierto.

Las buenas amigas escuchan atentamente. Todas necesitamos a alguien que pueda compartir nuestra carga y con quien podamos ser totalmente sinceras. Este tipo de amiga es inestimable cuando una siente que ya no puede dar ni un paso más.

Las buenas amigas son también amables y amorosas mentoras. Leticia, madre soltera de treinta y cinco años, tiene a Naomi, su mejor amiga, que ronda los setenta. Naomi empuja a Leticia a cuidarse y a no olvidar sus propias necesidades en medio de su profesión, los niños y las actividades de la iglesia. Tal vez haya alguien a quien podrías empujar suavemente a un estilo de vida más sano o a una vida espiritual más activa.

Finalmente, las buenas amigas perdonan gratuitamente. No juzgan con demasiada dureza ni se toman las cosas de forma extremadamente personal. En vez de ello, conceden a las amigas el beneficio de la duda, sabiendo que no hay mujer perfecta y que, en ocasiones, las personas se equivocan. Se sienten agradecidas por las amigas llenas de gracia e intentan perdonar así como Dios las perdona a ellas.

Padre celestial, gracias por las amigas. Danos la capacidad de ser amigas perdonadoras, piadosas, que sepan escuchar; proporciónanos relaciones que nos ayuden a crecer y madurar. Por encima de todo, gracias por el Amigo que tenemos en Jesús.
DD—ALIENTO

Dirige tu carga a la oración

Además, en las oraciones de ellos por ustedes, expresarán el afecto que les tienen por la sobreabundante gracia que ustedes han recibido de Dios.
2 CORINTIOS 9.14 NVI

Trisha no podía sacarse de la cabeza a su hijo adulto. Una tarde, la carga de su corazón la abrumó. Horas antes, John visitó a su madre antes de salir por la noche. Ella sabía demasiado bien lo que significaba "salir". Antes de que se marchara, Trisha le dijo amorosamente: "John, la gracia y la misericordia de Dios te ha protegido durante muchos años. Un día, Dios apartará esa gracia".

Desconcertado, su hijo respondió: "Oh, no te preocupes, mamá".

Inmediatamente, Trisha inició una oración intercesora. "Señor, haz lo que tengas que hacer para llevar a John a la salvación. Solo te pido que guardes su vida". Con el corazón apesadumbrado, siguió orando toda la noche.

Entonces llegó la llamada telefónica. De camino a casa al salir de un club nocturno, John se había salido de la carretera. Todo el coche quedó retorcido como una lata, excepto el asiento del conductor. Milagrosamente, John había podido salir arrastrándose por la ventana y había llegado a casa de sus abuelos, cubierto de sangre y en shock. Más tarde explicó que no tenía ni idea de cómo llegó hasta allí. Trisha también descubrió que el accidente era uno de los dos que había tenido aquella noche. Otro de menor importancia había tenido lugar cuando se dirigía al bar.

Cuando sentimos la carga de orar, es por una razón. Esa carga se origina desde la misericordia y la gracia de Dios por la persona por quien oramos. Finalmente, John aceptó a Jesús. Pero supón que su madre hubiera ignorado la dirección de Dios a orar aquella noche. El resultado podría haber sido bastante distinto.

Padre, gracias por la oración y por la forma en que cambia las vidas. Amén.
TK—ORACIÓN

Aliento bíblico para mujeres

No se interesen tanto por la belleza externa: los peinados extravagantes, las joyas costosas o la ropa elegante. En cambio, vístanse con la belleza interior, la que no se desvanece, la belleza de un espíritu tierno y sereno, que es tan precioso a los ojos de Dios.
1 Pedro 3.3-4 ntv

El mundo alienta a las mujeres a vestirse de forma provocativa, a invertir en caros productos y estilos, para hacerlas "mejores". Esta no es la forma en que Dios juzga el corazón de la mujer. A él le preocupa lo que está en el interior. Escucha cómo le respondes a otros y observa las expresiones faciales que escoges exhibir. Ve tu corazón. Ciertamente es divertido comprarse un nuevo atuendo o pasar algún tiempo esforzándose por encontrar los complementos adecuados. No hay nada malo en ello. El problema está cuando los mensajes del mundo ahogan el llamado de Dios en tu vida. El Señor desea que te revistas de un espíritu amable y tranquilo. Declara que esa es la belleza que no se marchita, la hermosura interior del corazón. Céntrate en esto y nadie notará si tus joyas brillan. Tu rostro irradiará el gozo del Señor y tu corazón rebosará de gracia y paz.

Señor, concédeme un espíritu tranquilo y amable.
Te lo pido en el nombre de Jesús. Amén.
EB—Aliento

¿A quién escucha Dios?

El Señor está lejos de los perversos, pero oye las oraciones de los justos.
PROVERBIOS 15.29 NTV

Una de las innumerables cosas maravillosas sobre Dios es que es un caballero.

Aun siendo poderoso como es, rara vez entra a la fuerza donde no se le quiere, excepto en los casos en los que la justicia lo exige.

Dios permanece lejos de los perversos, porque estos lo rechazan. No le quieren a su lado. Hacen sus elecciones en contra del todopoderoso y menosprecian sus caminos. Entonces, cuando se ven en problemas y sin salida, no hallan ayuda en ningún lugar. Eligen excluirse del Único que podría ayudarles. Al final, se ven solos.

Pero cuando el justo invoca su nombre, él escucha. Aunque ninguna de nosotras sea justa por sus propios medios, podemos reivindicar la justicia por medio de Jesucristo. Solo él es justo y nos cubre como una capa. Cuando clamamos a Dios, él ve la justicia que nos cubre por medio de Cristo y nos reconoce como hijas suyas. Se inclina hacia nosotras y escucha atentamente nuestras palabras, porque le pertenecemos. Nos ama.

La próxima vez que nos parezca que Dios no está escuchando, tal vez deberíamos examinar nuestro corazón. ¿Le hemos empujado a salir? ¿Hemos aceptado el precio que su Hijo, Jesucristo, pagó en nuestro lugar? Si no es así, no podemos reivindicar justicia. Si lo hemos hecho, podemos confiar en que nunca está lejos. Nos escucha.

Amado Padre, gracias por hacerme justa por medio de tu Hijo, Jesús. Amén.
RB—ORACIÓN

El deseo de tu corazón

Confía en el Señor y haz el bien; entonces vivirás seguro en la tierra y prosperarás. Deléitate en el Señor, y él te concederá los deseos de tu corazón. Entrega al Señor todo lo que haces; confía en él, y él te ayudará.
SALMO 37.3-5 NTV

Resulta fácil considerar este versículo y pensar: "¡Hei, si me deleito en el Señor, me dará todo lo que yo quiera!". Sin embargo, cuando empezamos a deleitarnos de verdad en el Señor, Dios cambia nuestro corazón de una forma tan completa, que solo queremos lo que él quiere. Cuando encomiendes todas las cosas que hagas al Señor, empezarás a ver cómo se alinean tus deseos con los de Dios.

¿Cómo se aplica esto a la vida cotidiana? Empieza tu mañana con agradecimiento. Pídele a Dios que bendiga tu vida y que te proporcione oportunidades para ser una bendición para los que se crucen contigo ese día. Interactúa con Dios sobre cada cuestión y problema al que te enfrentes. Dale las gracias por las bendiciones, grandes y pequeñas, que te lleguen. Busca su voluntad y su guía cuando estés haciendo planes. Ora por tus seres queridos que no conocen a Cristo. Intercede por amigos y vecinos que necesiten la ayuda divina. Mantente atenta a las nuevas formas de deleitarte en el Señor.

Señor, te encomiendo todo mi corazón y todos mis planes e ideas. Quiero tu voluntad en mi vida. Gracias por tus bendiciones y tu gran amor por mí. Muéstrame cómo deleitarme en ti, Señor. Te amo, Amén.
MP—ALIENTO

Orar por los inconversos

Demasiados truenos y granizo hemos tenido ya, así que no voy a detenerlos más. Pidan ustedes al Señor por nosotros, y yo los dejaré ir.
Éxodo 9.28 DHH

Hannah frunció el ceño al embarcar en el avión. El vuelo parecía lleno y estaba cansada. Quería leer, beber una Coca Cola light, y no hablar con nadie.

Entonces, el Espíritu Santo le recordó las palabras que su pastor pronunció el domingo anterior: "Pídanle a Dios que les dé oportunidades de compartir su amor con otros, dondequiera que vayan".

Hannah ocupó su asiento cerca de la parte trasera del avión. "Estoy disponible, Señor", susurró.

Sus compañeros de asiento eran dos personas que no hablaban inglés. Durante el vuelo de tres horas, Hannah oró en silencio por ellos, sonriendo de vez en cuando, y cuando se apagó la señal de mantener los cinturones abrochados, se dirigió a la cola del avión.

Tras usar el baño, Hannah escuchó a alguien sollozar. Una asistente de vuelo estaba sentada en el asiento de la tripulación junto a la pequeña cocina, llorando en silencio. Hannah se detuvo.

—¿Está usted bien? —, le preguntó a la mujer.

—La verdad es que no —respondió ella—. Acabo de recibir malas noticias, justo antes de que el avión despegara.

—¿Puedo orar por usted?

—La verdad es que no creo mucho en Dios, pero imagino que no me hará daño...

Hannah sonrió, inclinó la cabeza y, en silencio, oró por su nueva conocida.

Padre, danos el valor y la fe de dejarte que nos guíes. Danos oportunidades de compartir la esperanza que tenemos por medio de Jesús con un mundo que lo necesita con tanta desesperación. Amén.
DD—Oración

Cálmate

La angustia abate el corazón del hombre, pero una palabra amable lo alegra.
PROVERBIOS 12.25 NVI

¿Cómo podía haber un camión de la basura y un autobús escolar delante de ella en la misma mañana? Sara llegó por fin al aparcamiento, y ocupó una plaza a toda prisa. Puso la palanca en posición PARKING y recogió rápidamente su maletín, su bolso y el café. Tras cerrar la puerta con el pie, se dirigió a toda velocidad hacia la oficina, repasando en su cabeza todo lo que requeriría su atención aquel día.

Se dio cuenta de que respiraba de forma entrecortada cuando casi tuvo que tomar una bocanada de aire y sintió de repente toda la tensión. "Señor", oró, concentrándose por un momento. Recordando su promesa de proporcionar paz, ralentizó sus pasos, respiró hondo y miró a su alrededor, contemplando su creación, durante el poco tiempo que le quedaba antes de empezar a trabajar. Hasta ese momento no se había percatado de la sinfonía de los pájaros ni del sonido de las hojas que susurraban en la suave brisa del verano.

Era como si Dios quisiera ayudarla a entrar en un lugar de calma y de claros pensamientos. Su mente pasó a darle gracias por muchas cosas en lugar de angustiarse por las cuestiones a las que se estaba enfrentando.

Señor, gracias por tu fidelidad en recordarnos la paz que sobrepasa todo entendimiento. Eres el Único que nos la puede proporcionar. Amén.
SL—ALIENTO

No hay amor mayor

Porque tanto amó Dios al mundo, que dio a su Hijo unigénito, para que todo el que cree en él no se pierda, sino que tenga vida eterna. Dios no envió a su Hijo al mundo para condenar al mundo, sino para salvarlo por medio de él.
JUAN 3.16-17 NVI

Con toda probabilidad, Juan 3.16, el pasaje más memorizado de las Escrituras, es el evangelio en una sola frase. Solemos aprenderlo de memoria a una edad temprana para que nuestros oídos se acostumbren a escucharlo. ¿Pero le has permitido que cambie por completo tu vida?

¡Dios no envió a Jesús a condenarnos! Vino a salvarnos entregando su vida por la nuestra. Juan 15.13 (NTV) afirma. "No hay un amor más grande que el dar la vida por los amigos". Este es el fundamento mismo del cristianismo. Como afirma C. S. Lewis: "Si el cristianismo es falso, no tiene ninguna importancia; y si es verdad, su importancia es infinita. Lo único que no puede ser moderadamente importante".

La próxima vez que escuches a un niño recitar Juan 3.16 y oigas cómo se lee este versículo en voz alta, deja que las palabras calen de verdad en tu alma, una vez más. Dale gracias a Dios por su asombroso regalo de vida y por su infalible amor por nosotros.

Padre celestial, gracias por la cruz y por su infinita importancia en mi vida. Gracias por abrir un camino para que te conozca y viva eternamente contigo. Te entrego por completo mi vida. Enséñame a vivir para ti. Amén.
MP—AMOR

Segundas oportunidades

*Yo soy el que por amor a mí mismo borra tus transgresiones
y no se acuerda más de tus pecados.*
ISAÍAS 43.25 NVI

¿Cuántas de nosotras hemos agachado la cabeza, sabiendo que habíamos cometido un error? Deseando poder volver a hacer esta tarea doméstica asignada, retirar las palabras poco amables que salieron de nuestra boca sin pensar o incluso recuperar ese mensaje de correo electrónico justo después de haber hecho clic en ENVIAR. Todas hemos hecho algo que desearíamos poder deshacer. Con frecuencia, pensamos que no solo hemos fallado nosotras, sino también Dios.

En realidad, la Biblia está llena de personas a las que Dios usó a pesar de sus errores. Moisés tuvo un problema de ira. David era lujurioso. Jacob era un engañador. Lo maravilloso de nuestra fe es que servimos a un Dios de segundas oportunidades. No solo está deseando que confesemos nuestros pecados para poder perdonarnos, sino que quiere que lo hagamos. ¡Canta alabanzas por la maravillosa bendición de volver a empezar!

Padre celestial clemente, estamos agradecidas por servir a un Dios de segundas oportunidades. En realidad, nos das más de dos oportunidades, y no llevas un registro. Todas somos hijas pródigas y necesitamos sentir tu amor y tu perdón. Gracias por amarme lo suficiente como para no darme por perdida. ¡Sigues estando conmigo! Amén.
BO-E—ALIENTO

Amar a pesar de

Vivan en armonía los unos con los otros. No sean arrogantes, sino háganse solidarios con los humildes. No se crean los únicos que saben. No paguen a nadie mal por mal. Procuren hacer lo bueno delante de todos. Si es posible, y en cuanto dependa de ustedes, vivan en paz con todos.
ROMANOS 12.16-18 NVI

Jason no sabía qué le fastidiaba más de Matt, el veterano de la armada que parecía un oso: el hecho de que fuera obvio que no se había bañado recientemente, o su actitud vil y airada. Lo que Jason no sabía era que ese hombre necesitaba ayuda. Su causa se estaba cayendo literalmente alrededor de él; no tenía coche y no estaba comiendo bien.

Jason siguió intentando hacerse amigo de Matt. La mayoría de las personas ni se habrían molestado en ello. Pero él lo veía como alguien que realmente necesitaba experimentar el amor de Dios y siguió ministrándole, aunque a veces resultaba extremadamente difícil. Finalmente, su persistencia tuvo su recompensa. Matt dedicó su vida a Cristo.

Abba Padre, eres el autor y el consumador de nuestra fe. Acudimos a ti para que nos ayudes a amar a los demás con un amor ágape, un amor que viene de ti. Resulta difícil amar incondicionalmente y solo se puede conseguir con tu ayuda. Gracias porque nos das la fuerza, la convicción y la gracia de amar en tu nombre. Amén.
BO-E—AMOR

Buenos regalos

*Pues si ustedes, aun siendo malos, saben dar cosas
buenas a sus hijos, ¡cuánto más su Padre que está en
el cielo dará cosas buenas a los que le pidan!*
MATEO 7.11 NVI

Cuidar de nuestros hijos es un instinto natural que viene de Dios. Hasta los padres que parecen tener pocas aptitudes parentales suelen intentar proveer lo básico. Con todo, aunque los padres no den la talla, Dios siempre lo hará.

Dios nos ama y se deleita cuidando de nosotros. Cuando nuestros propios hijos están cansados, hambrientos o sufren, no queremos que corran a un extraño para hallar consuelo. Queremos que vengan a nosotras, que se acurruquen en nuestros brazos y que confíen en que nosotras nos preocupamos por ellos. Dios no es diferente.

No obstante, algunas veces, nuestros hijos nos piden cosas que sabemos podrían perjudicarles. Un niño de dos años podría parecer fascinado por el afilado cuchillo que mami está usando para preparar la cena; pero ella no se lo dará, y lo más probable es que él se agarre un berrinche. No entenderá que si su madre retiene el cuchillo, es por amor.

Nosotros también nos dejamos distraer y enamorar por cosas brillantes. Con frecuencia vemos algo que parece apasionante y bueno y lo queremos. Nos frustramos cuando Dios no nos lo da. Pero siempre podemos confiar en el corazón divino. Podemos saber que cuando él retiene cosas que nosotras creemos nos aportarán felicidad, él lo hace por amor.

*Amado Padre, gracias por suplir todas mis necesidades
y muchos de mis deseos. Amén.*
RB—ORACIÓN

¿Le has dado hoy las gracias a alguien?

Ellos también han sido de mucho aliento para mí como lo fueron para ustedes. Muéstrenles agradecimiento a todos los que sirven así de bien.
1 Corintios 16.18 NTV

¿Le has dado las gracias a tu pastor, tus amigos o tu familia que te han alentado o ayudado justo cuando lo necesitabas?

Pablo escribió a la iglesia corintia, explicando cómo Estéfanas y su familia fueron los primeros conversos en Acaya y cómo se habían dedicado a servir a los demás. Les recordó que cuando Estéfanas, Fortunato y Acaico llegaron a Corinto, ellos suplieron todas las necesidades de las personas y "han sido de mucho aliento para mí, como lo fueron para ustedes...".

Cuando los verdaderos creyentes sirven, lo hacen de corazón y no por el deseo interno de recibir elogios. Es lo que Estéfanas hizo, aunque Pablo instó a la iglesia a que mostrara aprecio por el siervo de Dios y por lo que hizo por ellos.

¿Sientes alguna vez que se aprovechan de ti? ¿Trabajas y recibes poco o ningún reconocimiento? Como siervas de Dios, trabajamos porque amamos a Cristo; con todo, una muestra ocasional de agradecimiento es algo que siempre, siempre se aprecia. Es lo que Pablo comunicó. "Hei, muchachos, alentemos a nuestros hermanos mostrándoles nuestro aprecio por todo lo que hicieron por nosotros".

La sugerencia de Pablo sigue estando en vigor hoy. Dale las gracias a alguien que haya refrescado tu espíritu. Les alentará a ellos y a ti a perseverar en la senda de la vida.

Señor, aliéntame a mostrar mi aprecio a aquellos que han tocado mi vida con tu amor y tu gracia. Amén.
TK—Aliento

¡Ayuda mi incredulidad!

¿Cómo que «si puedo»? —preguntó Jesús—. Todo es posible si uno cree. Al instante el padre clamó: ¡Sí, creo, pero ayúdame a superar mi incredulidad!
MARCOS 9.23-24 NTV

Esta historia del Nuevo Testamento habla de un hombre que trajo a su hijo endemoniado a Jesús para que lo sanara. En primer lugar le pidió a los discípulos que expulsaran al demonio, pero no pudieron. Entonces, le dijo a Jesús: "Pero si puedes hacer algo, ten piedad de nosotros y ayúdanos".

El hombre estaba centrado en su problema en vez de enfocarse en Cristo. Estaba pensando en el tiempo que su hijo llevaba endemoniado y en el gran daño sufrido. No estaba convencido de que Jesús pudiera hacer algo. Pero este corrigió al hombre y le mostró que, por medio de Cristo, todo es posible.

¿Te estás enfrentando a un periodo difícil en estos momentos? ¿Tu fe parece un poco débil? Cuando te sientas tentada a dejar que tus problemas absorban lo mejor de ti y sientas que tu fe no es lo bastante fuerte para vencer, ora para que Dios cambie tu forma de pensar y que pases de la duda a la fe firme en Cristo. ¡Y recuerda: cuanto tú eres débil, él es fuerte!

Padre celestial, ahora mismo, mis problemas parecen demasiado grandes para gestionarlos. Confío en ti y quiero creer que eres mayor que cualquier cosa a la que me estoy enfrentando. ¡Ayuda mi incredulidad! Amén.
MP—ORACIÓN

¡Permanece firme!

Encomienda al Señor tus afanes, y él te sostendrá; no permitirá
que el justo caiga y quede abatido para siempre.
Salmo 55.22 nvi

La tormenta arrasó el vecindario, volcando muebles de jardín y haciendo volar los cubos de basura calle abajo. Una vez pasada la tempestad, los residentes se aventuraron a salir para inspeccionar los desperfectos. Se encontraron tejas de los tejados a unos cuantos metros. Varias ramas de grandes árboles habían caído, evitando por poco dañar algunos vehículos, mientras que otros árboles estaban completamente arrancados. Era una visión horrenda y atemorizante que provocó inquietud en muchas personas.

Nosotras, como creyentes, tenemos a veces horribles tormentas en nuestra propia vida: desempleo, la muerte de un ser querido, una enfermedad grave, hijos caprichosos. Quien está con Cristo, permanece firme como si estuviera anclada al suelo. Aunque parezca que estas tormentas de la vida nos van a destruir, Dios no lo permitirá. Citando al gran predicador Charles Spurgeon: "Como columnas, los piadosos permanecen inamovibles, para gloria del Gran Arquitecto".

Amado Señor, confiaré en ti a pesar de lo que me acarree la vida. Has
prometido que no permitirás que el justo sea conmovido, y me aferro a esa
promesa, agarrándome a ti. Gracias porque se puede confiar en que cumplirás
tus promesas de protegerme y sostenerme. En el nombre de Jesús. Amén.
BO-E—Aliento

Rompiendo barreras

Las puertas de Jericó estaban bien aseguradas por temor a los israelitas; nadie podía salir o entrar. Pero el SEÑOR le dijo a Josué: «¡He entregado en tus manos a Jericó, y a su rey con sus guerreros!».
JOSUÉ 6.1-2 NVI

Anastasia comenzó a caminar con Cristo a los veintitantos. Fue entonces cuando empezó a orar por su padre, para que él también conociera a Dios. Le invitó con frecuencia a la iglesia y, de vez en cuando, él la acompañaba al culto de Pascua o de Navidad. Cuando ella tenía treinta y tantos, seguía llamándole Papi, y seguía orando, pero ahora tenía a un marido que también oraba con ella; con el paso de los años, sus hijos también se unieron a ellos.

Este círculo de oración por Papi y por el abuelito, creció y siguió. Anastasia no iba a tirar la toalla y seguiría pidiéndole a Dios por su padre. Cuando Anastasia tenía ya cincuenta y tantos, Papi era ya bisabuelo, y seguían orando. Él todavía los acompañaba a la iglesia en la mayoría de las fiestas, aunque cada vez le costaba más con su bastón y su deficiencia auditiva.

Un año, la hija de Anastasia murió trágicamente en un accidente de coche. Anastasia luchó profundamente, pero se mantuvo centrada en el cielo, donde sabía que se encontraba su hija. Su padre se sentía enojado con Dios, pero no pudo evitar notar lo profunda que era la fe de su hija.

Cuando Papi era ya octogenario, la persistencia del círculo de oración ampliado vio por fin su respuesta, y él vino a Cristo. Anastasia compartió la noticia con todas las personas a quienes les había pedido que oraran por él. ¡Fue un glorioso día de regocijo!

Padre divino, gracias por tus instrucciones de ser persistente y por la obra que haces rompiendo barreras. Amén.
SL—ORACIÓN

Consejo sensato

Para alegrar el corazón, buenos perfumes; para
endulzar el alma, un consejo de amigos.
PROVERBIOS 27.9 DHH

¿Has desairado alguna vez un consejo no solicitado, del tipo: "Sabes, creo que deberías dejar el chocolate, podrías perder esos cinco kilos que te sobran". O el acercamiento de doble intención: "No me importa lo que opinen los demás; eres una persona maravillosa".

Cuando alguien que sabe poco sobre ti o a quien le importas poco te critica, resulta ofensivo. A pesar de ello, la Biblia enfatiza que la crítica constructiva que se hace con amor es un perfume agradable. De hecho, las Escrituras nos enseñan que tengamos cuidado con la adulación y a aceptar la corrección piadosa.

Trish se acercó a una amiga para pedirle algún consejo sensato. Temiendo ofenderla, su amiga le dijo lo que creía que ella quería escuchar. Aunque se sintió halagada, el consejo le sirvió de poco. Días después, habló con su íntima amiga Phyllis. Tras escuchar el problema de Trish, esta última fue directa, y la primera no se ofendió, porque su amiga envolvió sus comentarios en amor y preocupación. Fue al grano, pero con tacto; fue sincera, pero no abrasiva, le causó dolor, pero fue sensible, comunicativa pero sin abusar ni una sola vez de su amistad sobrepasando los límites. ¿El resultado? El consejo de Phyllis la facultó para ver su situación con claridad y poder dar los pasos pertinentes para rectificarla.

Recibir y ofrecer críticas es un asunto arriesgado, pero ambos son elementos necesarios para nuestro crecimiento cristiano. Aunque podamos hacer una mueca al principio, la crítica con amor disminuye la estrechez de miras y sirve de trampolín para los cambios positivos.

En cuanto al consejo no pedido de consejeras autodesignadas... ¡desdéñalo!

Padre, gracias por las amigas que se preocupan lo suficiente
como para sazonar sus sugerencias con amor. Amén.
TK—AMOR

Una contraseña eterna

Y puesto que somos sus hijos, también tendremos parte en la herencia que Dios nos ha prometido, la cual compartiremos con Cristo, puesto que sufrimos con él para estar también con él en su gloria.
ROMANOS 8.17 DHH

En la sociedad actual de altas tecnologías se requieren contraseñas para tantas cosas en nuestra vida: los cajeros automáticos, la configuración de la computadora, el pago de facturas. Estas contraseñas identifican al usuario y su intención es mantener a los demás fuera de nuestros asuntos.

¡Alégrate! Dios nos ama tanto, que nos dio una contraseña eternal: Jesús. Una vez adquirida por medio de la salvación y por poner nuestra esperanza en él, nos convertimos en herederas de Cristo. Hijos del Rey. Santos preciosos. Por su gran amor, el Padre nos ha dado estos nombres para apartarnos del mundo.

A diferencia de las contraseñas de seguridad para los negocios, esta nunca puede verse amenazada. Estamos seguras en los brazos del Padre y podemos acceder a sus dones prometidos. Abre tu Biblia y descubre todo lo que tienes a tu disposición como creyente: vida eterna, provisión, bendición sobre bendición. Luego, alábale por su maravilloso amor. Su asombroso cuidado. Jesús. Es el nombre más importante que usarás jamás. ¡Como hija del Rey tienes derecho a tantas cosas, por medio de tu relación especial y tu parentesco! ¡Qué bendición saber que Jesús es la contraseña para entrar en el Reino de Dios!

Padre celestial, gracias por tu amor eterno. Guardaré en mi corazón la contraseña que me has dado. Amén.
EK—AMOR

Ora en las dificultades

¿Está afligido alguno entre ustedes? Que ore. ¿Está
alguno de buen ánimo? Que cante alabanzas.
SANTIAGO 5.13 NVI

Mona y su hermana discutían sobre su madre. La anciana había sido autosuficiente, pero últimamente le costaba cuidar de sí misma. La hermana de Mona decidió que la mejor opción era ingresar a su madre en una residencia. Pero Mona no estaba de acuerdo. Sentía que entre las dos podían turnarse para quedarse con su madre de manera que pudiera permanecer en su casa. La comunicación se rompió entre las dos hermanas, y Mona no sabía qué hacer... hasta que recordó las palabras de Filipenses 4.6: "Por nada estéis afanosos, sino sean conocidas vuestras peticiones delante de Dios en toda oración y ruego, con acción de gracias". Mona se arrodilló en su salón y oró. "Amado Dios, ayúdame a arreglar mi relación con mi hermana y haz que juntas podamos hacer lo mejor para mamá".

En la vida cotidiana, las personas se enredan en redes de angustia, y, en ocasiones, olvidan consultar a Dios. En Filipenses 4.6 Pablo les recuerda a los cristianos que no permitan que esto suceda. Dice que oremos en toda situación. Y que no solo llevemos nuestras peticiones delante de Dios, sino que lo hagamos con acción de gracias.

El gran evangelista y maestro cristiano, Oswald Chambers, declaró: "Tenemos que orar con los ojos puestos en Dios y no en las dificultades". ¿Cómo manejas las dificultades de tu vida? ¿Oras con los ojos puestos en Dios?

Amado Padre, tú puedes resolver todos mis
problemas. ¡Te alabo por ello! Amén.
JF—ORACIÓN

Diferentes tipos de amor

Este es mi mandamiento: Que os améis unos a otros, como yo os he amado.
Juan 15.12 rvr1960

No todo el amor es igual de acuerdo con la traducción de la Palabra de Dios del griego. Por ejemplo, *philia* se define como lealtad y amistad hacia los miembros de la familia o de los amigos. *Eros* es el deseo apasionado y sensual. *Storge* es un afecto natural que se muestra entre padres e hijos.

El más familiar viene del término *ágape*, que no solo significa un afecto general, sino tener a alguien en alta consideración. El Nuevo Testamento aplica el amor ágape en la relación entre Jesús y sus discípulos. Es un espíritu de abnegación y de entrega a todos, tanto amigos como enemigos.

Jesús nos ordena amar a nuestro prójimo como a nosotras mismas (Mt 22.39). No dice: "Ama a tu prójimo mientras que impida que sus perros ladren o siempre que mantengan su jardín y permanezcan de su lado de la valla". Más bien nos manda amar como él nos ama.

Ese es el amor ágape de Dios. Es incondicional y poderoso. El amor ágape edifica, no destruye; acepta las imperfecciones de los demás y es tolerante con las personas que hacen las cosas de un modo distinto al nuestro.

¿Cuál es tu definición del amor? Tómate hoy algún tiempo y ejerce el amor de Dios en la misma forma en que él te ama a ti, ¡y comprueba lo que ocurre!

Señor, gracias por amarme de manera incondicional con todas mis faltas y mis defectos. Ayúdame a amar como soy amada. Amén.
TK—Amor

Preocupación frente a oración

No se preocupen por nada; en cambio, oren por todo. Díganle a Dios
lo que necesitan y denle gracias por todo lo que él ha hecho.
FILIPENSES 4.6 NTV

No te preocupes. Esta es una hazaña para las mujeres. Nos preocupamos por naturaleza, ¿no es así? Nos preocupamos por nuestros hijos y nuestros amigos. Nos preocupamos por lo que las personas piensen de nosotras y de lo que haremos si ocurre esto o lo otro. Somos las reinas del ¿y qué pasará si...? Pero la Biblia dice que no nos preocupemos de nada. En el libro de Mateo, se nos recuerda que si Dios se preocupa por las aves del cielo, y les proporciona comida cuando la necesitan, ¡con toda seguridad cuidará de sus hijos! Pero si dejamos de preocuparnos, ¿qué haremos con todo el tiempo que pasamos angustiándonos? Cámbialo por tiempo de oración. Preséntate delante de Dios con tus inquietudes. Echa todas tus ansiedades sobre él, porque él promete cuidar de ti. Dile a Dios lo que necesitas y dale las gracias por adelantado por lo que hará. Dios siempre proveerá. Siempre aparecerá. No quiere que te preocupes.

Señor, reemplaza mi tiempo de preocupación por tiempo de
oración. Vengo a ti ahora en el nombre de Jesús y te presento
mis peticiones. Gracias por tu provisión en mi vida. Amén.
EB—ORACIÓN

Aguardar que pase la tormenta

¡Y ni siquiera saben lo que mañana será de su vida! Ustedes son como una neblina que aparece por un momento y en seguida desaparece. Lo que deben decir es: «Si el Señor quiere, viviremos y haremos esto o aquello.
Santiago 4.14-15 dhh

La época monzónica del verano en Tucson, Arizona, puede acarrear un *haboob*: una violenta tormenta de polvo del desierto. El polvo forma un muro alto con vientos de cincuenta kilómetros por hora. La tormenta puede durar hasta tres horas. Las personas responden de diferentes formas a las tormentas. Algunos conductores intentan atravesarla con una visibilidad extremadamente baja. Otros esperan que pase.

Un individuo, Dex, compartió con una amiga: "Cuando Ann y yo nos vimos atrapados en el *haboob* la pasada noche, en lugar de intentar atravesarla, decidimos disfrutar de ella. Nos detuvimos, fuimos al cine, cenamos fuera y llegamos a casa antes de las diez de la noche.

Las tormentas de la vida siempre llegarán. La próxima vez que veas una en el horizonte, sigue el ejemplo de Dex y Ann y escoge divertirte un poco mientras aguardas que pase.

Señor, a veces nos perdemos en la tormenta. Estoy contemplando el daño que la tormenta puede hacer en lugar de mirarte a ti. Ayúdame a descansar en tu paz y a divertirme un poco mientras aguardo que pase la tormenta. Amén.
SG—Aliento

"Bendecible"

Si ustedes obedecen fielmente los mandamientos que hoy les doy, y si aman al Señor su Dios y le sirven con todo el corazón y con toda el alma, entonces él enviará la lluvia oportuna sobre su tierra, en otoño y en primavera, para que obtengan el trigo, el vino y el aceite.
Deuteronomio 11.13-14 nvi

Todas queremos las bendiciones de Dios. Queremos que lluevan sobre nuestras cosechas; que el sol brille en nuestros picnics, y que la suave brisa nos alivie del ardor del verano. Queremos seguridad en el trabajo y un sueldo más alto.

Aunque Dios permite que algunas bendiciones favorezcan a todas las personas de la raza humana, existen algunas claves para recibir más de la bondad de Dios. Si queremos bendiciones de Dios, debemos ser "bendecibles".

¿Cómo nos volvemos, pues, "bendecibles"? Debemos amar a Dios. Y hemos de servirle con todo nuestro corazón.

Amar a Dios es la parte fácil. Pero la evidencia de ese amor se manifiesta a través de nuestro servicio a él, y esto es un poco más difícil.

Cuando amamos a Dios, le servimos amando a otros. Le servimos apartando tiempo para cortar el césped de la viuda o preparar la comida para alguien enfermo o proveer un abrigo para quien pasa frío. Le servimos ofreciendo una mano de amistad al que no tiene amigos o diciendo algo positivo sobre la víctima de un cotilleo.

Cuando amamos a Dios y nuestras acciones evidencian ese amor, nos volvemos "bendecibles". Entonces Dios derramará su bondad sobre nosotros de formas que nunca hubiéramos imaginado.

Amado Padre, te amo. Muéstrame formas de servirte hoy. Amén.
RB—Amor

Colgando

Dios extiende el cielo sobre el vacío; sobre la nada tiene suspendida la tierra.
JOB 26.6-8 NVI

La floración de una vieja y seca petunia había caído desde la maceta colgante y había quedado atrapada en una simple tela de araña de dos hilos. Suspendida en el aire, parecía que nada la sostenía y que revoloteaba salvaje en la más suave de las brisas. Dios y el curioso gato eran los únicos en saber el tiempo que llevaba allí.

¿Te has sentido alguna vez de este modo? Apenas colgando, luchando como loca y sin que nadie parezca notarlo. Cuando la lucha es reconocida por los demás, no entienden por qué es tan dura; entonces, además de tu dificultad, también te pueden juzgar. En ocasiones, la única persona que se da cuenta, te golpea, como el gato que salta y le va dando con la pata a esos restos que revolotean.

¿Se da cuenta Dios? ¿Te va a ayudar?

Recuerda que Dios lo nota absolutamente todo y se preocupa muchísimo. Sostiene el universo y a ti también cuando te siente sola, burlada y desalentada. No olvidará tu apuro.

Señor Dios, gracias por saber exactamente dónde estamos todo el tiempo y por sostenernos incluso cuando no entendemos los cómos y los porqués. Amén.
SL—AMOR

Gracias, Señor

Alabaré al Señor en todo tiempo; a cada momento pronunciaré sus alabanzas.
Salmo 34.1 ntv

Aunque estaba encarcelado, el apóstol Pablo le dio gracias a Dios y hasta cantó sus alabanzas; el resultado fue la salvación de los carceleros. ¡Qué gran lección para toda cristiana! Cuanto menos te apetece dar gracias, es precisamente cuando debes hacerlo.

¿Cuál es tu respuesta cuando te encuentras atrapada en el tráfico, llegas tarde a una reunión, te sientes frustrada en tus planes, estás enferma en la cama, sufres emocionalmente, estás abrumada por el trabajo, sola, cansada o confundida?

Nuestra naturaleza humana nos enseña que deberíamos quejarnos e inquietarnos. A pesar de ello, las Escrituras afirman que deberíamos dar gracias. Esto solo es posible cuando rendimos nuestra vida a él y a su control.

Aprende a darle las gracias. Gracias por ser nuestra ayuda en tiempos de dificultad. Gracias por su gran sabiduría y su poder. Y gracias por hacer que todas las situaciones de tu vida obren para tu bien.

Dar gracias puede no cambiar tus circunstancias de manera relevante, pero te cambiará a ti. Sentirás que te estás centrando en Dios —su bondad, su generosidad y su gracia— y no en tu propio enojo, orgullo, enfermedad o inconveniencia. Tal vez por esta razón es un suelo tan fértil para los milagros. El comentarista bíblico Matthew Henry lo declaró bien: "Dar gracias está bien, pero vivir el agradecimiento es aún mejor".

Señor, escojo darte las gracias hoy por todo lo que me llega.
Te amo, Señor y estoy agradecida por tu bondad. Amén.
EK—Aliento

Un corazón de paz

*Miren a los que son buenos y honestos, porque a los que
aman la paz les espera un futuro maravilloso.*
SALMO 37.37 NTV

Cada viernes por la mañana, antes de que saliera el sol, Shanna ya estaba
en su auto dirigiéndose al hospital. Pasaba los treinta y nueve minutos
que duraba el trayecto conversando con el Señor sobre el tiempo que
pasaba allí. Entró en el hospital con gran expectativa de lo que Dios
haría en el corazón de los diminutos pacientes en la unidad de cuidados
intensivos de neonatos. "Padre, consúmeme con tu paz esta mañana, para
que pueda ser hoy un Consuelo para los bebés".

Como "abrazadora" aprovechaba la oportunidad para consolar a los
pequeñitos con el amor y la paz de Dios. Susurraba palabras de aliento,
tarareaba cánticos de fe y ofrecía una tranquila y relajante paz mientras
ellos descansaban en sus brazos. "Mi mayor esperanza es que el Señor
mismo ministre paz y sanidad a estos pequeños", decía Shanna.

Nuestra vida es estresante y está llena de luchas cotidianas. Las
personas en general se mueven a un ritmo apresurado, y se ponen
frenéticas cuando otros se cruzan en su camino. Dios desea que su paz te
fortalezca y que, igual que Shanna, compartas su paz con los demás.

*Señor, tú eres mi paz. Independientemente de aquello a lo que me estoy
enfrentando en esta vida, ayúdame a aceptar tu paz y tu fuerza cada día.
Dame la paciencia de beberla y, después, compartirla con los demás. Amén.*
SG—ORACIÓN

Un amigo más apegado que un hermano

*Después que David terminó de hablar con Saúl, Jonatán se hizo
muy amigo de David, y llegó a quererlo como a sí mismo.*
1 Samuel 18.1 dhh

La relación entre David y Jonatán fue como de hermanos. Proverbios
18.24 (nvi) lo expresa de esta forma: "Hay amigos que llevan a la ruina, y
hay amigos más fieles que un hermano". Todo el mundo tiene un bache de
vez en cuando. Este mundo no es nuestro hogar. Como creyentes, somos
extranjeras aquí. Un día estaremos de verdad en casa, en el cielo, con el
Señor. Hasta entonces, es importante que permanezcamos fuertes unas
con otras en los altibajos de la vida. Considera el amor tan profundo de
Jonatán hacia David:

Jonatán, el hijo del rey Saúl, protegió a David de la muerte cuando
Saúl se puso cada vez más celoso de David. Creó una forma secreta de
pasarle el mensaje a David de que ciertamente tenía que huir del reino.
Ambos odiaban separarse, pero no tenían otra opción. Al final, la Biblia
nos dice que fue David quien más lloró cuando tuvo que dejar a Jonatán.
Sin duda, reconocía el valor de su verdadero amigo que estaba más
apegado a él que un hermano. ¿Tienes a una amiga en necesidad? La
vida te va ocupando más y más. No estés nunca demasiado ocupada para
ayudar a tus amigas, para estar ahí para ellas como Jonatán lo estuvo
para David.

*Padre que estás en el cielo, haz que yo pueda ser una
amiga que se apegue más que un hermano. Amén.*
EB—Amor

Comparte tu esperanza

*Tenemos como firme y segura ancla del alma una esperanza que
penetra hasta detrás de la cortina del santuario, hasta donde
Jesús, el precursor, entró por nosotros, llegando a ser sumo
sacerdote para siempre, según el orden de Melquisedec.*
HEBREOS 6.19-20 NVI

Ana Frank, una adolescente judía alemana, y su familia se ocultaron
de aquellos que podían quitarles la vida. Pasaron más de dos años en
habitaciones anexas sobre la oficina de su padre,

En Ámsterdam, durante la Segunda Guerra Mundial. Una vez
descubiertos por los nazis, ella y su familia fueron enviadas a campos de
concentración, donde murió de tifus a la edad de quince años.

El deseo de Ana por compartir esperanza a través de la escritura,
no murió con ella. Su diario, publicado por primera vez en 1947, ha
sido traducido en sesenta y siete idiomas. Entre las páginas de su obra
maestra —uno de los libros más leídos en el mundo en general— escribió
las palabras: "A pesar de todo, sigo creyente que las personas son
realmente buenas de corazón".

Aunque el tiempo de Ana en la tierra fue breve, su esperanza se
comparte por medio de las palabras cuidadosamente recogidas. Sigue
viviendo cada día mientras las personas siguen hojeando las páginas de su
vida y ven la mano de Dios en medio del Holocausto.

*Señor, mi esperanza no está en esta vida, sino en la venidera.
Ayúdame a anclar mi alma en la verdad de tu amor. Recuérdame
cada día que comparta tu esperanza con los demás. Amén.*
SG—ALIENTO

Cuando llegan las pruebas

*Amados hermanos, cuando tengan que enfrentar problemas,
considérenlo como un tiempo para alegrarse mucho porque ustedes
saben que, siempre que se pone a prueba la fe, la constancia
tiene una oportunidad para desarrollarse. Así que dejen que
crezca, pues una vez que su constancia se haya desarrollado
plenamente, serán perfectos y completos, y no les faltará nada.*
Santiago 1.2-4 ntv

Kristina evita a las personas difíciles, porque le parecen agotadoras
e irritantes. Belle nunca le pide trabajo adicional a su jefe, ni siquiera
cuando podría progresar dentro de la compañía si hiciera bien esas
tareas. Y Hilda decidió de no buscar oportunidad de misiones, porque le
asustaban las dificultades a las que podría enfrentarse en el extranjero.

¿Qué me dices de ti? ¿Sientes ganas de escapar corriendo de las
pruebas, considerándolas inconvenientes (en el mejor de los casos) o
terroristas (en el peor)?

En el libro de Santiago, en el Nuevo Testamento, el hermano de Jesús
escribió a los primeros creyentes, alentándolos a considerar las pruebas
como oportunidades para madurar. Dijo que las pruebas de nuestra fe
conducen a la perseverancia y, esta, a la madurez.

Jesús nunca se apartó de las dificultades; en vez de ello, las
consideró como pasos que llevaban a su gloria final. ¿Podemos hacer lo
mismo? En la fuerza de Dios, podemos.

Los trabajos, el matrimonio, ser padres, las relaciones y las tareas
ministeriales suelen ser más difíciles —y más gratificantes— de lo
que podemos imaginar. Sin embargo, en vez de rechazar las pruebas,
descansemos en el Señor y corramos a él, creyendo que las cosas que nos
ponen a prueba nos conducen a la madurez, al gozo muy, muy profundo.

*Señor, danos valor para correr hacia ti en medio de nuestras
dificultades, sabiendo que tú aumentas nuestra fe en los momentos
en que nos sentimos asustadas e inseguras. Amén.*
DD—Aliento

El infalible amor de Dios

Tu gran amor lo tengo presente, y siempre ando en tu verdad.
SALMO 26.3 NVI

Cuando su profesora de escuela dominical pidió ejemplos de amor, la pequeña Terri exclamó: "Amor es cuando sonríes a pesar de lo cansada que estás". Su respuesta reflejaba la vida de su hogar. Su hermano, Jason, era un niño con necesidades especiales que requería cuidado las veinticuatro horas del día, y, Sue, la madre de Terri lo cuidaba con abnegación y diligencia, sin quejarse. En la iglesia y adondequiera que iba, Sue siempre tenía una sonrisa y una alegre disposición.

Un día, el pastor de Sue le preguntó cómo se las arreglaba para sonreír cuando, sin duda, debía de estar agotada. Respondió: "El amor de Dios me da fuerza". Compartió que empezaba cada día con la promesa de Dios en Isaías 54.10 (NVI): "Aunque cambien de lugar las montañas y se tambaleen las colinas, no cambiará mi fiel amor por ti ni vacilará mi pacto de paz, dice el Señor, que de ti se compadece".

Cada día, Sue se ocupaba de las necesidades de Jason, confiando en el amor compasivo de Dios y creyendo que él le daría su fuerza. Cada noche, le daba las gracias por amarla durante el día.

La alegre disposición de Sue recordaba a los demás que ella podía enfrentarse a sus pruebas con una sonrisa, ellos también podían hacerlo confiando en el perdurable amor divino.

Amado Señor, me alegraré y me regocijaré en tu inagotable amor, porque has visto mis dificultades y te preocupas por la angustia de mi alma. Amén. (Salmo 31.7 NTV)
JF—AMOR

El regalo de la oración

Ante todo recomiendo que se hagan peticiones, oraciones,
súplicas y acciones de gracias a Dios por toda la humanidad...
Esto es bueno y agrada a Dios nuestro Salvador.
1 Timoteo 2.1, 3 dhh

¡Cuánto gozo hay en hacer regalos! Contemplar el deleite en la cara de alguien por recibir algo inesperado es apasionante. Tal vez el mayor regalo de todos que una persona pueda recibir de otra no venga en una caja. No se puede envolver ni entregar formalmente, porque son las palabras que se dirigen a Dios por ella: el regalo de la oración.

Cuando oramos por otros, le pedimos a Dios que intervenga y que se dé a conocer a ellos. Podemos orar por el plan y el propósito de Dios en su vida. Podemos pedirle a Dios que los bendiga o los proteja. Puedes compartir con ellos que estás orando por ellos o hacerlo en privado sin que lo sepan. ¿A quién querría Dios que le hicieras hoy el regalo de la oración?

Señor, gracias por poner en mi mente y en mi corazón a personas
que necesitan oración. Ayúdame a orar por las cosas que necesitan
de ti en su vida. Muéstrame cómo entregar el regalo de la
oración a aquellos por los que tú quieres que yo ore. Amén.
SG—Oración

Sumamente más

*Al que puede hacer muchísimo más que todo lo que podamos
imaginarnos o pedir, por el poder que obra eficazmente en nosotros.*
Efesios 3.20 nvi

En una hermosa mañana soleada de sábado, Raeshel se sentó en el porche
delantero y se remontó en sus reflexiones a un año antes, cuando no
dejaba de llover sobre su incipiente césped de mediocre diseño, donde la
boda de su hijo tendría lugar la siguiente primavera.

Había costado imaginar cómo ella y su familia tendrían acabado tanto
trabajo como se necesitaba y con tanta lluvia incesante. A pesar de ello,
un año más tarde, allí estaba ella sentada, admirando el duro trabajo que
habían realizado ella, su esposo y sus hijos. La hierba del lugar donde se
levantó la carpa en mayo estaba nivelada, espesa y de un verde brillante.
En la zona ajardinada que anteriormente habían apodado "el parche de las
malas hierbas" ahora había un banco, una senda de ladrillo y una pileta
para pájaros entre florecientes lirios de día.

Y, lo mejor de todo, el sentimiento de satisfacción por el logro
conseguido que acompañaba a los grandes recuerdos de una hermosa
celebración de boda. Dios la había bendecido con mucho más de lo que ella
había esperado.

*Dios, gracias por la promesa de hacer con abundancia,
sumamente más, incluso cuando al principio no nos parezca así.
Ayúdanos a confiar en ti en cada paso del camino. Amén.*
SL—Aliento

Mantener el rumbo

He peleado la buena batalla, he acabado la carrera, he guardado la fe.
2 Timoteo 4.7

En nuestro mundo de ajetreo resulta fácil estar tan ocupadas que olvidemos nuestras prioridades. Esperamos que, como creyentes, hayamos establecido nuestra lista de prioridades poniendo a Dios al principio. Permanecer en contacto con él y caminar en su voluntad debería ser nuestro objetivo número uno.

Pablo sabía esto cuando exhortó a las iglesias a ceñirse a las enseñanzas de Jesús. Conocía el corazón variable y lo fácil que les resultaría desviarse. En sus cartas a Timoteo, le recordó al joven la importancia de acercarse todo lo posible a Dios y escuchar el latido de su corazón. A pesar del dolor y de las aflicciones que Pablo sufrió en su vida, mantuvo sus ojos fijos en Jesús, usando la alabanza para conversar con Dios.

Del mismo modo podemos mantenernos en constante comunión con el Padre. ¡Somos tan bendecidas al haber recibido el Espíritu Santo en nuestro interior, para mantenernos en armonía con su voluntad! Mediante su dirección, esa suave y apacible voz, podemos estar seguras de que nuestras prioridades siguen centradas en Jesús. Como escribió el autor A. W. Tozer: "Señor, guíame cuidadosamente sobre este mar inexplorado, mientras te busco en tu Palabra. Luego, úsame poderosamente como siervo tuyo, este año, al proclamar tu Palabra y dirigir a otros".

Señor, no se han pronunciado palabras mejores que decir que me rindo a tu voluntad. Amén.
EK—Oración

Aliéntense unas a otras

Por eso, anímense y edifíquense unos a otros, tal como lo vienen haciendo.
1 Tesalonicenses 5.11 nvi

"Corredoras, a sus puestos. Listas. ¡Ya!".

Carol Ann fijó sus ojos en la línea de meta y salió a toda velocidad en su primera carrera olímpica especial. Mientras corría, a lo largo del camino los miembros de su familia y amigos gritaban palabras de aliento. "¡Vamos, Carol Ann! ¡Lo estás haciendo genial! ¡Ya casi has llegado!". Carol Ann resplandecía cuando cruzó la meta y cayó en los brazos de su entrenadora. "¡Buen trabajo", le dijo la instructora mientras la abrazaba. "Sabía que podías hacerlo".

Ya sea una carrera, un proyecto sobrecogedor, o solo avanzar en la vida, los seres humanos necesitan aliento. En su carta a los tesalonicenses, Pablo escribió: "Aliéntense unos a otros... edifíquense unos a otros".

Alentar consiste en más que palabras. También es valorar, ser tolerante, servir y orar unos por otros. Es buscar lo que una persona tiene de bueno y de fuerte, y celebrarlo. Animar significa perdonar sinceramente y pedir perdón, reconocer las debilidades de alguien y extenderle una mano de ayuda, dar con humildad mientras edificamos a otra persona, ayudar a los demás a confiar en el Señor y orar para que Dios los aliente en maneras que tú no puedes.

¿A quién vas a alentar hoy? Adquiere el hábito de alentar a los demás. Los bendecirá a ellos y también a ti.

Padre celestial, abre mis ojos para que vea a quienes necesitan aliento. Muéstrame cómo puedo ayudar. Amén.
JF—Aliento

Viernes Santo

Al probar Jesús el vinagre, dijo: «Todo se ha cumplido».
Luego inclinó la cabeza y entregó el espíritu.
Juan 19.30 nvi

El "Viernes Santo", que tal vez tenga su origen en el *Viernes de Semana Santa, el Viernes de Dolores* o *El Viernes de Dios,* no parece algo bueno en absoluto. Es el día en que conmemoramos la muerte de nuestro Salvador en la cruz.

La crucifixión era una muerte terrible, dolorosa, retorcida y reservada para los peores criminales. Jesús se vio obligado a llevar su propia cruz. Se burlaron de él y lo ridiculizaron. Colgaron un cartel sobre su cabeza y le pusieron una corona de espinas en la cabeza. "¡Rey de los judíos!", se reían mientras le acercaban a los labios una esponja empapada en vinagre. Había venido al mundo humildemente, nació en un establo, fue criado en la familia de un carpintero. Poco sabían ellos que los clavos que traspasaron sus muñecas y sus pies lo traspasaron por ellos. Sus abucheos resonaban en la oscuridad, pero la Luz del mundo los amaba con un amor eterno. Aquel viernes sí fue bueno. Fue el cumplimiento de las profecías. Aquel día, Cristo Jesús pagó un precio que nosotros no podíamos pagar. Y cuando exclamó "¡Consumado es!", se ofreció un regalo de bondad que jamás tendrá igual. Viernes Santo. El Viernes de Dios. El día que Jesús abrió un camino para nuestra vida eterna en el cielo.

Oh, Salvador, qué bueno es tu don gratuito de salvación. Haz
que jamás lo dé por sentado. Tú me has dado vida. Amén.
EB—Amor

Enviar el favor de Dios

Mientras tanto, ustedes nos ayudan orando por nosotros. Así muchos darán gracias a Dios por nosotros a causa del don que se nos ha concedido en respuesta a tantas oraciones.
2 Corintios 1.11 nvi

"Oraré por ti". ¿Por qué suenan estas palabras débiles y casi manidas en algunas ocasiones? Es lo que decimos cuando no sabemos qué decir. Cuando no sabemos qué hacer, pero anhelamos actuar de algún modo.

Sin embargo, esas tres palabras son, probablemente, las más poderosas que podamos pronunciar, siempre que sigamos hasta el final. Cuando oramos, apelamos a todo el poder del Rey de los Cielos. Cuando oramos, vemos resultados. Cuando oramos, ocurren milagros.

Cuando oramos, las personas son bendecidas.

Amigas, en una crisis, el poder de la oración es mejor que un guisado, que sostener la mano de alguien o lavarle la ropa. El poder de la oración hace más por un misionero que está al lado del mundo que una caja con ropa o incluso un cheque.

La oración trae paz. La oración trae sabiduría y claridad. La oración es poderosa.

La próxima vez que nos ofrezcamos para orar por alguien, podemos decirlo con la confianza de que nuestras oraciones serán escuchadas. Serán contestadas. Y marcarán una hermosa diferencia en la vida de aquellos por los que oramos.

Amado Padre, gracias por escuchar mis oraciones. Gracias por mostrar favor por otros a petición mía. Amén.
RB—Oración

Día de resurrección

El ángel dijo a las mujeres: «No tengan miedo; sé que ustedes buscan a Jesús, el que fue crucificado. No está aquí, pues ha resucitado, tal como dijo. Vengan a ver el lugar donde lo pusieron».
MATEO 28.5-6 NVI

En medio de los huevos de colores y los nuevos vestidos de primavera, recuerda la razón de la Pascua. No tiene que ver con dulces, canastos o conejos de chocolate. Tiene todo que ver con la victoria de Cristo sobre la tumba. Aquel día no hubo huevos que buscar ni gominolas, ni jamón de Pascua con todos los platos que lo acompañan. Hubo una piedra que hizo rodar. Hubo una mortaja dejada a un lado. ¡Hubo un Señor resucitado! Llevó cicatrices de clavos en sus manos, como profecía cumplida, la muerte derrotada y la deuda del pecado pagada. No del suyo propio, porque él no conoció pecado. Del nuestro. La Pascua es Domingo de Resurrección. Es el sello de amor de Cristo en este mundo para siempre, ¡el grito de la Victoria cristiana! La Pascua es Jesús, y él se extiende hacia ti hoy. Cualquiera que sea el estado en el que te encuentres hoy, sana o enferma, vacío o desbordante de bendición... recuérdale. ¡Celébrale! Él se acordó de ti en la cruz. Y cuando resucitó el tercer día, ¡imagina los cánticos de los ángeles en el cielo! Eleva hoy tus himnos de alabanza a nuestro Señor resucitado.

Señor Jesús, gracias por pagar el precio supremo por tu vida. Moriste para que yo pudiera tener abundante vida eterna. Amén.
EB—AMOR

La resurrección: nuestra esperanza

Le dijo Jesús: Yo soy la resurrección y la vida; el que cree en mí, aunque esté muerto, vivirá.
JUAN 11.25 RVR1960

Cuando el hermano de Marta y María, Lázaro, enfermó mortalmente, las dos mujeres enviaron un mensaje a Jesús, un amigo personal. Aunque amaba a aquel tío, Jesús esperó a visitarlos hasta después de que Lázaro muriera. Es comprensible que María y Marta estuvieran confusas, dolidas y apenadas.

"Yo soy la resurrección y la vida", les dijo Jesús cuando estaban cerca de la tumba. Solo unos minutos más tarde, Jesús resucitó a Lázaro de los muertos.

Cuando perdemos a un ser querido, un intenso dolor puede superar a nuestra fe. Después de que murieran dos adolescentes en un naufragio, un periodista le preguntó al pastor y autor Dr. Howard Batson por qué permite Dios que las buenas personas sufrieran.

Batson declara: "Lo que todos queremos es una ecuación moral concreta y rápida. [Sin embargo], a las familias maravillosas les suceden cosas terribles y a los hombres malvados les ocurren cosas buenas".

Y prosiguió: "Pero si no hubiera nunca incertidumbres en la vida... tendríamos poca necesidad de depender de Dios... Él nos ayuda a salir del caos, pero no siempre lo elimina".

Como Marta y María, un día también veremos la gloria de Dios, si solo creemos.

Jesús, perdona nuestra incredulidad y muéstranos tu Gloria. Haz que podamos tener ojos para ver, oídos para escuchar y un corazón abierto para contemplar tus maravillas, en esta vida y en la siguiente. Amén.
DD—ALIENTO

Todos somos misioneros

Y un día de reposo salimos fuera de la puerta, junto al río, donde solía hacerse la oración; y sentándonos, hablamos a las mujeres que se habían reunido.
HECHOS 16.13 RVR 1960

Cuando Jesús ascendió después de su resurrección, dio instrucciones a todos sus seguidores para que "fueran e hicieran discípulos" (Mt 28.19 NVI) de todas las naciones. Todo cristiano es un misionero, se dé cuenta o no.

Joy es maestra de escuela cristiana. Un día, de camino al trabajo, pensó: Mi madre es profesora de jardín de infancia en una escuela pública del Oeste de Virginia. ¡Qué bueno sería si mi clase llamara a su escuela pública y les cantara! Contó: "Cuando llegué a la escuela, les dije a mis dieciocho estudiantes que un misionero es alguien que les habla a las personas sobre Jesús. También hablamos de dónde se encuentra el Oeste de Virginia. ¡Me pareció divertido cuando un estudiante preguntó qué idioma hablaban! Luego llamamos y cantamos "Jesús me ama" a los estudiantes de Kanawha City Elementary. Ellos nos cantaron la canción de la manteca de cacahuete".

Joy había anhelado enseñar a sus estudiantes sobre dar testimonio y fue fiel al seguir una idea creativa. Practiquemos nuevos lugares, momentos y formas de compartir el evangelio y alentar a los demás a hacer lo mismo.

Jesús, gracias por las oportunidades de compartirte con otros. Haz que siempre seamos valientes para seguir hasta el final en obediencia. Amén.
DD—ORACIÓN

El conoce tu nombre

¡Cielo, grita de alegría! ¡Tierra, llénate de gozo! ¡Montañas, lancen gritos de felicidad! Porque el Señor ha consolado a su pueblo, ha tenido compasión de él en su aflicción.
ISAÍAS 49.1 DHH

Courtney y su esposo, Curtis, habían escogido el nombre del día en que el doctor confirmó por ultrasonido que el bebé era un niño. Ahora, en el sexto mes de embarazo, ni ella ni Curtis conseguían llamar al bebé por el nombre que habían concertado. Siguió escrutando el libro de nombres de bebés cada noche y se negó a decirles el nombre del niño a los amigos y a la familia.

Cuando se sentaron en la cama aquella noche, Curtis miró a su esposa. "No es el nombre adecuado, ¿verdad?".

Curtis negó con la cabeza.

Curtis prosiguió: "He estado orando sobre esto y no quiero ponerle el nombre de alguien, sino el que Dios le haya dado".

Courtney sonrió entregándole una lista de "nuevos" nombres en los que había estado pensando.

El Señor te conoce. A veces puedes sentir que eres invisible para el mundo entero, pero él te conocía antes de que hicieras tu aparición en el mundo. Conocía tu nombre y tiene un sueño y un destino para tu vida. Te ha dado tu nombre.

Dios, tienes un destino extraordinario para mi vida. Cuando tengo un día difícil o me siento invisible o infravalorada por los que me rodean, ayúdame a recordar que tú me pusiste mi nombre. Me conoces y te pertenezco. Amén.
SG—ALIENTO

En todo tiempo

No dejen ustedes de orar: rueguen y pidan a Dios
siempre, guiados por el Espíritu. Manténganse alerta, sin
desanimarse, y oren por todo el pueblo santo.
EFESIOS 6.18 DHH

Cuando se dan instrucciones sobre cosas importantes, conviene ser
específica. Cuanto más concretas las directrices, más probable será que
la tarea se haga correctamente. Por esa razón, cuando Pablo habló a los
efesios sobre la oración, no dejó ninguna pregunta sobre cuándo orar.

La oración no es un ritual que se practique antes de ir a la cama
o nada más levantarse por la mañana, o cuando el sol se encuentra en
una cierta situación en el cielo. Aunque es fantástico tener momentos
específicos de oración concentrada, enfocada, nuestras conversaciones
con Dios no deberían limitarse a un momento concreto de nuestro
calendario. Dios quiere que oremos todo el tiempo.

Después de todo, Dios quiere estar incluido en nuestros días.
Quiere caminar y conversar con nosotros en cada momento. Imagínate
que viajáramos durante el día con nuestros hijos o nuestro esposo, ¡y
que solo le habláramos entre las seis y cuarto y las seis menos cuarto
de la mañana! Por supuesto que no deberíamos hacerle cosa igual a
las personas por las que nos preocupamos. Dios tampoco quiere que le
hagamos eso.

Dios quiere hacer el viaje con nosotros. Es un maravilloso
Compañero, que ofrece sabiduría y consuelo para cada aspecto de nuestra
vida. Pero solo puede hacerlo si le dejamos entrar en nuestros programas,
cada minuto de cada día.

Amado Padre, gracias por estar siempre ahí para escuchar. Recuérdame
que te hable sobre todas las cosas, todo el tiempo. Amén.
RB—ORACIÓN

Paz perfecta

*¡Tú guardarás en perfecta paz a todos los que confían en ti;
a todos los que concentran en ti sus pensamientos! Confíen
siempre en el Señor, porque el Señor Dios es la Roca eterna.*
ISAÍAS 26.3-4 NTV

¿Cómo es la paz perfecta? ¿Acaso una vida sin problemas? ¿Un paseo suave al futuro sin sacudidas en la carretera? No para los cristianos. Sabemos que la vida en la tierra nunca será fácil, pero Dios promete guardarnos en perfecta paz si nuestros pensamientos están fijos en él.

La paz perfecta solo se encuentra teniendo una relación minuto a minuto con Jesucristo. Es una fe continua y la confianza de que Dios lo tiene todo realmente determinado. Es creer que cada contratiempo, cada angustia, cada problema y cada crisis serán enmendados por Dios.

Puedes vivir en paz incluso durante las inconveniencias de la vida. No tienes por qué tenerlo todo solucionado por ti misma. ¿No te quita esto alguna presión de encima?

Mas el Dios de toda gracia, que nos llamó a su gloria eterna en Jesucristo, después de que hayáis padecido un poco de tiempo, él mismo os perfeccione, afirme, fortalezca y establezca (1 P 5.10). Eso es la paz perfecta.

*Padre celestial, gracias por ofrecer paz en medio de las
presiones de esta vida. Gracias porque no estoy a cargo y
porque tú lo tienes todo determinado. Confío en ti. Amén.*
MP—ALIENTO

Amor los unos por los otros

*Todos los creyentes estaban muy unidos y compartían sus
bienes entre sí; vendían sus propiedades y todo lo que tenían,
y repartían el dinero según las necesidades de cada uno.*
Hechos 2.44-45 dhh

Alex y Kay se precipitaron fuera de su garaje para sentir el calor de las
ardientes llamas de un metro veinte contra sus espaldas. Saltaron al
interior de sus autos y apenas escaparon del fuego que quemó su hermoso
hogar y gran parte de Oklahoma en el 2012. Cuando se fueron lo único
que tenían era lo puesto. A lo largo de las veinticuatro horas siguientes,
descubrieron que centenares de personas de su pequeña comunidad rural
lo habían perdido todo. De inmediato, las bendiciones empezaron a llover
y las personas se juntaron para cuidarse las unas a las otras.

Una iglesia local se convirtió en el centro de suministros de ayuda
y aliento a los desplazados. Alex estaba abrumado cuando amigos y
familiares de varias congregaciones llenaron su auto de comida, ropa y
artículos de higiene. Un hombre le preguntó: "¿Qué número calza?". Alex
respondió: "una diez". El hombre se inclinó, desató sus botas y se las
entregó a Alex, quien condujo hasta su casa con lágrimas de gratitud y su
corazón desbordante de agradecimiento.

*Amado padre celestial, ayúdame a ser la Iglesia. No es el edificio
donde nos reunimos, sino el amor y el cuidado que demuestro a los
demás lo que me hace ser una de los tuyos. Muéstrame cómo dar
lo mejor de ti a cualquiera que pongas en mi camino. Amén.*
SG—Amén

Mujeres de fe

Porque me acuerdo de la fe sincera que tienes. Primero la tuvieron tu abuela
Loida y tu madre Eunice, y estoy seguro de que también tú la tienes.
2 TIMOTEO 1.5 DHH

Cuando el apóstol Pablo pensaba en el joven Timoteo, una cosa sobresalía.
Tenía una fe verdadera. Lo criaron su madre y su abuela para que amara
al Señor y confiara en él. Tal vez procedes de un largo linaje de mujeres
cristianas, o quizá seas la primera generación de seguidoras de Cristo.
De una u otra forma, estos versículos tienen un mensaje por ti. Todas
influenciamos a los niños. Es posible que tengas tus propios hijos o
sobrinas y sobrinos. Puede ser que pases tiempo con los hijos de tus
amigas. Algunas de ustedes serán abuelas. Otras tal vez trabajen con
niños por su profesión o en un cargo de ministerio eclesial. Cualquiera
que sea la situación tienes un gran impacto en los niños que te observan.

Es importante observar que el rasgo destacado no era la perfección.
Era la fe. No podemos ser ejemplos perfectos para nuestros hijos. ¡Pero
podemos enseñarles sobre la fe! La forma en que tú respondas a las
pruebas de la vida será lo que más alto hable. Los niños aprenden acerca
de la fe cuando ven que esta se vive delante de ellos. Así como Eunice y
Loida fueron maravillosos ejemplos para Timoteo, que tú puedas influir
en la siguiente generación para que deposite su fe en Cristo Jesús.

Dios, ayúdame a ser una mujer de fe, porque sé que los pequeños
están observando y aprendiendo sobre ti, por medio de mí. Amén.
EB—ALIENTO

Rendirse al amor

*Le contestó Jesús: «El que me ama, obedecerá mi palabra, y
mi Padre lo amará, y haremos nuestra vivienda en él».*
Juan 14.23 nvi

La autora y oradora Mary DeMuth ha sido maltratada, excluida,
abandonada y traicionada, pero solo lo justo para llevarla a un lugar de
rendición, valiosa pieza a valiosa pieza.

En esa rendición, descubrió la libertad de entregárselo todo a Dios.
En su libro *Everything* [Todo], Mary escribe: "Siempre hay otro riesgo
que Dios nos pide que asumamos, siempre otra aventura a la vuelta de la
esquina. Pero si permanecemos en los "buenos viejos días", no tomaremos
el riesgo ni viviremos hoy la aventura".

¿De qué tienes miedo? ¿A quién le temes? ¿Qué te retiene de servir
a Dios con cada fibra de tu ser? Arriésgate a confiar en él. Asume el
riesgo de creer en él.

El mundo está muriendo por carecer del amor de Dios; pero nosotras
también nos asustamos de alcanzar a otros, por temor a lo que nos pueda
costar. Nos preguntamos qué sacrificios tendremos que hacer, cuando él
ya ha hecho el mayor sacrificio de todos.

Dios es amor. Y si lo amamos, le obedeceremos independientemente
del coste. Acuérdate; cualquier cosa que él requiera de ti, él es lo
suficientemente grande para ayudarte a superarlo. Atrévete a tomarle la
palabra... a vivir plenamente... a obedecer de todo corazón.

*Precioso Jesús, eres nuestro todo. Perdónanos por no arriesgar
lo suficiente, por echarnos atrás y no rendirnos a ti, Amén.*
DD—Amor

Echar las ansiedades

Depositen en él toda ansiedad, porque él cuida de ustedes.
1 PEDRO 5.7 NVI

¿Tienes trabajo agotador que te hace señas, te sigue y te aguarda? Por exigente que sea, la forma en que te ocupas de ese trabajo puede reflejar a Dios.

¿Tienes desafíos relacionales con tu cónyuge, un progenitor, una amiga o un niño? Tu manera de gestionar esos desafíos puede ser una luz resplandeciente para todo aquel que esté involucrado.

¿Le temes al futuro, ya sea el tuyo o el de tus hijos? Tu forma de encargarte de ese temor puede ser una bendición hasta la eternidad.

¿Te estás enfrentando tú, o algún ser querido, a un problema de salud? La manera en que te enfrentes a ello puede hablar a la vida de muchos.

¿Tus amigas, tus vecinos o tus compañeros de trabajo tienen cosas con las que están luchando profundamente y te han pedido que les hables de ellas o que ores por ellas? Escuchar y orar puede suponer un mundo de diferencia para ellos en muchas formas.

¿Parece que hay demasiadas cargas, personas, problemas y cosas por las que orar? Entrégaselas todas a Dios. Él quiere cuidar de todas ellas.

Señor Dios, gracias por ser el Todopoderoso Soberano que
puede manejar todas las angustias que tenemos. Amén.
SL—ORACIÓN

Amor y fidelidad

Entonces la Palabra se hizo hombre y vino a vivir entre
nosotros. Estaba lleno de fidelidad y amor inagotable. Y hemos
visto su gloria, la gloria del único Hijo del Padre.
JUAN 1.14 NTV

Dios vino en carne humana —sabiendo perfectamente lo que le harían—
para permitir el acceso completo a Dios. Jesús afirma que el único camino
a Dios es a través de él (Jn 14.6). Antes de que Jesús viniera, uno podía
saber acerca de Dios. Por medio de él, todos podemos tener una relación
íntima con Dios.

Cristo vino lleno de amor y de fidelidad infalibles. Ninguna otra
relación puede llenarte con el amor que viene por medio de él. Ninguna
otra relación puede suplir todas tus necesidades. No se puede depender de
ninguna otra relación como se puede confiar en la fidelidad divina.

Las relaciones terrenales te dejarán carencias si llegas a contar con
ellas para tu felicidad. Las personas te decepcionan. Está garantizado. Ni
siquiera aquellas a las que más amas pueden ser fieles todo el tiempo.
Pero el amor de Jesús es constante. Promete que nunca te va a dejar ni te
va a abandonar (He 13.5). Deposita tu fe y tu confianza en el Único que es
digno.

Padre celestial, estoy eternamente agradecida de que tu amor
y tu fidelidad no me van a dejar jamás. Ayúdame a depender
por completo de tu fidelidad solamente, y dame una perspectiva
saludable y el equilibrio en mis relaciones terrenales. Amén.
MP—AMOR

Camina una milla en los zapatos del Maestro

*Precisamente por eso, esfuércense por añadir a su
fe, virtud; a su virtud, entendimiento.*
2 PEDRO 1.5 NVI

¿Recuerdas cuando compraste un nuevo par de zapatos y tuviste que ablandarlos? Tendían a apretarte un poco los dedos. Pero después de unas cuantas semanas, se adaptaron a tu pie y se volvieron más cómodos. Lo mismo ocurre con la vida cristiana. Cuando iniciamos nuestro caminar de fe, no siempre resulta un viaje cómodo; intentamos emular a Cristo y sus formas, ponernos en su lugar y necesitamos aprender que requiere tiempo para lograr el ajuste perfecto.

Dios, en su infinita gracia y misericordia, sabe que tropezaremos. Podemos depositar nuestra esperanza en él con la confianza de que él lo comprenderá. Él no está ahí con un "pulgar gigante" para aplastarnos mientras nos vamos tambaleando como novatos en nuestro caminar espiritual. No busca oportunidades para decir: "¡Ajá! ¡Ya te has equivocado!". Es justo lo contrario: nos alienta con su Palabra.

Por ejemplo, leemos que los patriarcas de la Biblia no eran perfectos. Lleno de defectos, David seguía siendo definido como "un hombre según el corazón de Dios". Del mismo modo, conforme vamos creciendo y aprendiendo con la ayuda del Espíritu, nuestra vida también reflejará más de él. Y cuando crecemos y tenemos más seguridad al caminar, alcanzamos nuestro destino: ser como nuestro Padre.

Clemente Señor, gracias por tu dirección siempre presente. Amén.
EK—ALIENTO

Amor altruista

No seas vengativo con tu prójimo, ni le guardes rencor.
Ama a tu prójimo como a ti mismo. Yo soy el Señor.
LEVÍTICO 19.18 NVI

Sophie lo guardaba todo, atendía su jardín y se quejaba cuando podía.
Si la pelota de un niño sobrepasaba su valla, la conservaba. Si alguien
se detenía para admirar sus flores, golpeaba la ventana delantera y les
hacía señas de seguir su camino. Incluso llamaba a la policía cuando
le molestaban las risas de la fiesta previa al nacimiento del bebé de la
vecina. Sí, Sophie era una vecina muy difícil y todo el mundo guardaba las
distancias con ella.

Un día, las flores del jardín de Sophie parecían lánguidas. La hierba
había crecido mucho. Sus vecinos sintieron que algo no iba bien, ¿pero
debían inmiscuirse? Echaron a suerte quién iría a ver lo que le ocurría.

A Elaine Keller le tocó la pajita más corta. Llamó a la puerta de la
casa y la anciana respondió, apoyada en unas muletas, con el pie derecho
escayolado.

—Estábamos preocupados —le explicó Elaine—. Queremos ayudarla.

—No hace falta —contestó Sophie.

—¡Pero *queremos* hacerlo! —protestó Elaine y no tardó en empezar a
regar las flores y su esposo se puso a cortar la hierba.

La amabilidad de Sophie nunca mejoró con sus vecinos, pero ellos
aprendieron a aceptarla tal como era, de la misma manera en que Dios
lo hace con nosotros. Algunas personas son difíciles de amar; a pesar de
ello, esto es exactamente lo que Dios nos ordena: amar a nuestros vecinos
en toda circunstancia.

Amado Señor, ayúdame a amar a mis vecinos con
paciencia y sistemáticamente. Amén.
JF—AMOR

Orar juntos

*Porque donde están dos o tres congregados en mi
nombre, allí estoy yo en medio de ellos.*
MATEO 18.20 RVR1960

El pastor estaba de pie, frente a su congregación, en una lluviosa mañana
de domingo. "¡Hoy han hecho una buena elección!", declaró, junto con un
chiste sobre todos los que se habían quedado en casa tapándose la cabeza
con las sábanas. "Sí, han hecho una buena elección", repitió. "Tenemos
un honorable invitado. ¡Dios está aquí con nosotros, en esta mañana!".
A continuación leyó Mateo 18.20: "Porque donde están dos o tres
congregados en mi nombre, allí estoy yo en medio de ellos".

De todos los pasajes de la Biblia que enfatizan la importancia de
reunirse para adorar y orar, esta es la que destaca. Es breve y dulce, y va
al grano. ¿Por qué deberíamos reunirnos para orar con otros cristianos?
Porque cuando lo hacemos, ¡Dios aparece! El Señor está en medio nuestro.

Al reunirte con otros cristianos en tu iglesia o incluso en tu familia,
se honra a Dios. A él le gusta escuchar los corazones y las voces de sus
hijos unificados en oración. Él será fiel para contestar, según su perfecta
voluntad.

*Padre, gracias por la promesa de que cuando nos reunimos en
tu nombre, tú también estarás allí. Ayúdame a no abandonar
jamás la práctica de orar con otros creyentes. Amén.*
EB—ORACIÓN

Bendito Redentor

Porque tanto amó Dios al mundo, que dio a su Hijo unigénito, para que todo el que cree en él no se pierda, sino que tenga vida eterna.
JUAN 3.16 NVI

La compasión es "la conciencia empática hacia la aflicción de los demás junto con el deseo de aliviarla" (*Merriam-Webster*). ¡Cuánto nos amó nuestro Dios y cómo demostró su compasión! Sabía que éramos personas pecaminosas y que estábamos en peligro. Nuestra vida eterna estaba en juego. Y tenía un plan: proporcionar un camino para la redención.

A pesar de que no mereciéramos su inmerecido favor, su gracia, nos lo dio de todos modos. Miró hacia abajo, a la humanidad, y deseó hacer un puente para eliminar la separación entre nosotros. Envió a su Hijo, Jesús, a morir en la cruz por nuestros pecados, para que pudiéramos vivir la vida de la resurrección. Una vez aceptamos este don gratuito, ¡podemos regocijarnos!

Estábamos en aflicción, y Dios vino al rescate. ¡A qué Dios tan poderoso servimos! Y cuánto nos ama. El Pastor rescatador vino a por su rebaño. Llevó sobre sí mismo lo que nosotros merecíamos, por su compasión. El verdadero amor que nos da nuestro Padre es eterno. Nos amó antes de que lo amáramos a él. ¡Qué concepto tan asombroso desea que entendamos! Ten claro hoy que tu Padre celestial te ama.

Amado Señor, cuán clemente y amoroso eres conmigo. Gracias, Padre, por tus brazos alrededor de mí en este día. Amén.
EK—AMOR

¿Amar a los que son odiosos?

Bendigan a quienes los maldicen. Oren por aquellos que los lastiman.
Lucas 6.28 ntv

¿Conoces a alguien así? Lydia era exigente, incorregible y cínica.
Manipulaba cualquier situación y, si no podía, llorabá y se quejaba.
El chismorreo era su norma y, con frecuencia, difundía rumores sin
confirmar. Algunos miembros de la familia y los compañeros de trabajo se
adaptaban a su humor cambiante y sus estallidos de ira irrefrenable, en
un esfuerzo por mantener la paz. Otros sencillamente se distanciaban.

¿Cómo bendecimos, pues, a aquellos que nos maldicen, como Jesús
nos ordena? Ralph Waldo Emerson dijo una vez: "Si quieres levantarme,
tienes que estar en un plano superior". Los cristianos están en un terreno
más alto. Nos afirmamos en nuestra fe en Jesucristo y en su Santa
Palabra. Nos apoyamos en los hombros de Cristo para levantar a otros y
que reciban la misma gracia salvífica y perdón que aceptamos.

Así es cómo y por qué podemos bendecir a aquellos que nos maldicen
o nos ofenden. Dado que Jesús basó todo lo que hizo, y hace, en su amor
por nosotros, ¿cómo podríamos hacer menos? Esto no quiere decir que
tengamos que ser amigas de todas las personas desmesuradas o aceptar
una conducta inaceptable. Pero esto significa que debemos orar por
entender y amar a los odiosos, e intentarlo, porque Dios los ama.

El Señor nunca nos llama a una tarea sin prepararnos para realizarla.
A medida que oramos, él nos ayuda a ver esa persona a través de sus ojos.

Padre, ayúdame a mirar más allá de la persona y ver la necesidad. Amén.
TK—Amor

Antes de que pidas

*Busquen el reino de Dios por encima de todo lo demás y lleven
una vida justa, y él les dará todo lo que necesiten.*
MATEO 6.33 NTV

"Amado Dios, te ruego que...".

¿Empiezan así tus oraciones? "Amado Dios, te ruego que me ayudes a ser paciente con mis hijos". "Amado Dios, te ruego que sanes la enfermedad de mi amiga". "Amado Dios, te ruego que proveas suficiente dinero para pagar las facturas de este mes". Dios quiere que los creyentes pidan cualquier cosa que necesiten. Pero Jesús les recuerda que hay una forma correcta de orar, y orar es más que pedir.

En la oración del Padrenuestro, Jesús enseña a sus seguidores cómo orar. Empieza: "Padre nuestro que estás en el cielo, que sea siempre santo tu nombre. Que tu reino venga pronto. Que se cumpla tu voluntad en la tierra como se cumple en el cielo" (Mt 6.9-10 NTV). Primero, Jesús honra la santidad de Dios. A continuación, muestra fe en la promesa de Dios de reinar en la tierra y redimir a su pueblo. Luego acepta la voluntad perfecta de Dios. La alabanza, la fe y la aceptación vienen antes de pedir. Jesús recuerda a los creyentes que honren primero a Dios, que en segundo lugar pongan la voluntad de Dios y en tercer lugar que oren por sus necesidades. Su oración empieza con Dios y acaba con él: "Porque tuyo es el reino, y el poder, y la gloria, por todos los siglos. Amén" (Mt 6.13 RVR1960).

Trae tus peticiones a Dios. Pide de forma específica y confiada, pero recuerda el modelo de Jesús: pon a Dios primero en tus oraciones.

*Amado Dios, te alabo. Mi fe descansa en ti y acepto cualquier
cosa que sea tu voluntad para mi vida. Amén.*
JF—ORACIÓN

Siempre ahí

No bien decía: «Mis pies resbalan», cuando ya tu amor,
Señor, venía en mi ayuda. Cuando en mí la angustia iba en
aumento, tu consuelo llenaba mi alma de alegría.
SALMO 94.18-19 NVI

Dayna salió de la sala de conferencia, sonriendo y se apresuró hacia su escritorio. Acababa de conseguir una cuenta y quería compartir la noticia. Imaginando lo orgulloso que estaría su padre, agarró el teléfono y marcó su número. Se detuvo, dándose cuenta que no estaría allí. En su entusiasmo, se había olvidado por un momento que él se había marchado. Seis semanas antes, había estado junto a su hermana en su funeral.

Dayna colgó el teléfono y respiró hondo. Inclinó su cabeza y oró: Padre celestial, echo de menos a mi padre. Consuélame en su ausencia. Gracias por bendecirme con tu favor con mi nuevo cliente y por darme inspiración y sabiduría para hacer bien mi trabajo. Gracias por estar siempre ahí para mí.

Una de las cosas por las que las personas sufren más al perder a un ser querido es intentar vencer el fuerte deseo de extender la mano para descubrir que ya no están ahí. La buena noticia es que Dios siempre está ahí. A través de tu relación con él, puedes celebrar la bondad de cada nuevo día.

Gracias, Dios, por estar siempre ahí. Ayúdame a recordar
que no tengo que hacer esto sola. Amén.
SG—ALIENTO

Pide en fe

Pero tiene que pedir con fe, sin dudar nada; porque el que duda es
como una ola del mar, que el viento lleva de un lado a otro.
SANTIAGO 1.6 DHH

¿Qué significa pedir a Dios algo en fe? ¿Quiere esto decir que creemos que él puede conceder nuestras peticiones? ¿Qué concederá nuestras peticiones? ¿Qué se necesita exactamente para demostrar nuestra fe?

Estas son preguntas difíciles. Muchos de los que han orado por cuerpos y relaciones sanas han recibido exactamente eso, a este lado del cielo. Otros que han orado por las mismas cosas, creyendo que solo Dios podía traer sanidad no han recibido las respuestas que querían.

No hay ingrediente secreto que haga que todos nuestros anhelos den fruto. El ingrediente secreto, si es que hay uno, es la fe en que Dios es quien dice que es. Es fe en que Dios es bueno y que usará nuestras circunstancias para producir su propósito y su noble llamado en su vida y en el mundo.

Cuando no conseguimos las respuestas que queremos de Dios, es normal sentirse desalentadas. Él comprende. Pero no debemos dudar nunca de su bondad o de sus motivos. Debemos estar firmes en nuestra creencia de que el amor de Dios por nosotros no cambiará jamás.

Amado Padre, sé que eres bueno y que me amas. Sé que
tu amor por mí no cambiará jamás, incluso cuando mis
circunstancias sean duras. Ayúdame a aferrarme a tu amor,
incluso cuando no me des las respuestas que quiero. Amén.
RB—ORACIÓN

Gozosa luz

A quien amáis sin haberle visto, en quien creyendo, aunque
ahora no lo veáis, os alegráis con gozo inefable y glorioso.
1 Pedro 1.8 rvr1960

Al artista Thomas Kinkade se le catalogó de "pintor de luz". Desde el
lienzo, su obra refleja el resplandor de la luz que da brillo a sus pinturas.
¿No sería maravilloso que nos conocieran como personas que dan luz
a aquellos lugares adonde vamos? La mayoría de los que iluminan una
habitación lo hacen porque contiene tal medida de amor y gozo, un gozo
que con frecuencia es contagioso. Los que están llenos de luz y aman
al Señor son contaminantes con su luz cegadora que alumbra en la
oscuridad.

Jesús es la Luz del mundo. Cuando lo aceptamos, la luz se derrama
en nuestro interior. El Espíritu Santo viene a habitar dentro de nosotros,
aportando su luz. Es un don glorioso que recibimos por misericordia.
Cuando nos damos cuenta de la importancia de este regalo y de las
bendiciones que resultan de una vida dirigida por el Padre, no podemos
contener nuestra felicidad. El gozo y la esperanza que llenan nuestro
corazón se desbordan. El gozo irrefrenable llega cuando Jesús se
convierte en nuestro Señor. A través de él, por medio de la fe, tenemos
esperanza para el futuro. ¡Qué alegría! Déjala, pues, salir al exterior en
amor. Sé una Cristiana contagiosa, llena de luz, y propaga tu esperanza,
tu gozo y tu amor a un mundo que sufre.

Señor, ayúdame a ser una luz para el mundo que proyecte tu bondad. Amén.
EK—Amor

Aliéntate

Mas David se fortaleció en Jehová su Dios.
1 SAMUEL 30.6 RVR1960

David y su ejército se marcharon a pelear, dejando atrás a sus familias en Siclag. Cuando partieron, sus enemigos, los amalecitas, hicieron una redada en la ciudad, la incendiaron y se llevaron cautivos a las mujeres y los niños. Al regresar los hombres no encontraron más que un montón humeante de escombros. Enrabiados y llorando de forma incontrolable, algunos culparon a David y quisieron matarlo. ¿Qué hizo él cuando no había nadie a su alrededor para alentarlo? Se alentó él mismo en el Señor (1 S 30.1–6).

David tenía una relación personal con Dios. Conocía las Escrituras y confiaba en las promesas divinas. En lugar de entregarse al desaliento, las aplicó a su propia situación y halló fuerza. Confió en Dios para que lo levantara. Muchos creen que escribió estas palabras del salmo 119.15-16: "Estudiaré tus mandamientos y reflexionaré sobre tus caminos. Me deleitaré en tus decretos y no olvidaré tu palabra" (NTV). Me deleitaré en tus decretos. En medio de su dolor y de su soledad, David se deleitó en el Señor.

Las cristianas no deben enfrentarse jamás a solas con el desaliento. Al confiar en Dios, también pueden recordar tiempos pasados en los que él les dio el éxito. Pueden comunicarse con él a través de la oración y hallar sostén en su Palabra.

Recuerda, Dios está siempre de tu lado, siempre ahí, y siempre preparado para levantarte.

Amado Dios, gracias por alentarme con tus promesas y tu amor. Amén.
JF—ALIENTO

El día de la madre

Cuando vio Jesús a su madre, y al discípulo a quien él amaba, que estaba presente, dijo a su madre: Mujer, he ahí tu hijo. Después dijo al discípulo: He ahí tu madre. Y desde aquella hora el discípulo la recibió en su casa.
JUAN 19.26-27 RVR1960

Jesús conocía el valor de una madre. María ocupaba un lugar especial en su corazón. Lo trajo a este mundo. Directo desde la gloria celestial, fue envuelto en pañales por las manos amorosas de María y puesto en un pesebre. Años más tarde, durante su agonía en la cruz, en los estertores de la muerte, Jesús preparó quien cuidara a su madre. Le dijo a su discípulo más amado, que, según se cree, era Juan, que tomara a María como su propia madre.

Aquí hay una lección para todas nosotras. Cuando somos niñas, nuestra madre cuida de nosotras. De forma inevitable, en algún momento, las cosas se tornan al revés. Ella necesita nuestro cuidado. Sigue el ejemplo que dio tu Salvador. Honra a tu madre todos los días de tu vida. Hónrala viviendo bien, pasando tiempo con ella y supliendo cualquier necesidad que pueda tener. Ninguna relación madre-hijo/a es perfecta, pero la Palabra de Dios es clara en su mandamiento de honrar a nuestra madre. Ama y sirve a tu madre... porque esto agrada a Dios.

Dios, ayúdame a honrar a mi madre. Haz que mis palabras y mis actos te den gloria al amar a mi madre como es debido. Amén.
EB—AMOR

Consigue una herencia

*Y recibamos una herencia indestructible, incontaminada e
inmarchitable. Tal herencia está reservada en el cielo para ustedes,
a quienes el poder de Dios protege mediante la fe hasta que llegue
la salvación que se ha de revelar en los últimos tiempos.*
1 Pedro 1.4-5 nvi

Una herencia familiar sacó a la mejor amiga de Sarah, justo a tiempo, de un bache económico.

Aunque Sarah se sentía feliz por su amiga, al mismo tiempo empezó a sentir lástima de sí misma. Después de todo, ¿qué problema había si ella no tenía herencia ni la recibiría probablemente jamás? Por el contrario, si le llegara alguna de su familia, sería su deuda, pero, afortunadamente, eso no podría ocurrir en realidad. Un par de muebles es todo lo que parecía haber.

Sarah hacía sacrificios para poder pagar su hipoteca con mayor celeridad y ahorrar algo de dinero. Mientras tanto, su mejor amiga pagó su casa y la deuda de su tarjeta de crédito, mientras planeaba pagar al contado el granero que iban a construir.

Para Sarah fue una tarea monumental no sentirse increíblemente envidiosa. Luchó contra ello hasta que Dios le mostró en su Palabra la herencia que sí le estaba por llegar, ¡y sería una que duraría para siempre!

*Señor, gracias por la promesa de una herencia eterna que jamás
perecerá, como lo hacen las cosas de esta vida. Amén.*
SL—Oración

Ya amada

Mirad cuál amor nos ha dado el Padre, para que seamos llamados hijos de Dios; por esto el mundo no nos conoce, porque no le conoció a él.
I Juan 3.1 rvr1960

Sheila luchó contra los sentimientos de resentimiento, cuando oyó hablar de los éxitos de escritores colegas. Años de dura tarea hasta altas horas de la noche habían conducido a un libro y a una columna semanal en un periódico. Pero las bajas cifras de venta de su libro y repetidos rechazos la dejaron desanimada. Al darse cuenta de que sus problemas no eran tan grandes en comparación con el resto del mundo, oró pidiendo contentamiento.

Un día estaba jugando a un juego de ordenador con su pequeña. Sobre el escritorio había una copia de su primer libro. Los ojos de Jenny se posaron en la ilustración de una madre exhausta en la portada y preguntó: "¿Eres tú?".

"No, cariño —contestó Sheila—, pero en la cubierta aparece el nombre de mamá. Mira aquí; dice 'por Sheila Masters'".

"¡Oh! —dijo Jenny, sonriendo—, ¡amo a Sheila Masters!".

Sheila parpadeó para ahuyentar las lágrimas. Al abrazar a su hija, dio gracias a Dios por el sencillo recordatorio de que hubiera alcanzado o no la lista de superventas, ya la amaban; su familia la quería, pero, también y sobre todo, su Padre que le había dado el talento con las palabras.

Padre, gracias por haberme dado amigas y miembros de la familia que me recuerdan que tú te preocupas por nosotros. Ayúdame a estar satisfecha con lo que soy y con aquello para lo que me has llamado, sabiendo que tu amor es incondicional, abundante y siempre está disponible. Amén.
DD—Amor

Él nos lleva

En su amor y su misericordia los redimió; los levantó
y los tomó en brazos a lo largo de los años.
ISAÍAS 63.9-10 NTV

¿Cómo te sientes hoy? ¿Destrozada? ¿Deprimida? ¿Derrotada? Corre a Jesús en vez de escapar de él.

Cuando sufrimos, él llora. Isaías 63.9 (NTV) afirma: "Cuando ellos sufrían, él también sufrió, y él personalmente los rescató. En su amor y su misericordia los redimió; los levantó y los tomó en brazos a lo largo de los años".

Él nos llevará, independientemente del dolor que tengamos que soportar. No importa lo que nos ocurra, Dios envió a Jesús para que fuera nuestro Redentor. Sabía que el mundo odiaría, difamaría y mataría a Jesús. A pesar de ello, permitió que su carne misma se retorciera en la agonía de la cruz, para que nosotros también pudiéramos convertirnos en sus hijos e hijas. Me amó a mí y a ti de esa manera.

Un día estaremos con él. "Amadas —dirá—, se acabaron las lágrimas. No más dolor". Nos levantará y nos sostendrá en sus brazos poderosos, y, después, nos mostrará su reino y, por fin, seremos perfectas.

Señor Jesús, gracias por venir a nosotras, por no abandonarnos cuando estamos destrozadas. Gracias por tu obra en la cruz; por tu gracia, tu misericordia y tu amor. Ayúdame a buscarte incluso cuando no pueda sentirte; a amarte aun cuando no conozca todas las respuestas. Amén.
DD—ALIENTO

De todas las formas

El cielo proclama la gloria de Dios; de su creación nos habla la bóveda celeste.
SALMO 19.1 DHH

Un nuevo día había amanecido y había pasado. No había sido un día especial, eso ya lo sabía Janet de todos modos. Se sentó en el patio trasero y observó la puesta de sol. Gloriosas sombras naranjas se mezclaban de amarillo y rojo brillante, con toques de azul marino en los bordes. El tono del cielo en esos momentos, era distinto a cualquier ocaso que hubiera visto jamás. Dios está presumiendo otra vez, musitó.

Pensando en ello, jamás había dos puestas de sol iguales. Cada día, el sol bajaba en un emplazamiento ligeramente diferente a lo largo del horizonte, a una hora ligeramente distinta, dependiendo de la estación. Las variaciones de color nunca eran exactamente las mismas, como si las hubiera pintado un artista.

¡Es que las había pintado un artista extraordinario! Cada día lo hacía. Algo nuevo.

Janet pensó en cuán profundamente debía amarla Dios a ella y a todas y cada uno de sus hijos para regalarles una nueva obra de arte en los cielos cada día de nuestra vida. Muchos deberes y cargas pueden llenar nuestros días, y, en medio de todo ello, él nos ama lo suficiente como para proporcionar belleza y sorpresa a lo largo del camino.

Padre, gracias por las maneras que usas cada día. Que la
maravilla de tu creación siga profundizando nuestra comprensión
del gran amor que sientes por nosotras. Amén.
SL—AMOR

Enlazar corazones con Dios

*Pero cuando venga el Espíritu Santo sobre ustedes, recibirán
poder y serán mis testigos tanto en Jerusalén como en toda
Judea y Samaria, y hasta los confines de la tierra.*
HECHOS 1.8 NVI

Dios conoce nuestros corazones. Sabe lo que necesitamos para llegar al final de un día. Por ello, en su bondad, nos da un regalo en la forma del Espíritu Santo. Como Consejero, Consolador y Amigo, actúa como nuestra brújula interna. Nos levanta cuando los tiempos son duros y nos ayuda a escuchar las directrices de Dios. Cuando el camino de la obediencia se oscurece, el Espíritu lo inunda de luz. ¡Qué revelación! Vive dentro de nosotras. Por tanto, nuestras oraciones son elevadas al Padre, al trono mismo de Dios. Cualesquiera que sean nuestras peticiones, podemos estar seguras de que son escuchadas.

Podemos regocijarnos en que Dios se preocupó lo suficiente como para bendecir nuestra vida con el Espíritu para que dirigiera nuestros pasos. Dios ama las alabanzas de su pueblo y estas reviven el Espíritu dentro de ti. Si estás cansada o cargada, permítele al Espíritu Santo que te ministre. Búscale a él y la sabiduría, y pídele que reavive y renueve tu ser interior. Deposita tu esperanza en Dios y confía en la dirección del Espíritu; jamás te decepcionará.

*Padre Dios, ¡cuán bendecida soy de entrar en tu presencia!
Ayúdame, Padre, cuando soy débil. Guíame en este día. Amén.*
EK—ORACIÓN

Amigas

Más valen dos que uno, pues mayor provecho obtienen de su
trabajo. Y si uno de ellos cae, el otro lo levanta. ¡Pero ay del
que cae estando solo, pues no habrá quien lo levante!
ECLESIASTÉS 4.9-10 DHH

Unas niñas habían hecho sufrir a Magda en la escuela secundaria y
superior. Entre sus experiencias estaban los apodos y las puñaladas
por la espalda, y todo esto lo había pagado su corazón. Escogió salir
con los chicos tanto como pudiera y empezó a trabajar para pagarse la
universidad. Se prometió a sí misma que no volvería a confiar jamás en
alguien de su mismo sexo.

Pasaron los años y se encontró en una sesión de consejería con
una mujer que llegó a convertirse en su mentora y en su amiga. Llevó a
Magda al Señor y empezó a conectarla con otras mujeres que de verdad se
preocupaban por ella. A través del amor de estas féminas, empezó a verse
de una nueva forma. Abrió su corazón a aquellos a los que Dios la dirigía
para relacionarse. Necesitaba que las mujeres verbalizaran la verdad en
su vida, y estas, mujeres también necesitaban escuchar lo que Magda
tuviera que compartir.

Si las niñas que fingieron ser tus amigas te han hecho daño, tienes
que saber que Dios quiere que tengas amigas, unas que te amen como él
lo hace, y que oren por ti.

Señor, muéstrame las amigas que quieres poner en mi vida. Ayúdame
a ser amiga de otras de quienes tú quieras que lo sea. Amén.
SG—AMOR

Una decisión

Come la miel, hijo mío, que es deliciosa; dulce al paladar es la miel
del panal. Así de dulce sea la sabiduría a tu alma; si das con ella,
tendrás buen futuro; tendrás una esperanza que no será destruida.
PROVERBIOS 24.13-14 NVI

Becky tenía que tomar una gran decisión. Como joven con una deuda del
préstamo de estudiante, sueños rotos y un trabajo sin porvenir, había
recibido una invitación para vivir fuera con amigas, en el Oeste y con un
trabajo de verano.

¿Debía aprovechar la oportunidad para empezar de nuevo, aunque
implicara abandonar un trabajo con el que pagaba las facturas? ¿Y si no
volvía a encontrar empleo una vez acabara el trabajo de verano? ¿Qué
haría entonces? ¿Se vería en un callejón sin salida, imponiéndoles su
presencia a sus amigas?

Tras pensarlo mucho, decidió ir. Dios bendijo a Becky con un verano
lleno de crecimiento, aventura, nuevos contactos y amigas. Y aunque al
final del verano fue mejor regresar a casa, donde encontró otro trabajo,
pudo ver que había necesitado ese tiempo fuera para renovarse y
empezar un nuevo capítulo.

Dios, gracias por la sabiduría que nos das para tomar buenas decisiones.
Guíanos y bendícenos en cada determinación que debamos tomar hoy. Amén.
SL—ALIENTO

El poder del amor de Dios

*Haya sobre todo mucho amor entre ustedes, porque
el amor perdona muchos pecados.*
1 PEDRO 4.8 DHH

Afrontémoslo: somos humanas. Como cristianas, nos esforzamos por
seguir las enseñanzas de Cristo, pero no damos la talla. Periódicamente,
nuestras acciones toman el curso de un tren descontrolado. Tal vez un
hermano puso a prueba tu paciencia y tu intolerancia hacia su conducta te
encendió y respondiste con ira. Tal vez una hermana en Cristo se atribuyó
públicamente el crédito por alguna buena obra que tú hiciste en privado y
bulles por dentro. O, quizá, alguien te acusó falsamente y te vengaste.

Todos los creyentes tienen defectos y, con demasiada frecuencia, nos
sentimos abatidas. Pedro —dotado de unos cuantos defectos propios—
exhortó a la iglesia a amarse los unos a los otros intensamente. Por
encima de todo, él había aprendido el poder del arrepentimiento y del
perdón, ya que había negado a Cristo tres veces después de que los
soldados romanos apresaran a Jesús. A pesar de ello, Pedro fue uno de los
primeros en verle después de su resurrección y fue él quien llegó primero
adonde se encontraba, junto al mar de Galilea. Allí, el Señor le encargó
que alimentara a sus ovejas. Tras la ascensión de Jesús, Pedro —el
portavoz de los apóstoles— predicó el sermón que tuvo por resultado la
conversión de unas tres mil almas, aproximadamente (Hch 2.14-21).

Jesús, enséñame a amar en lugar de juzgar. Amén.
TK—AMOR

Amor y misericordia

Por esto te digo: «Si ella ha amado mucho, es que sus muchos pecados le han sido perdonados. Pero a quien poco se le perdona, poco ama».
Lucas 7.47 nvi

En este versículo, la mujer reconoció quién era Jesús y le lavó los pies con su perfume. La Biblia dice que vivía una vida pecaminosa, pero que la fe en Cristo la salvó. Ella, que era culpable de muchas cosas, recibió gran perdón. Experimentó una gracia asombrosa y una misericordia inmerecida. Amó a Jesús e hizo lo que pudo para adorarle.

¿Te han multado alguna vez por exceso de velocidad? Entonces, lo más probable es que lo merecieras. ¿Pero has merecido alguna vez una multa de velocidad y el agente te ha dejado marchar? ¡Qué inmenso alivio! Eso es misericordia. La Biblia nos dice que el castigo del pecado es muerte, pero que el don de Dios es vida eterna (Ro 6.23). La mujer pecadora no mereció clemencia y nosotras tampoco. Sin embargo, por medio de Cristo, se nos ha perdonado mucho.

La Palabra de Dios afirma que si te ha dado mucho, se esperará mucho (Lc 12.48). Esto se aplica a muchas situaciones. ¿Has recibido amor y misericordia? ¡Desde luego que sí! Entonces, se espera que muestres amor y misericordia a cambio.

Amado Jesús, no merezco lo que has hecho por mí. Ayúdame a recordar cuánto se me ha perdonado para que yo pueda extender ese amor y esa misericordia a otros. Amén.
MP—Amor

La corona de vida

Dichoso el hombre que soporta la prueba con fortaleza,
porque al salir aprobado recibirá como premio la vida, que
es la corona que Dios ha prometido a los que lo aman.
Santiago 1.12 dhh

Se conoce a Esteban como el primer mártir cristiano. Apedreado hasta la muerte por predicar a Cristo sin avergonzarse, al entrar al cielo vio a Jesús de pie a la diestra de Dios. Esteban defendió a Jesús ¡y este se puso en pie para darle la bienvenida al hogar, al cielo! Había soportado una dura prueba. Pagó un alto precio: su vida. Recibió la corona de vida ese día, al entrar a la Gloria del cielo. De hecho, ¿sabes que su nombre significa "corona"?

Cuando afrontes tentaciones y pruebas en tu vida, aliéntate. Entiende que, a lo largo de los siglos, los seguidores de Cristo han padecido persecución. Las tentaciones a las que te enfrentas han sido luchas para los creyentes por siglos. La buena noticia es que la Biblia nos dice que Dios siempre proporcionará una salida cuando seamos tentadas. ¡Busca ese camino! ¡Aférrate a ese sistema de apoyo cristiano cuando sientas la tentación de desviarte de Dios! Haz los cambios necesarios que te ayudarán a derrotar el deseo de Satanás: que sucumbas a sus trampas. ¡Un día, tú, como Esteban, recibirás la corona de vida!

Padre Dios, en el nombre de Jesús me levanto contra los planes de
Satanás. No sucumbiré a la tentación. Te amo, Dios. Amén.
EB—Aliento

Poderosa oración

Por eso, confiésense unos a otros sus pecados, y oren unos por otros,
para que sean sanados. La oración del justo es poderosa y eficaz.
SANTIAGO 5.16 NVI

Cuando alguien a quien conocemos bien, admiramos y respetamos nos
habla de algo, por lo general le escuchamos. Pero si alguien diferente —a
quien no conocemos bien o que no se ha ganado nuestro respeto— nos
habla sobre lo mismo, quizá no le escuchamos con la misma intensidad.
Tendemos a escuchar más a las personas que respetamos. Y cuando
aquellos a los que admiramos nos piden algo, con frecuencia haremos lo
que sea para darles lo que quieren.

Dios es igual. Cuando tenemos su aprobación, cuando vivimos con
integridad y fe, él nos escucha. Sin embargo, cuando hacemos elecciones
mediocres sistemáticamente y menospreciamos la dirección de Dios,
puede ser que no se tome nuestras oraciones tan en serio.

Comoquiera que sea, no apartará jamás su amor de nosotros, claro
está. Y siempre escuchará cuando pedimos ayuda para salir de nuestro
pecado. Pero si queremos que nuestras oraciones tengan un poder
adicional, es necesario que vivamos con rectitud. Cuando tenemos la
aprobación de Dios en nuestra vida, también podemos saber que Dios nos
presta oído sobre cualquier tipo de cosas que queramos decirle. Cuando
andamos en la voluntad de Dios, tenemos acceso al poder divino.

Amado Padre, quiero que mis oraciones sean poderosas y
eficaces. Ayúdame a vivir de un modo que te agrade. Amén.
RB—ORACIÓN

La mano de Dios

Porque yo soy el Señor, tu Dios, que sostiene tu mano derecha;
yo soy quien te dice: «No temas, yo te ayudaré».
ISAÍAS 41.13 NVI

Si hay un texto bíblico que necesites tener a mano en momentos de dificultad, ¡es este! Pégalo en la puerta de tu nevera; escríbelo en una nota adhesiva y pégalo en tu coche; apréndetelo de memoria para que el Espíritu de Dios pueda traerlo a tu mente cuando más necesites escucharlo.

El Salmo 139 nos dice que Dios nos creó y que lo sabe todo sobre nosotros. Sabe cuándo nos sentamos y cuándo nos levantamos, y conoce cualquier palabra que tengamos en la lengua antes de que la pronunciemos. Salmo 139.7-10 nos dice que independientemente de donde vayamos, su mano nos guiará y nos sostendrá.

¿Te diriges a la sala de urgencias? Repite Isaías 41.13 y recuerda que Dios está sosteniendo tu mano. ¿Te asusta el futuro? Deja de preocuparte y confía en el Dios que te ama y que tiene grandes planes para ti. ¿Te enfrentas a un problema que, posiblemente, no puede soportar? Agarra la poderosa mano de Dios y cree que él te ayudará.

Padre Dios, ayúdame a no temer. Toma mi mano y guíame.
Deposito mi fe y mi confianza solo en ti. Amén.
MP—ALIENTO

Gracia aceptada

Pero Dios, que es rico en misericordia, por su gran amor por nosotros, nos dio vida con Cristo, aun cuando estábamos muertos en pecados. ¡Por gracia ustedes han sido salvados!
Efesios 2.4-5 nvi

¿Te han acusado alguna vez por error o te han malinterpretado por completo? ¿Han golpeado tu corazón las palabras de tus acusadores, haciéndote sentir que, de algún modo, tienes que arreglarlo, pero por mucho que razones con ellos no parece servir de nada?

Si alguien entiende esta situación, es Cristo mismo. Acusado sin motivo. Malentendido. A pesar de todo, ofreció una gracia inimaginable en todas las ocasiones y sigue haciéndolo hoy.

Esto nos recuerda que debemos tener por objetivo ofrecer esta misma gracia a nuestros acusadores y a aquellos que nos malinterpretan. No sabrán comprendernos cuando intentamos obedecer y seguir a Dios en una cultura que fluye al contrario en muchos sentidos. Nuestra tarea consiste en aceptar primero la gracia de Dios y, a continuación, ofrecérsela a los demás con tanto amor como podamos. Como Cristo.

Dios, ayúdanos a aceptar continuamente tu gracia por medio de Cristo y a reflejarte a ti ofreciendo esa misma gracia a los demás. Amén.
SL—Amor

Eres una mujer de valía

Mujer ejemplar, ¿dónde se hallará? ¡Es más valiosa que las piedras preciosas!
Su esposo confía plenamente en ella y no necesita de ganancias mal habidas.
PROVERBIOS 31.10-12 NVI

¿Eres la mujer de valía que Jesús pretende que seas? A menudo no
pensamos que lo somos. Entre dirigir una familia, correr al trabajo, cuidar
de los niños, presentarte voluntaria para actividades que merecen la
pena y aun así ser un modelo para nuestra familia, creemos que hemos
fracasado lastimosamente. ¡No hay manera de ser esa mujer perfecta de
Proverbios 31!

A veces no nos damos plenamente cuenta de que aprender a
ser una mujer noble de carácter lleva tiempo. Aprendemos muchas
lecciones valiosas a través de nuestras experiencias familiares, desde la
administración del tiempo a la responsabilidad fiscal y a la diplomacia.
Nuestras vivencias pueden ofrecerse a otra generación que busca
sabiduría de otras que han "pasado por ello". Eres una mujer de valía.
¡Dios lo ha dicho!

Padre Dios, gracias por prepararme para ser una mujer de carácter noble.
Me dices que soy más preciosa que las joyas y yo lo afirmo y lo creo de
todo corazón. Te amo, Señor y seguiré poniéndote a ti en primer lugar,
en mi vida. Ayúdame a ser la mujer que tú pretendes que sea. Amén.
BO-E—ALIENTO

Pedir e imaginar

Pues aunque vivimos en el mundo, no libramos batallas como lo hace el mundo. Las armas con que luchamos no son del mundo, sino que tienen el poder divino para derribar fortalezas.
2 Corintios 10.3-4 nvi

La mayoría de nosotras no nos vemos como soldados. De hecho, nos vemos como cualquier cosa, menos como soldado. Sin embargo, se nos ha llamado a ser la iglesia militante. Satanás es nuestro enemigo en una guerra por las mentes y las almas.

Como dice Pablo en el versículo de hoy, no libramos guerra como lo hace el mundo. No usamos tanques, pistolas ni cazabombarderos. Debemos luchar en el Espíritu y usar estas armas: la sangre de Jesús, el nombre de Jesús y la Palabra de Dios. Las batallas espirituales no pueden ganarse en la carne, sino solo por el poder de la oración. Cuando acudimos a Dios en oración y le damos el completo control de la situación, reconocemos su soberanía en ese ámbito. Sin embargo, él no actuará a menos que se lo pidamos. No subestimes nunca el poder de tu oración a un Dios amoroso, que se preocupa y que puede hacer todas las cosas, incluso más de lo que pedimos o imaginamos.

Padre amoroso, ¡gracias por el poder de la oración! Recuérdame que ninguna oración queda sin escuchar y que deseas que hagamos equipo contigo en esto, para cambiar a las personas y las situaciones. ¡Qué privilegio tan formidable y qué oportunidad de ser parte de esta obra que transforma vidas! ¡Amén!
BO-E—Oración

Como niñas pequeñas

Llevaron unos niños a Jesús, para que los tocara; pero los discípulos comenzaron a reprender a quienes los llevaban. Jesús, viendo esto, se enojó y les dijo: «Dejen que los niños vengan a mí, y no se lo impidan, porque el reino de Dios es de quienes son como ellos. Les aseguro que el que no acepta el reino de Dios como un niño, no entrará en él».
Marcos 10.13-15 dhh

¿Has oído alguna vez cómo oraba un niño con todo su corazón? No la mera oración memorizada que repite antes de comer, sino una plegaria real y sincera. Un niño de cuatro años oró lo siguiente:

"Querido Dios, no me gustan en absoluto todas las pesadillas que estoy teniendo. ¿Podrías hacer que acabaran, por favor?".

¡Su oración era tan pura y sincera! Oró creyendo que Dios escucharía su plegaria y que haría algo al respecto. No le asustaba decir cómo se sentía en realidad.

Este pasaje de Marcos nos dice que, independientemente de la edad que tengamos, Dios quiere que acudamos a él con la fe de un niño. Quiere que seamos abiertas y sinceras en cuanto a nuestros sentimientos. Quiere que confiemos en él de todo corazón, exactamente como hacen los niños.

En nuestra condición de adultos, a veces jugamos con Dios. Le decimos aquello que nos parece que él quiere oír, olvidando que él ya conoce nuestro corazón. Dios es lo suficientemente grande como para manejar nuestra sinceridad. Dile cómo te sientes de verdad.

Padre, ayúdame a acudir a ti como una niña pequeña y a ser más abierta y sincera contigo en la oración. Amén.
MP—Oración

Las promesas de Dios

Dios no es un simple mortal para mentir y cambiar de parecer.
¿Acaso no cumple lo que promete ni lleva a cabo lo que dice?
Números 23.19 nvi

Nuestras experiencias con las personas suelen moldear nuestras opiniones sobre Dios. Cuando nos han hecho daño, vemos a Dios como un ser dañino. Cuando nos mienten, nuestro subconsciente nos lleva a pensar en Dios como un mentiroso. Después de todo, si los humanos son creados a su imagen, sería razonable pensar que Dios es como las personas de nuestra vida. ¿Correcto?

Pues no. Ciertamente somos creadas a imagen de Dios. Sin embargo, somos una raza caída, rota. Somos pecaminosas. Dios no tiene pecado.

Los seres humanos mienten. Dios no.

Los seres humanos no cumplen su palabra. Dios sí.

Los seres humanos pueden ser malos y dañinos. Dios es amor y solo actúa en amor.

Dios promete cosas buenas para aquellos que le aman, los que viven y actúan según su voluntad. Esto no significa que otros no nos vayan a hacer daño o que no experimentaremos los efectos de vivir en un mundo contaminado por el pecado. Pero cuando hay dolor, tenemos un Sanador. Cuando hay quebranto, tenemos a un Consolador. Y cuando nos sentimos solas, sabemos que tenemos un Amigo.

Y un día, experimentaremos el cumplimiento perfecto de todas sus promesas sin que nos hundan las cargas de este mundo.

Ahora bien, esto es algo que hay que esperar con ansiedad.

Amado Padre, gracias por tus promesas. Cuando me sienta
desalentada, ayúdame a recordar esas promesas. Amén.
RB—Aliento

Sin amor

Si hablo en lenguas humanas y angelicales, pero no tengo amor, no soy más que un metal que resuena o un platillo que hace ruido.
1 CORINTIOS 13.1 NVI

Sin amor, ¡todos los buenos actos del mundo no son más que un montón de ruido! Los fariseos del tiempo de Jesús hablaban sobre sus buenas obras, y eran como el metal que retiñe o un platillo que resuena. Las contaban una y otra vez. Eran deberes, no deseos del corazón. Lo basaban todo en el ritual y no en la relación. ¿Hay fariseos hoy entre nosotras? ¡Desde luego que sí! Nuestra tarea como seguidoras de Cristo consiste en mostrar el amor de Dios. Lo hacemos con corazones y brazos abiertos. Lo llevamos a cabo en el lugar de trabajo, en el mercado y en nuestros hogares. Lo realizamos cuando vamos y venimos; con nuestros hijos y con la prole de otros; con nuestro esposo, vecinos y colaboradores. El mundo necesita con desesperación ver el extravagante amor que hay en nosotros, amor que no se puede explicar de ninguna manera más que con el hecho de caminar con el Autor y el Creador del amor. No vayas contando tus buenas obras por culpabilidad ni para que alguien note lo amable que eres. Haz las buenas acciones para que otros se den cuenta de que Jesús está en ti y glorifica a tu Padre que está en el cielo. Realiza las buenas acciones por amor. Se te multiplicará por diez.

*Señor Jesús, dame oportunidades para amar a este mundo
y que otros puedan verte a ti en mí. Amén.*
EB—AMOR

Cuanto más oscura la noche, más cerca está el amanecer

Aunque la higuera no dé renuevos, ni haya frutos en las vides; aunque falle la cosecha del olivo, y los campos no produzcan alimentos; aunque en el aprisco no haya ovejas, ni ganado alguno en los establos; aun así, yo me regocijaré en el Señor, ¡me alegraré en Dios, mi libertador!
Habacuc 3.17-18 nvi

Rick hizo su pedido al camarero del restaurante. Oyó a un hombre, en una mesa cercana, que comentaba a sus compañeros que un tornado había alcanzado el otro lado de la ciudad. De inmediato, los clientes empezaron a buscar un lugar de seguridad, "por si acaso". En pocos minutos, las luces empezaron a parpadear y acabaron apagándose. La clientela y el personal empezaron a dirigirse rápidamente a la protección de la cocina. Enseguida se oyó un profundo rugido y los sonidos de cristales rotos empezaron a asaltar sus oídos.

Rick no era el único, aquel día, que oraba pidiendo un milagro. Durante esta calamidad, en el interior del restaurante, eran muchos los que esperaban en él y le pedían que los salvara. Y lo hizo. Afortunadamente, nadie fue gravemente herido en el restaurante, durante el catastrófico tornado de fuerza 5 que azotó Joplin, Missouri, en mayo del 2011.

Padre clemente, gracias por tu fidelidad, incluso en tiempos de dificultad, duros y, a veces, aterradores. Tú estás en ellos. Podemos estar confiadas y agradecidas de que tú hayas oído nuestras oraciones. Me regocijaré en quien eres —en que estás en control— y me alegraré de ser tu hija. ¡Amén!
BO-E—Oración

Hermanas amantes

*Pero Rut respondió: «¡No insistas en que te abandone o en que
me separe de ti! Porque iré adonde tú vayas, y viviré donde tú
vivas. Tu pueblo será mi pueblo, y tu Dios será mi Dios».*
RUT 1.16 NVI

La historia de Rut y Noemí es inspiradora a muchos niveles. Habla de
dos mujeres de distintos antecedentes, generaciones, etnia y hasta
religión. Pero en lugar de ser obstáculos para una amorosa amistad,
estas diferencias se hicieron invisibles. Ambas mujeres entendieron que
su compromiso, su amistad y el amor de la una por la otra superaban
cualquiera de sus diferencias. Fueron una bendición mutua.

¿Tienes amigas que harían casi cualquier cosa por ti? La amistad
verdadera es un regalo de Dios. Esas relaciones nos proveen amor,
compañerismo, aliento, lealtad, sinceridad, comprensión ¡y más! Las
amistades duraderas son fundamentales para vivir una vida equilibrada.

*Padre Dios, gracias por darnos el regalo de la Amistad. Haz que
yo pueda ser para mis amigas la misma bendición que ellas son
para mí. Te ruego que me ayudes siempre a alentarlas, a amarlas
y a ser un amoroso apoyo para ellas tanto en sus pruebas como en
su felicidad. ¡Te alabo por mis amorosas hermanas! Amén.*
BO-E—AMOR

Tiempo de oración

Estén siempre alegres, oren sin cesar, den gracias a Dios en toda situación, porque esta es su voluntad para ustedes en Cristo Jesús.
1 Tesalonicenses 5.16-18 nvi

Jenna empezó a asistir al estudio bíblico al que su vecina la invitó, cuando tenía treinta y tantos años. Como cristiana reciente, estaba como loca, empapándose de todo lo que podía mientras confiaba en Dios para ayudarla a entender las cosas.

Sin embargo, la oración era algo que no estaba tan segura de comprender. Una de las señoras hizo referencia a su tiempo de oración matinal diario durante el debate en grupo. No se estaba jactando ni nada por el estilo, pero Jenna se preguntó cómo podría ella sacar ese tiempo con sus exigencias familiares de primera hora de la mañana.

Empezó a pensar en cuándo oraba. Muchas veces lo hacía mientras llevaba a los niños en auto a cualquier parte. Cuando estaba sola en la cocina, también lo hacía a menudo. Cuando paseaba, de repente empezaba a hablar con Dios y a darle las gracias por la hermosura de su creación.

Empezó a tener paz en cuanto a su tiempo de oración. Su caminar con Dios no tenía por qué parecerse al de sus amigas ni como el de otros vecinos cristianos. Era algo constante entre ella y Dios. A cualquier hora. En cualquier lugar.

Señor Dios, gracias por conversar con nosotros en cualquier momento y por estar disponible para nosotras en todo tiempo. Amén.
SL—Oración

Aliento de vida

Él sana a los que tienen roto el corazón, y les venda las heridas.
SALMO 147.3 DHH

Como resultado del pecado, todas las personas de la tierra han nacido en un mundo caído. La pecaminosa condición trae sufrimiento y tristeza a todos los seres humanos, los que sirven al Señor y los que no lo hacen. La buena nueva es que, como hija de Dios, tienes una esperanza y un futuro eterno en Cristo. Jesús dijo: "Les he dicho todo lo anterior para que en mí tengan paz. Aquí en el mundo tendrán muchas pruebas y tristezas; pero anímense, porque yo he vencido al mundo" (Jn 16.33 NTV).

Cuando tu vida te traiga decepción, sufrimiento y dolor casi insoportables, recuerda que sirves a Aquel que sana los corazones. Él te conoce mejor y te ama más que nadie. Cuando recibas un golpe que te deje sin respiración y sientas que no queda oxígeno en la habitación, deja que Dios te proporcione el aire que necesitas respirar. Murmura una oración y respira hoy en su paz y su consuelo.

Señor, sé mi aliento de vida hoy y siempre. Amén.
SG—ORACIÓN

Permanecer cerca

Ya te lo he ordenado: ¡Sé fuerte y valiente! ¡No tengas miedo ni te desanimes! Porque el Señor tu Dios te acompañará dondequiera que vayas.
JOSUÉ 1.9 NVI

Resulta fácil decirles a los demás que no se preocupen. Es fácil recordar a nuestras amigas que Dios está con ellas y que lo tiene todo bajo control. Y es fácil recordárnoslo a nosotras mimas, cuando todo va suave.

Pero cuando la vida nos hace navegar en aguas turbulentas, nuestro instinto natural es estar asustadas. Nos inquietamos y nos preocupamos. Gritamos sin saber cómo pagaremos las facturas, cómo nos enfrentaremos al cáncer o cómo trataremos con cualquier ola tormentosa que se estrelle contra nosotros. Cuando la vida es alarmante, nos asustamos.

Lo creas o no, es una buena cosa. Y es que cuando estamos asustadas, cuando estamos abrumadas, cuando nos damos cuenta de que nuestras circunstancias nos sobrepasan es cuando estamos en el lugar perfecto para que Dios derrame su consuelo y su tranquilidad sobre nosotras.

Él nunca nos abandona, pero, en ocasiones, cuando la vida es buena, otras cosas nos distraen y no disfrutamos su presencia como deberíamos. Cuando nos sentimos asustadas, nos vemos atraídas de nuevo a los brazos de nuestro Padre celestial. Y justo allí es donde él quiere que estemos.

Amado Padre, gracias por permanecer conmigo y darme aliento. Ayúdame a quedarme cerca de ti, en los buenos tiempos y en los malos. Amén.
RB—ALIENTO

Altas expectativas

Hallaron gracia en el desierto... Israel buscaba un lugar para descansar
y se encontró con Dios que lo buscaba. Dios les dijo: "Jamás he dejado
de amarles y nunca lo haré. Esperen amor, amor y más amor!".
JEREMÍAS 31.2-3 (TRADUCCIÓN LIBRE DE LA VERSIÓN MSG)

Gracia en el desierto. ¡Qué pensamiento tan refrescante! ¿Has estado
en un lugar desierto, perdida, sola, decepcionada, sintiendo el dolor del
rechazo? Con frecuencia, nuestra respuesta inmediata es despreciarnos,
mirar hacia adentro para ver cómo hemos sido las que hemos tenido
carencias, deteriorando nuestra autoestima. Abatidas, nos arrastramos a
ese desierto para lamer nuestras heridas.

¡Mira! Dios está en nuestro lugar desierto. Anhela llenar nuestro
seco corazón con su amor sanador y su misericordia. A pesar de todo,
nos resulta difícil —con nuestra mente finita— entender que el Creador
del universo se preocupe por nosotras y nos ame con un amor eterno, sin
importarle nada.

A pesar de sus transgresiones, Dios les dijo a los israelitas que nunca
dejaría de amarlos. Esto es cierto para nosotras hoy. Mira más allá de
cualquier circunstancia y descubrirás a Dios mirándote, con los ojos
de amor. Las Escrituras prometen un río abrumador e inesperado de amor
que se derramará cuando confiemos en el Señor, nuestro Dios. Descansa
hoy en su Palabra. Espera el amor de Dios, amor y más amor, para llenar
ese vacío en tu vida.

Padre, leemos estas palabras y escogemos, en este
día, creer en tu infalible amor. Amén.
EK—AMOR

Ora de forma expectante

Pero que pida con fe, sin dudar, porque quien duda es como las olas
del mar, agitadas y llevadas de un lado a otro por el viento.
SANTIAGO 1.6 NVI

¿Oras con expectativas de que Dios te responda? George Müller sí lo
hizo. Fue un evangelista del siglo XIX, conocido por su fe en la oración.
Estudió la Biblia y confió en las promesas de Dios. Documentó cincuenta
mil respuestas a la oración, dando crédito a su meditación en las
Escrituras y a su fe inflexible en Dios. Las respuestas a algunas de sus
oraciones llegaron en menos de veinticuatro horas, y otras requirieron
mucha persistencia y espera. Por fe, Müller confió en Dios para que
proporcionara una respuesta sin que él le pidiera ayuda a nadie. Quiso
demostrar que Dios es fiel y que escucha cuando las personas oran.

Las oraciones de George Müller estaban arraigadas en la fe. Su
ejemplo sugiere que aquel que ora debe estar dispuesto a que Dios
responda en su propio tiempo, a su manera y por su propio poder. Esto
último se encontraba en el centro de las oraciones de Müller. En lugar de
intentar encontrar él mismo la respuesta, solo confiaba en Dios. Abría su
corazón a la respuesta divina, cualquiera que esta fuera, y confiaba en que
Dios respondiera según su plan.

La oración requiere fe, persistencia y una disposición a dejar que
Dios tenga su propia forma de obrar. Intenta orar a diario con esto en
mente, y espera que él responda.

Padre, confío en que contestarás mis oraciones de la mejor
manera y de la forma más útil para mí. Amén.
JF—ORACIÓN

Disciplina en el desierto

*Por lo tanto, ya que estamos rodeados por una enorme multitud de
testigos de la vida de fe, quitémonos todo peso que nos impida correr,
especialmente el pecado que tan fácilmente nos hace tropezar. Y corramos
con perseverancia la carrera que Dios nos ha puesto por delante.*
HEBREOS 12.11 NTV

Malory tuvo que dejar su trabajo; claramente, era el momento. Sabiendo
que era lo correcto, dio un paso de fe para seguir su carrera como
escritora a tiempo completo.

Lo que descubrió muy pronto fue que era imposible pagar las
respuestas como escritora independiente prácticamente nueva. De modo
que cuando se enteró de un trabajo como escritora para un periódico en
una ciudad cercana, saltó sobre él.

Allí pasó la mejor parte de un año en el que trabajó largas
horas, viajando todos los días para ir a trabajar, saliendo todas las
mañanas antes de poder ver a sus hijos salir hacia la escuela y ganando
económicamente lo justo. Todo esto para trabajar en un entorno muy
desafiante y sin apoyos.

Sin lugar a dudas fue un periodo de desierto. Empezó dedicando todo
su tiempo libre buscando otro trabajo a tiempo completo. *Cualquier cosa
sería mejor que aquello*, pensó.

Cuando Dios la llevó a aquel siguiente trabajo, se lo mostró con
claridad. Era un puesto para el que la había preparado verdaderamente.

Mirando en retrospectiva, Malory podía ver que todo aquel periodo
de sequía y agotador que había atravesado había formado parte de esa
preparación. Había resultado doloroso, pero al final había merecido la
pena.

*Dios, danos paz en los tiempos difíciles, sabiendo que tienes un
propósito en las cosas desagradables de la vida. Amén.*
SL—ALIENTO

Un hogar para los desamparados

Dios da un hogar a los desamparados.
SALMO 68.6 NVI

Helen creció como hija única en una pequeña ciudad. Su madre y su padre la habían adoptado tras muchos años de esterilidad. Su familia en la iglesia consistía, en su mayor parte, de adultos más mayores. Helen tenía pocas amigas fuera de la escuela, donde la mayoría de los estudiantes solo parecían interesados en beber y salir con alguien, y, a menudo, ella se sentía sola. Sus mejores compañeros eran libros, su diario... y Jesús.

Cuatro años en una universidad cristiana cambiaron su vida. Se implicó en iglesias con mente misionera donde encontró varios espíritus gemelos. Esto la condujo a experiencias aventureras... y al hombre que, finalmente, se convertiría en su esposo.

Un año, en el día de acción de gracias, Helen echó una mirada alrededor de la mesa llena de buena comida y alrededor de la cual se sentaban varios miembros de la familia. Sus tres hijos discutían sobre quién pronunciaría la bendición, mientras que sus ancianos padres traían los últimos platos de exquisito aroma. Miró a su esposo que comprobaba su *Smartphone* para ver el resultado del partido de futbol de los Cowboys.

Todo esto es ruidoso y caótico... y exactamente lo que siempre quise, pensó Helen. Sonrió enviando a Dios una oración "precena" de gratitud porque su mayor necesidad de aquellos tiempos era tener algún tiempo de soledad.

Señor, gracias por proporcionarnos una familia, ya sea por nacimiento, adopción, matrimonio o a través de nuestras iglesias locales. Danos el valor de buscar amigas que enriquezcan nuestra vida y gracias por ser nuestro mejor Amigo.
DD—AMOR

Un banquete continuo

Para el que es feliz siempre es día de fiesta.
PROVERBIOS 15.15 NVI

Ellen abandonó el almuerzo con una amiga de un mal humor que duró toda la tarde mientras hacía los recados, preparaba la cena y limpiaba la cocina. Finalmente, la verdad se abrió paso: se sentía fatal porque su amiga, que nunca parecía feliz, se había estado quejando durante toda la comida.

Ellen se prometió que dejaría de quedar para comer una vez a la semana con su amiga y que limitaría a mantener el contacto con breves llamadas telefónicas o mensajes de texto. *Siempre puedo orar por ella*, pensó. *Pero no tengo por qué pasar mucho tiempo con ella.*

La elección que hacemos de compañeras tiene mucho que ver con nuestra actitud. La negatividad y la positividad son, ambas, contagiosas. El autor de Proverbios afirma que un corazón alegre tiene un banquete continuo. De modo que, presumiblemente, un corazón gruñón se sentirá hambriento y con carencias, en vez de lleno.

Aunque Dios nos llama a ministrarles a quienes están sufriendo, podemos hacerlo con discernimiento. La próxima vez que alguien se queje, pídele que ore contigo por sus preocupaciones. Cuéntales una historia sobre cómo venciste la negatividad o reparaste una relación. Podrías ayudarla a darle la vuelta al día y tú no te sentirías después como si te hubieran dado una paliza.

Dios, ayúdame a tener una influencia positiva en mis amigos y familiares. Dame sabiduría y una esperanza inquebrantable que vienen de Cristo, para que pueda compartir tu gozo con otros. Amén.
DD—ALIENTO

Oportunidades de amar

¿Qué mérito tienen ustedes al amar a quienes los
aman? Aun los pecadores lo hacen así.
Lucas 6.32 nvi

Estando de vacaciones en Jamaica, un matrimonio estadounidense admiraba las hermosas orillas besadas por el sol y el cielo azul, cuando caminaban hacia el mercado local. Por el camino, una joven le suplicó: "Señora, le trenzo el cabello; le trenzo el cabello". La mujer estadounidense declinó la oferta, pero las insinuaciones de la joven prosiguieron.

Entonces se acercó un joven muy alto y con rastas en el pelo: "Hey, mama, ¿quieres alguna cosa?". El matrimonio sabía lo que significaba aquello, y le explicaron educadamente que eran cristianos. "Aahh, son krischans", dijo mientras se echaba hacia atrás.

Los entornos desconocidos pusieron nervioso al matrimonio. Con todo, Dios tenía otro plan. Llegando al mercado, la joven estadounidense oró pidiéndole amor a Dios por cada una de las personas que la hacían sentir incómoda.

Muy pronto, otros se acercaron a ellos: un niño que vendía yo-yós hechos a mano, un hombre haciendo preguntas, una joven madre soltera. A diferencia de antes, el matrimonio se detuvo a hablar con ellos. Le compraron un yo-yó al niño y le entregaron un tratado bíblico para niños que llevaban en el fondo del bolso. Compartieron a Cristo con él mientras otros se reunían para escuchar. Intercambiaron direcciones con la madre soltera quien, más tarde, vino a Cristo. Cuando el matrimonio regresó al hotel, el vendedor de droga estaba sentado junto al bordillo con sus amigos. De repente gritó: "¡Hey, krischans! Oren por mí".

Dios esperó para derramar su amor y el matrimonio casi pierde la oportunidad, por su infundado malestar. Eso sí que es incómodo.

Señor, mantenme en constante contacto con los perdidos
para que puedas expresar tu amor. Amén.
TK—Amor

Un buen bocado

Prueben y vean que el Señor es bueno; dichosos los que en él se refugian.
Salmo 34.8 nvi

En ocasiones, los padres tienen que alentar a los hijos para que coman comidas que tal vez no quieren ni probar. Esto puede deberse a su aspecto, su olor o porque les da la impresión de que no va a saber bien. Por su mayor experiencia de la vida, los adultos saben que no solo está bueno, sino que también es beneficioso para ellos.

El mundo les inculca a los inconversos que no merece la pena probar a Dios. Enfatiza el enfoque en uno mismo, mientras que el Señor dice que pongamos a los demás antes que una misma. En realidad, caminar y conversar con Dios es lo mejor que puedes hacer por ti misma. Al andar con él, al aprender a orar y a apoyarte en él y obrar según su voluntad, estás almacenando tesoros para ti en el cielo. En el mundo demuestras el amor de Cristo y eres una influencia para hacer que otros prueben al Señor.

Como tantas comidas que son buenas para nosotras, lo único que requiere es probar primero, un pequeño bocado que abra el apetito para tomar más de él. Entonces podrás estar abierta a toda la bondad, toda la plenitud del Señor.

Señor, llena mi copa hasta desbordar de tu amor, para que pueda derramarse fuera de mí de un modo que otros quieran tener lo que yo poseo. Amén.
EK—Oración

El amor perfeccionado

Sino que el amor perfecto echa fuera el temor. El que teme
espera el castigo, así que no ha sido perfeccionado en el amor.
Nosotros amamos a Dios porque él nos amó primero.
1 Juan 4.18-19 nvi

Es bueno temer a Dios, ¿verdad? Él es asombroso en su poder. Con todo, aunque necesitamos sentir un respeto sano hacia Dios, no es necesario que nos sintamos aterrorizadas por él. Al menos no si queremos amarle de verdad.

Quienes aman a Dios de un modo genuino, con todo su corazón y su alma, no tienen nada que temer, porque sabemos que él nos ama aún más. Sabemos que aunque pueda permitir que atravesemos algunas dificultades, sus planes para nosotros siempre son buenos. Cuando amamos a Dios, su amor se perfecciona en nosotros. Nuestro amor por él hace que reine el suyo por nosotros.

Únicamente cuando escogemos no amar a Dios es cuando tenemos que tenerle miedo, porque aunque su paciencia es larga, es un Dios justo. No dejará que los culpables queden sin castigo. Cuando le amamos con nuestra vida, no hay necesidad de castigo. Cuando le amamos con nuestra vida, amamos a los demás y anteponemos sus necesidades a las nuestras. Y es así, queridas amigas, como su amor se perfecciona en nosotros.

Amado Padre, gracias por amarme. Quiero amarte con
mi vida y honrarte con mis actos. Amén.
RB—Amor

¡Mira quién te está animando!

*Por lo tanto, ya que estamos rodeados por una enorme multitud de
testigos de la vida de fe, quitémonos todo peso que nos impida correr,
especialmente el pecado que tan fácilmente nos hace tropezar. Y corramos
con perseverancia la carrera que Dios nos ha puesto por delante.*
HEBREOS 12.1 NTV

El jefe de Meagan le hizo saber que necesitaba que hiciera algunas
llamadas telefónicas para informar a los clientes sobre un retraso en el
envío de los artículos que habían pedido. La compañía necesitaba que
ella llenara el hueco ya que una ola de gripe los había dejado escasos de
personal. Sabía que esto le resultaría difícil a Meagan, pero la alentó a
salir de su zona de comodidad.

¿Los números? Los tenía. ¿Personas?... ¡no tantas! Meagan sintió
una oleada de náusea en la boca del estómago. Respiró profundamente e
intentó esforzarse. Inclinó la cabeza y le pidió fuerzas a Dios.

Tal vez hay cosas que tienes que hacer que se encuentran fuera de tu
zona de comodidad. Recuerda que tienes a una multitud de fieles testigos
animándote. Su fuerza es perfecta para ayudarte a pasar el mal trago.

*Señor, hay cosas que tengo que hacer y que me provocan un ataque
de nervios. Cuando me encomienden este tipo de cosas, te ruego que
me llenes de tu fuerza y que me des la seguridad de confiar en que
tú me ayudarás a hacer aquello que necesito llevar a cabo. Amén.*
SG—ALIENTO

Una oración humilde

Entonces el rey David entró para hablar delante del
Señor, y dijo: «Señor, ¿quién soy yo y qué es mi familia
para que me hayas hecho llegar hasta aquí?».
2 Samuel 7.18 dhh

En el aeropuerto, un hombre bastante repugnante se estaba enojando por lo lenta que iba la cola en la que se encontraba. Finalmente, se abrió camino a empujones hasta el mostrador y exigió que le atendiesen.

"Lo siento, señor —le dijo la empleada—, pero tendrá que aguardar su turno".

Enfurecido, el hombre reclamó: "Joven, ¿sabe usted quién soy?".

La mujer tomó con calma el micrófono y anunció: "Señoras y caballeros, hay un hombre aquí en el mostrador principal que no sabe quién es. Si alguien lo puede identificar, tenga la bondad de acercarse a la parte delantera de la cola y ayúdenos a resolverlo".

Contrasta la jactanciosa autoimagen de este hombre con la humildad de David. Este le preguntó a Dios: "¿Quién soy yo para que bendigas así a mi familia?".

La oración de David ejemplifica el respeto que deberíamos tener al acercarnos a Dios. Una adecuada relación con él cambia la actitud de la persona del ¿Sabes quién soy? al Señor, gracias por saber quién soy. La primera pregunta se centra en nosotros; la segunda se enfoca en la perfección, la omnipotencia y la clemencia de Dios al permitirnos estar en su santa presencia.

DD—Oración

¡Sé feliz!

Dichosos los que practican la justicia y hacen siempre lo que es justo.
Salmo 106.3 nvi

¿Sabías que el término griego para feliz es el mismo que para bendita? Nos resulta extraño, porque pensamos que feliz es un estado de ánimo. La verdad es que ninguna de estas palabras significa nada emocional, sino que habla sobre el reconocimiento de que todo lo bueno o lo afortunado que nos ocurre es un regalo de Dios.

En el mundo en que vivimos hoy, algunos podrían pensar que un error bancario o una equivocación en una factura a su favor sería una justificación para quedarse el dinero sin decir palabra. Pero una verdadera seguidora de Cristo no considera este tipo de situaciones como un acontecimiento bueno o afortunado. Encontraríamos felicidad y bendición en notificar un error como este a las partes interesadas. Nuestra felicidad es ser honesta, hacer lo correcto, porque esa felicidad es la recompensa espiritual prometida.

Queremos ser bendecidas por Dios, ser una feliz seguidora suya, y, por ello, procuraremos hacer siempre lo correcto.

Clemente Padre celestial, gracias por tus bendiciones todos y cada uno de los días. Estoy agradecida de ser tu seguidora. Cuando me sienta tentada a hacer algo que te desagrade, recuérdame que me bendecirás si actúo con justicia. Mi felicidad será una recompensa mucho mejor. En tu nombre, amén.

BO-E—Aliento

Tu Padre celestial

El amor del Señor no tiene fin, ni se han agotado sus bondades.
Cada mañana se renuevan; ¡qué grande es su fidelidad!
LAMENTACIONES 3.22-23 DHH

Hoy es un día señalado para honrar a los padres. Resulta un día complicado para muchos. Vivimos en un mundo caído, por lo que las relaciones están lejos de ser perfectas. Tal vez tu relación con tu padre terrenal es maravillosa, pero puede ser caótica o fragmentada. Tómate hoy el tiempo de celebrar a tu padre terrenal. Llámalo o, si vives cerca, pasa algún tiempo con él. Si está dentro de tus posibilidades, procura restaurar cualquier ruptura en tu relación con él.

Independientemente de tu relación con tu padre terrenal, tu Padre celestial te ama con un amor infalible. Él es fiel para llevarte por los altibajos de la vida. Recuerda que cada día es un día para honrar a tu Padre celestial. Empieza y acaba la jornada de hoy alabándole por quién es. Expresa tu agradecimiento. Preséntale tus peticiones. Dile cuánto le amas. Dios anhela ser tu Abba Padre, un papaíto amoroso para ti, ¡su hija!

Padre, para algunas, hoy es una ocasión feliz. Para otras, escuece un poco.
Gracias por ser un Dios amoroso, mi Abba Padre, mi Redentor. Amén.
EB—AMOR

Construyendo confianza

Confía en el Señor de todo corazón, y no en tu propia inteligencia.
Reconócelo en todos tus caminos, y él allanará tus sendas.
Proverbios 3.5-6 NVI

Muchas empresas hacen que sus ejecutivos hagan cursos de liderazgo para desarrollar mejor las relaciones laborales. Dividido por equipos, estas personas han aprendido a confiar las unas en las otras. Uno de los ejercicios favoritos es el curso de reto. Una persona amarrada con un arnés salta desde una torre alta y se lanza al vacío, confiando en que los miembros de su equipo lo guiarán de forma segura hasta el suelo. Participar requiere un cierto grado de valor, pero los resultados suelen ser, por lo general, estimulantes.

Depositar nuestra confianza en un amoroso Padre celestial puede parecer, en ocasiones, como saltar a un precipicio. ¿Por qué? Tal vez porque no podemos ver a Dios. Confiar no es algo que se logre fácilmente. Se consigue una vez establecido un historial a lo largo de un periodo de tiempo. Implica soltar cuerda, sabiendo que acabarás atrapada.

Con el fin de confiar en Dios, debemos saltar por fe. Desafíate a confiar en Dios en un detalle de tu vida cada día. Construye ese patrón de confianza y obsérvale trabajar. No te decepcionará. Él te sostiene de manera segura en su mano. Es tu esperanza para el futuro.

Padre, suelto el agarre de mi vida y confío en ti. Amén.
EK—Aliento

Amor enfriado

Abundará el pecado por todas partes, y el amor de muchos se enfriará.
MATEO 24.12 NTV

En un mundo desordenado que nos aconseja continuamente lo contrario de lo que dice la Biblia, el amor y las relaciones también acaban hechas un desastre. Hoy, cuando las personas llegan a estar incómodas en su matrimonio y en sus relaciones, la respuesta común es salir corriendo. Dejan de mostrar amor la una por la otra y permiten que su corazón se enfríe.

Dios quiere que honremos nuestros compromisos y, al hacerlo, le honramos a él. Las relaciones requieren gran trabajo. El matrimonio es un proceso constante de servir a tu cónyuge, confiando la una en la otra y perdonándose a diario. Las amistades requieren paciencia y comprensión. Las familias necesitan mucho amor y gracia.

Cuando permites que el amor se enfríe en tus relaciones, te apartas de la voluntad de Dios en tu vida. Nuestro principal propósito en la tierra es amar al Señor y a los demás (Mt 22.37-39). Incluso cuando resulta difícil o incómodo. Recuerda que el amor es una elección.

Así que, cuando sientas que el amor se está enfriando, ora para que el amor de Dios resplandezca en tu corazón y caliente tus relaciones.

Padre celestial, impide que mi amor se enfríe. Te ruego que me des la fuerza de seguir amando cuando las relaciones se pongan difíciles. Ayúdame a no escapar, sino cumplir mis compromisos y honrarte. Amén.
MP—AMOR

Una ofrenda regular

*«Dios ha recibido tus oraciones y tus obras de beneficencia
como una ofrenda», le contestó el ángel.*
Hechos 10.4 nvi

Jenna dejó otro montón de ropa en Goodwill y, después, pasó por la
escuela para ayudar en la clase de primer grado con el grupo de lectura.
¡Le encantaba ese trabajo de voluntaria! De camino a la clase de la señora
Windom, dejó su alcancía de monedas en la oficina. Su esposo y los niños
la habían ayudado a ahorrar algún dinero suelto para entregarlo en la
escuela para la campaña de edificación.

El domingo por la mañana, en la iglesia, Jenna les pidió a sus hijos
que la ayudaran a llevar unas cuantas bolsas de alimentos en lata que
habían empaquetado para la colecta de alimentos destinados a la despensa
de la comunidad. Era algo sencillo que podía hacer y, al parecer, a los
niños les gustaba ayudarla en eso.

Aquella noche, antes de que su familia orara por las necesidades de
sus vecinos, amigos y seres queridos de las que estaban al tanto, la hija de
Jenna preguntó: "Mami, ¿por qué hacemos todas estas cosas buenas? Las
madres de mis amigos no hacen estas cosas con ellos".

*Señor, gracias por ver y escuchar cada ofrenda que
damos, por pequeña que sea. Amén.*
SL—Oración

Nuevos creyentes

«La cosecha es abundante, pero son pocos los obreros
—les dijo a sus discípulos—. Pídanle, por tanto, al Señor
de la cosecha que envíe obreros a su campo».
MATEO 9.37-38 NVI

La Biblia nos habla de una mujer llamada Lidia, quien, a diferencia de muchas mujeres de su tiempo, era comerciante. Vendía una tela cara de púrpura. Adoraba al Dios verdadero de Israel, pero todavía no se había convertido a Cristo.

Un día, Lidia y otras se reunieron cerca del río, justo a las afueras de la ciudad de Filipos. Era día de reposo y Pablo y varios de sus compañeros estaban en la ciudad, enseñando a las personas sobre Jesús. Descendieron hasta el río y conversaron con las mujeres que estaban allí. Mientras que Lidia los escuchaba, Dios abrió su corazón para recibir el mensaje de Cristo. Ella creyó y fue bautizada. Luego convenció a Pablo y a sus compañeros para que se quedaran algún tiempo en su casa. Este fue el principio del servicio de Lidia para el Señor. La Biblia sugiere que su casa se convirtió en lugar de reunión para los creyentes.

El aliento es importante para los nuevos creyentes. Cuando Lidia aceptó a Cristo, tuvo ansias de aprender más sobre él. Pablo y sus compañeros accedieron a ir a su casa, donde la alentaron en su fe. Tal vez conozcas a una nueva creyente a quien le vendría bien tu estímulo. Piensa en las formas en que puedes ayudarlos hoy.

Amado Señor, ¿a quién puedo alentar hoy? Muéstrame a un
nuevo creyente que podría usar mi ayuda. Amén.
JF—ALIENTO

Comienza tu día con Dios

*Por la mañana, Señor, escuchas mi clamor; por la mañana te
presento mis ruegos, y quedo a la espera de tu respuesta.*
SALMO 5.3 NVI

Las mañanas son duras para muchas personas, sobre todo para las
noctámbulas que hacen más cosas por la noche. Y los versículos como
este tienden a hacer que se sientan menos espirituales que quienes
madrugan para estar con Dios.

La realidad es que Dios quiere ser el centro de tu vida. No quiere
estar al principio de tu lista de prioridades, ser una casilla más que tachar
cada día. Quiere tu corazón y tu atención por la mañana, al mediodía y
por la noche. No conseguirás más puntos con Dios si lees diez versículos
antes de tomarte el café de la mañana.

Entonces, ¿cómo puedes empezar tu día con Dios, aunque no te
hayas levantado temprano para tu devocional? Al despertarte por la
mañana, dale las gracias al Señor por un nuevo día. Pídele que controle
tus pensamientos y actitud mientras haces la cama. Dale las gracias por
su provisión mientras preparas tu tostada. Pide que tu autoimagen se
base en tu relación con Cristo, mientras te vistes y te lavas los dientes.
Sigue orando al conducir hacia el trabajo o a la escuela. Pasa tiempo en
su Palabra a lo largo del día. Acaba tu día agradeciéndole su amor y su
fidelidad.

Dios quiere una relación constante contigo y está disponible y
esperando hacer vida contigo veinticuatro horas al día.

*Amado Señor, gracias por el regalo de un Nuevo día. Ayúdame a
ser consciente de tu constante presencia en mi vida. Amén.*
MP—ORACIÓN

Amar a través de nuestra acciones

¡Ya se te ha declarado lo que es bueno! Ya se te ha dicho lo que de ti espera el Señor: Practicar la justicia, amar la misericordia y humillarte ante tu Dios.
Miqueas 6.8 nvi

La caja de regalo espléndidamente adornada iba dirigida a la cita de John. Esperaba que regalarle aquel collar extravagante causara la impresión adecuada en ella. Aunque se habían estado viendo durante algún tiempo, John no dejaba de hacerle regalos esperando que un día se enamorara de él.

¿Cuántas de nosotras hemos pensado de un modo similar en cuanto a nuestra relación con Dios? Si somos lo bastante buenas, Dios nos bendecirá ricamente. Si oramos de la forma correcta o si nos aseguramos de ir a la iglesia cada domingo, él hará que las cosas funcionen como queremos. ¿Es esta la forma correcta de impresionar a nuestro Padre? El profeta Miqueas menciona tres grandes actos de amor para Dios y para nuestros congéneres que glorificarán a Dios: ser recto y justo con todos, mostrar amabilidad gratuita y de buenas ganas a todos y vivir humildemente en una comunión consciente con un Rey soberano. Nuestros motivos deberían ser agradarle a Dios por medio del don legítimo del servicio abnegado a él y a nuestros congéneres.

Padre clemente, gracias porque me amas tal como soy, no hay nada que pueda hacer para que me ames más. Haz que pueda servirte mediante un servicio abnegado a los demás. ¡Amén!
BO-E—Amor

Nuestro llamado a la oración

Después ella vivió como viuda hasta la edad de ochenta y cuatro años. Nunca salía del templo, sino que permanecía allí de día y de noche adorando a Dios en ayuno y oración.
LUCAS 2.37 NTV

¿Te has sentido alguna vez inútil para el reino de Dios? ¿Crees que tienes poco que ofrecer, y por eso ofreces poco? Considera la anciana viuda de ochenta y cuatro años, Ana. Permanecía en el templo adorando a Dios a través de la oración y del ayuno. Ese era su llamado y estaba comprometida a orar hasta que el Señor la llevara a casa.

Sin lugar a duda, el principal enfoque de esta mujer en la vida era Dios. Pero hay que reconocer que la vida nos consume con trabajo, casa, iglesia, familia, recados y listas de quehaceres. Las mujeres son extraordinarias en las multitareas y todas esas responsabilidades tiran de nosotras como un pequeño de cinco años suplica el último juguete.

Con frecuencia, a medida que nos hacemos mayores o que la enfermedad nos impide hacer aquello que antes hacíamos, nos sentimos inútiles. Con todo, la verdad sigue siendo que, mientras tengamos aliento, Dios tiene un plan para nuestra vida. Él desea usarnos para su gloria.

No es necesario que oremos y ayunemos como lo hacía esta entregada mujer. (De hecho, por razones de salud, el ayuno no siempre es una opción.) No obstante, todas estamos llamadas a orar. Podemos hacerlo en el lugar donde estemos, independientemente de nuestra edad, circunstancias o entorno. Como Ana, es nuestro llamado.

Señor, te ruego que me recuerdes el llamado de la oración en mi vida, a pesar de mis circunstancias. Amén.
TK—ORACIÓN

Descanso para tu alma

Vengan a mí todos ustedes que están cansados y agobiados, y yo
les daré descanso. Carguen con mi yugo y aprendan de mí, pues
yo soy apacible y humilde de corazón, y encontrarán descanso
para su alma. Porque mi yugo es suave y mi carga es liviana».
MATEO 11.28-30 NVI

Jesús dice: "Ven a mí". Así como invitó a los niños pequeños a acercarse a él, nos llama a venir a él y a traer todas nuestras cargas, y ponerlas a sus pies. Quiere ayudar. Quiere aliviar el peso que estamos llevando.

Un yugo es un arnés colocado sobre un animal o un conjunto de animales con el propósito de que tiren de algo o que transporten un pesado equipo. A Jesús le gustaba usar un simbolismo visual para transmitir lo que quería decir. ¿Puedes imaginar todas las cargas que estás llevando ahora mismo, atadas a tu espalda, como un buey que ara un campo? Ahora imagínate que descargas cada una de ellas sobre los hombros de Jesús. Respira hondo.

Jesús nos dice muchas veces, a lo largo de los Evangelios, que no nos preocupemos. Inquietarse por algo nunca nos ayudará. La preocupación empeora las cosas y las cargas parecen mayores. La inquietud alborota tu alma. Jesús quiere que hallemos descanso en él. Escucha sus amables palabras que acuden a ti: "Ven a mí". Encuentra descanso para tu alma.

Jesús, gracias por tomar mis cargas. Te las entrego por completo. ¡Ayúdame
a no retomarlas! Quiero el descanso y la paz que estás ofreciendo. Amén.
MP—ALIENTO

Sostenedoras de mano

Mientras Moisés mantenía los brazos en alto, la batalla se inclinaba en favor de los israelitas; pero cuando los bajaba, se inclinaba en favor de los amalecitas. Cuando a Moisés se le cansaron los brazos, tomaron una piedra y se la pusieron debajo para que se sentara en ella; luego Aarón y Jur le sostuvieron los brazos, uno el izquierdo y otro el derecho, y así Moisés pudo mantenerlos firmes hasta la puesta del sol. Fue así como Josué derrotó al ejército amalecita a filo de espada.

ÉXODO 17.11-13 NVI

¿Cómo consideras a tu pastor? ¿Lo ves como el animador de tu congregación, intentando motivarla para que sean mejores seguidores de Cristo? ¿Tal vez como maestro? ¿Como el que tiene la última palabra en las decisiones? La verdad es que algunos pastores sienten como si se esperara que él fuera todo para todas las personas, y que lo haga a la perfección.

Nuestro versículo de hoy muestra que Moisés era una persona ordinaria (pero llamada) que intentaba hacer un enorme trabajo por sí mismo. No se podía esperar que alguien levantara sus manos mientras que durara la batalla. Necesitaba ayuda. Una manera en la que podemos ayudar a nuestros pastores en la obra que se les ha dado es mediante el poder de la oración sistemática por ellos personalmente, por su familia y por su ministerio.

Padre, nuestros pastores son preciosos para nosotros. A pesar de ello, sabemos que han recibido grandes encargos, a veces con expectativas poco realistas. Recuérdanos que cuidemos en oración a nuestros pastores, su familia y su ministerio. Es una forma de sostener sus manos en alto hacia ti. Amén.

BO-E—ORACIÓN

Consuela y sé consolada

Bendito sea el Dios... Padre de misericordias y Dios de toda consolación,
el cual nos consuela en todas nuestras tribulaciones, para que podamos
también nosotros consolar a los que están en cualquier tribulación, por
medio de la consolación con que nosotros somos consolados por Dios.
2 Corintios 1.3-4 rvr1960

¿Has notado alguna vez que compartir tus problemas con alguien poco familiarizado con tu adversidad es inmensamente distinto a compartir tus experiencias con alguien que haya sufrido la misma prueba? Los grupos de apoyo para aquellos de situaciones similares se designan para alentar y consolar a las personas que están atravesando dificultades comparables.

Dios, el Padre de todo consuelo y compasión, nos reconforta en nuestras pruebas. ¿Por qué? Porque nos ama profundamente y desea que nos convirtamos en canales de esperanza y consuelo para quienes afrontan situaciones similares. Además, él comprende.

En algunas iglesias, el culto del miércoles por la noche permite que los creyentes se levanten y testifiquen. Sus testimonios de la oración contestada o de cómo obró Dios a su favor en una situación particular encienden el consuelo y la esperanza entre los otros de la congregación que podrían estar pasando por el mismo problema.

Dios nos consuela para que nosotros, a nuestra vez, podamos reconfortar a otros con el mismo consuelo que recibimos del Padre. Esa es la promesa de Dios para ti. Recibe el consuelo que necesitas del Señor. Él, a su vez, te preparará para que ayudes, consueles y alientes a otros.

Señor, ayúdame a consolar hoy a alguien. Ayúdame a escuchar y
alentar, como tú lo has hecho y lo sigues haciendo conmigo. Amén.
TK—Aliento

Orar por la voluntad de Dios

Por eso, desde el día en que lo supimos no hemos dejado de orar
por ustedes. Pedimos que Dios les haga conocer plenamente
su voluntad con toda sabiduría y comprensión espiritual.
COLOSENSES 1.9 NVI

El apóstol Pablo recordó a los colosenses que estaba orando
continuamente por ellos, para que fueran llenos del conocimiento de la
voluntad de Dios. Lee con atención el versículo más arriba. ¿Cómo le
pidió Pablo a Dios que los llenara del conocimiento de su voluntad? La
única forma en que podemos conocer su voluntad es a través de toda
la sabiduría y el entendimiento que el Espíritu da. Aquí, Pablo estaba
hablando a los creyentes. Los cristianos han recibido el Espíritu Santo
como su Consejero y Guía. Los que no tienen una relación personal con
Cristo carecen del Espíritu y, por tanto, no son capaces de discernir
la voluntad de Dios para su vida. Aprovecha siempre el regalo más
maravilloso que hayas recibido jamás. Si has aceptado a Cristo como tu
Salvador, también tienes el Espíritu. Una de las cosas más extraordinarias
sobre el Espíritu Santo es que nos ayuda a distinguir el llamado de
Dios en nuestra vida de las demás voces del mundo. Ora para que Dios
te revele su buena y perfecta voluntad para tu vida. Su Espíritu Santo
obrando en ti no te conducirá jamás por la senda equivocada.

Dios, ayúdame a nutrirme del maravilloso recurso que
tengo como cristiana. Por medio del poder del Espíritu
Santo, ayúdame a conocer tu voluntad. Amén.
EB—ORACIÓN

Cómo amar

Hijitos míos, que nuestro amor no sea solamente de
palabra, sino que se demuestre con hechos.
1 JUAN 3.18 DHH

Hemos escuchado muchas veces la frase: "Hablar no cuesta dinero".

Es evidente que no se refiere al dinero, ¿verdad? Es un recordatorio de que aunque cualquiera puede decir que le importan los niños que mueren de hambre, pocos desembolsarán el dinero para alimentarlos de verdad. Aunque cualquiera puede decir que se preocupa por nuestro actual clima político, pocos se tomarán de verdad el tiempo de intentar cambiar las cosas para mejor. Y cuando estamos en medio de una crisis, muchas personas decir que se preocupan por nosotros. ¿Pero cuántas personas se sentarán con nosotras en mitad de la noche porque todavía no hemos superado la muerte del ser amado que perdimos hace seis meses?

No muchas.

Resulta fácil decirles a las personas que nos importan. Pero Dios quiere más que palabras de nosotros. A veces unas palabras compasivas y una oración es todo lo que podemos ofrecer, pero cuando este sea el caso, tenemos que asegurarnos de hacerlo. Y cuando tengamos la capacidad de hacer más, es necesario que pongamos nuestras palabras en acción. ¿De verdad nos importa la adolescente que tiene baja la autoestima? No te limites a decirle que es hermosa y la dejes con su ropa vieja y ajada. Cómprale un atuendo nuevo.

Busquemos hoy formas de amar con nuestros actos a aquellos que nos rodean.

Amado Padre, enséñame a amar como tú amas. Amén.
RB—AMOR

Una receta de amor

Den, y recibirán. La cantidad que den determinará
la cantidad que recibirán a cambio.
LUCAS 6.38 NTV

Un delicioso surtido de tartas se alineaba en el expositor de cristal de una rudimentaria cafetería situada en el pinar de la Ponderosa, Mt Lemmon, Arizona. Cuanto un matrimonio entró por la puerta, unos extranjeros los saludaron con cálida hospitalidad. Una suave música clásica sonaba cuando la pareja se acomodó como pudo en una mesa rinconera. Aunque el tipo de música parecía fuera de lugar para aquella cafetería, su relevancia se hizo evidente cuando la mujer conversó con la propietaria, Pam.

Su carácter iba con su música. Apreciaba la vida y los dones de los demás. "No sé pintar, no sé componer música —admitió—, pero puedo hornear. Es mi forma de corresponderle a la montaña".

Pam descubrió su "talento" en 1972, cuando empezó a hornear las recetas de la tarta Pennsylvania Dutch de su madre para sus clientes. Explicó cómo su madre mostraba su amor a través de todo lo que cocinaba u horneaba. "Ahora, mi madre toca a las personas por medio de mis manos —comentó—. Solo quiero alcanzar a las personas con el amor de Dios y eso empieza dando, compartiendo los dones que tengo".

"Me siento bendecida", compartió Pam.

Aquel matrimonio también. Por un momento, su vida se volvió tan sencilla como el entorno poco pretencioso de Pam y su filosofía básica: "Cualquier cosa que hagas, hazla con amor".

Señor, hazme usar los dones que tenga, cualesquiera
que sean, sazonados con tu amor. Amén.
TK—AMOR

E.C.E.

*Bendeciré al Señor, que me aconseja; aun de noche
me reprende mi conciencia. Siempre tengo presente al
Señor; con él a mi derecha, nada me hará caer.*
Salmo 16.7-8 nvi

Piensa en las personas de tu vida a las que tienes en "marcación rápida".
¿A quién llamas primero cuando la crisis golpea? Muchos de nuestros
teléfonos cuentan con un teléfono E. C. E. programado al principio de
nuestra lista de contacto para que cualquier servicio de emergencia pueda
contar con un teléfono al que llamar "en caso de emergencia".

Y aunque sea importante y necesario tener un contacto de
emergencia, a veces podemos llegar a depender de esas personas más
que de Dios. En especial, si nuestra primera respuesta a cualquier tipo
de crisis es llamar a nuestra mejor amiga, a un mentor o a un consejero
profesional en lugar de acudir directamente a Dios. Pensamos que porque
nuestras amigas sean de carne y hueso, serán capaces de ayudarnos en
formas más tangibles.

La verdad es que Dios es capaz de hacer muchísimo más de lo que
podríamos pedir o imaginar jamás (Ef 3.20) y que quiere que acudamos a
él, en primer lugar, para lo que sea. Él nos aconsejará y pondrá nuestros
pies en la dirección correcta.

Llamar a una amiga o a un mentor espiritual para conseguir un
consejo piadoso no tiene nada de malo. La mayoría de las veces, Dios usa
a estas mismas personas para ayudarte. El problema surge cuando las
ponemos por delante de Dios.

*Padre celestial, perdóname por las veces que no he confiado en ti lo
suficiente con mis problemas. Ayúdame a acudir a ti primero. Amén.*
MP—Oración

La oración conmueve a Dios

*Era un hombre devoto, temeroso de Dios... Daba generosamente
a los pobres y oraba a Dios con frecuencia.*
Hechos 10.2 NTV

En el libro de Hechos, un centurión llamado Cornelio recibió una visión
de Dios. Aunque era gentil, este hombre amaba a Dios, y oraba y
ayunaba regularmente. Mientras oraba, un ángel del Señor le dijo que
Dios escuchaba y honraba sus oraciones. En consecuencia, Dios le dio
instrucciones al centurión para que fuera y hablara con su siervo Pedro.

Este, habiendo recibido una visión acerca de que Dios purificaría
y aceptaría a cualquiera considerado "impuro" por los judíos, accedió a
encontrarse con este gentil, a pesar de la ley judía. Cornelio invitó a sus
vecinos gentiles, a sus amigos y a los miembros de su familia cuando se
reunió con Pedro en Cesarea. Entendiendo que Dios había orquestado
la reunión, Pedro le predicó el evangelio a Cornelio y a todos los que se
habían unido a él, y todo el grupo de gentiles recibieron el Espíritu Santo
(Hch 10.44-48).

Jesús toma nota de un corazón que ora y es entregado como el de
Cornelio. Las denominaciones significan poco, mientras que un espíritu
contrito y que recibe la enseñanza conmueve a Dios. Cornelio era un
hombre bueno, temeroso de Dios y necesitaba escuchar sobre la salvación
por medio de Cristo. Dios honró, pues, sus oraciones y le condujo al
predicador, a la vez que le enseñó a este un par de cosas.

¿Has vacilado alguna vez al compartir tu fe con alguien que te parece
inadecuado o que sobrepasa la esfera de tu comodidad? Empieza ahora.
Mira lo que ocurrió cuando Pedro lo hizo.

*Padre, perdóname por mi santurronería. Ábreme el
camino para dar testimonio a cualquiera que tú hayas
preparado para escuchar el evangelio. Amén.*
TK—Oración

Escuchar atentamente

Voy a escuchar lo que Dios el Señor dice.
SALMO 85.8 NVI

Hay un viejo himno, titulado "Habla a mi corazón", que debería resonar en la vida del creyente. "Habla a mi corazón, Señor Jesús. Habla para que mi alma pueda oír". ¿Acaso no define esto nuestra vida de oración? En fe, hablamos con el Señor y él quiere responder y que nosotras escuchemos.

En el mundo frenético actual, con todo el ruido que nos rodea, resulta fácil ignorar la suave y quieta voz que nos empuja en la dirección correcta. Disparamos peticiones, esperamos respuestas instantáneas con frecuencia microondas y nos sentimos molestas cuando no ocurre nada. Nuestra naturaleza humana exige una respuesta. ¿Cómo sabremos qué hacer/pensar/decir si no escuchamos? Cuando estamos "rendidas y quietas", él puede "hablar a mi corazón".

Escuchar es un arte que se aprende y, con demasiada frecuencia, olvidado en las ocupaciones del día. El despertador suena, tocamos suelo corriendo, pronunciamos una oración a toda prisa, tal vez cantamos una alabanza, agarramos las llaves de nuestro auto y ya estamos saliendo por la puerta. Si tan solo ralentizáramos un poco y dejáramos que las palabras del Padre celestial se asentaran en nuestro espíritu ¡qué diferencia veríamos en nuestra vida de oración! En este día, detente. Escucha. Mira a ver qué tiene Dios en reserva para ti.

Señor, ¡cómo quisiera rendirme y buscar tu voluntad! Te ruego que aquietes mi espíritu y que me hables. Amén.
EK—ORACIÓN

Tiempo para amar a Dios

Pero no olviden, queridos hermanos, que para el Señor
un día es como mil años, y mil años como un día.
2 Pedro 3.8 nvi

"El tiempo vuela".
"No tengo tiempo".
"El día no tiene suficientes horas".

Con toda seguridad has escuchado estas palabras. Probablemente las hayas pronunciado tú misma. En el mundo ocupado de hoy, sencillamente no parece haber suficiente tiempo. Las personas se comunican de forma instantánea. Trabajan a toda prisa, juegan rápido y viven según programas apretados. Incluso cuando oran, esperan que Dios responda con celeridad. Pero Dios no obra de esa forma. La Biblia dice que, para él, mil años son como un día.

La paciencia divina hacia nosotros es un reflejo de su amor. En la Biblia tenemos muchos ejemplos de su amorosa paciencia, pero el mejor es su paciencia con los israelitas. El salmo 78.41 declara: "Una y otra vez pusieron a prueba la paciencia de Dios". Con todo, Dios siguió amándolos y su paciencia con Israel existe hasta el día de hoy.

La paciencia requiere tiempo y, aunque no es infinita, la paciencia divina es inmensa. Él le concede tiempo a las personas para que le conozcan, confíen en él y crean en su Hijo y en el regalo de la salvación. Les da toda una vida en la que pueden hacer y, después de esta, la promesa de la vida eterna con él en el cielo. ¡Eso es amor de verdad!

Amado Dios, ayúdame a amar a los demás con paciencia,
del mismo modo en que tú me amas a mí. Amén.
JF—Amor

Paz para un futuro incierto

*Oh Jehová, he oído tu palabra, y temí. Oh Señor, aviva tu
obra en medio de los tiempos, en medio de los tiempos
hazla conocer; en la ira acuérdate de la misericordia.*
HABACUC 3.2 RVR1960

Helen dio vueltas y vueltas en la cama. Aunque su cuerpo estaba cansado,
su mente no. Demasiadas preguntas inundaban su cerebro, porque ella y
su familia se mudarían dentro de una semana a una nueva ciudad, donde
su esposo comenzaría un nuevo trabajo.

Se sentía como una niña pequeña. Se preguntaba si haría amigas,
si encontraría una buena iglesia o si encajaría en la pequeña comunidad.
Su corazón sufría pensando que sus hijos tendrían que entrar a la
escuela el primer día como un niño "nuevo". Había esperado vivir en un
lugar durante algunos años más, al menos hasta que su hijo pequeño se
graduara de la escuela superior.

Entendiendo que necesitaba hablar con Dios más de lo que precisaba
dormir, se deslizó suavemente fuera de su cálido lecho y se dirigió al
salón sin hacer ruido.

Helen cerró los ojos y oró, susurrando en voz muy baja para no
despertar a su prole: "Señor, ¡me has dado tanto! Pero tengo miedo. ¿Me
darías paz y entusiasmo en cuanto al lugar donde vamos? Ayúdame a
confiar en que tú nos darás amigos en los que poder apoyarnos, y una
iglesia piadosa. Recuérdame tu fidelidad cuando vacile".

*Padre celestial, gracias por tus asombrosos hechos en el
pasado y ayúdanos a confiar en ti para el futuro. Amén.*
DD—ORACIÓN

Liderar la libertad incluso hoy

*Cristo nos liberó para que vivamos en libertad. Por lo tanto, manténganse
firmes y no se sometan nuevamente al yugo de esclavitud.*
GÁLATAS 5.1 NVI

El cuatro de julio puede tener tantos significados distintos como individuos
hay en la tierra. Para algunos, es un tiempo de cocinar al aire libre con
amigos y familiares. Para otros, es un momento para honrar a los que
siguieron la pasión que Dios les dio y llegaron a un Nuevo territorio,
establecieron un país y fueron pioneros de una nueva forma de vivir.

Muy a la manera de los pioneros que lucharon por nuestra gran
nación y la establecieron, nosotras, como creyentes, tenemos un espíritu
pionero que continúa al llevar la verdad de la Palabra de Dios y edificamos
su Reino en la tierra. Al vivir cada día de tu vida, tienes la oportunidad de
compartir la dependencia espiritual de Dios y la elección que has hecho
de servirle. Puedes compartir el regalo del evangelio en cada ámbito de
influencia que él te proporcione.

Que el Día de la Independencia sea hoy para ti un recordatorio de
que Dios desea que se comparta con todas y cada una de las personas, que
hay sobre la tierra, la libertad que solo se encuentra en Cristo.

*Padre celestial, quiero marcar una diferencia. Quiero convertirme
en la pionera que lleve libertad a los demás según uses mi
vida para edificar tu Reino sobre la tierra. Amén.*
SG—ALIENTO

Una declaración de dependencia

¡Ofrece a Dios tu gratitud, cumple tus promesas al Altísimo!
Invócame en el día de la angustia; yo te libraré y tú me honrarás.
Salmo 50.14-15 nvi

La mayoría de nosotras valoramos nuestras relaciones, ya sean familiares, con amigas o colaboradores. Nos gusta tener relación con aquellos que ofrecen amor, compromiso y confianza, porque nos sentimos valoradas. El versículo de hoy revela, tal vez de un modo no tan irónico, que Dios quiere lo mismo que nosotras. Quiere hijos agradecidos, confiados y fieles, personas en quien pueda deleitarse y que puedan deleitarlo.

Como Padre celestial quiere ayudarnos, sobre todo en momentos de dificultad. Esa dependencia de él reconoce que todo lo que tenemos procede de él. La forma práctica de depender de él llega a través de un estilo de vida sincero y sistemático de oración, donde nos ofrecemos a nosotras mismas y nuestras necesidades. Por medio de la oración nos acercamos a él y llegamos a conocerle mejor. Actuando así, nos convertiremos en las hijas agradecidas, confiadas y fieles que él desea.

Clemente y generoso Padre, gracias por amarme tanto que te interesa cada faceta de mi vida. Me comprometo a llevar todas las cosas a ti en oración y a reconocer que depende ti para mi provisión y seguridad. Te ruego que derrames continuamente tu Espíritu en mí, para que pueda pedir bendiciones continuas tanto para mí como para los demás. Te amo, Señor. Amén.
BO-E—Oración

Ora por todo

El Señor dirige los pasos de los justos; se deleita en cada detalle de su vida.
SALMO 37.23 NTV

Cuando Jennifer pasó por delante del dormitorio de su hija de seis años, una mañana, vio a la pequeña arrodillada junto a su cama, orando. Decidió no interrumpirla, pero sentía curiosidad. En su familia, las oraciones antes de dormir eran una rutina y no había visto nunca antes a su hija de rodillas orando por la mañana. Más tarde, Jennifer le preguntó a Marissa por qué había orado.

—¿He hecho algo malo? —preguntó Marissa.

—¡No, cariño! —respondió Jennifer—. Solo quería saber por qué orabas.

—Se trata de mi diente —explicó Marissa—. Le he dicho a Dios que se me mueve y que preferiría que se cayera en casa y no en la escuela.

La Biblia dice que el Señor se deleita en cada detalle de la vida de sus hijos. Independientemente de la edad del creyente, siempre es y será el hijo de Dios.

Las oraciones adultas no tienen por qué ser bien ordenadas y formales. A Dios le gusta escuchar la voz de sus hijos y no hay detalle demasiado insignificante o aburrido por el que orar. Dile a Dios que esperas que la cafetería tenga tu *latte* con especias de calabaza favorito en su menú. Pídele que te dé paciencia cuando esperas en la cola. ¡Dale gracias por lo bien que sabe el café! Acostúmbrate a hablar con él durante todo el día, porque él te ama y se deleita en todas las facetas de tu vida.

*Amado Dios, enséñame a orar por todo con la
inocencia y la fe de un niño. Amén.*
JF—ORACIÓN

Relájate

Pero ustedes no tendrán que intervenir en esta batalla.
Simplemente, quédense quietos en sus puestos, para
que vean la salvación que el Señor les dará.
2 CRÓNICAS 20.17 NVI

¿Por qué sentimos siempre que necesitamos pelear nuestras propias batallas?

Dios quiere que usemos el sentido común y que defendamos a los demás y a nosotras mismas cuando sea adecuado. Sin embargo, a veces es mejor que no nos defendamos en absoluto. En ocasiones, cuando sabemos que no hemos hecho mal alguno, cuando sabemos que delante de Dios somos inocentes de cualquier situación en la que nos encontremos, es bueno permanecer quieta y tranquila, y dejar que él sea nuestro defensor.

En verdad, cuanto más nos defendemos, más culpables parecemos algunas veces. Pero cuando estamos delante de Dios con manos limpias y corazón puro, Dios nos librará. Puede no ser de la forma que queremos. Tal vez no ocurra con la rapidez que nos gustaría. Pero cuando decidimos permanecer firmes, seguir viviendo una vida piadosa, continuar buscando su aprobación en nuestras palabras, pensamientos y actos, podemos confiar en él.

Recordemos hoy descansar en su bondad, a pesar de las batallas que rugen a nuestro alrededor. No tenemos por qué vivir la vida luchando. Podemos relajarnos. Nuestro padre es el juez, y nos liberará.

Padre amado, gracias por ser mi defensor. Gracias por librarme de todo tipo de problema. Ayúdame a relajarme y a permitir que tú cuides de mí. Amén.
RB—ALIENTO

El frasco de alabastro

*Llorando, se arrojó a los pies de Jesús, de manera que se
los bañaba en lágrimas. Luego se los secó con los cabellos;
también se los besaba y se los ungía con el perfume.*
Lucas 7.38 nvi

La historia de María y su frasco de alabastro lleno de caro perfume es
familiar. Históricamente, las mujeres recibían este tipo de perfume
de sus padres, como dote. Debían utilizarlo en la noche de boda para
derramarlo sobre los pies de su esposo en un acto de sumisión. Así pues,
cuando María vertió esta costosa sustancia sobre los pies de Jesús, fue
una declaración de su amor, devoción, sumisión y obediencia absolutos. Le
ofreció todo su ser.

Muchos que presenciaron el derramamiento de este caro perfume
se enfadaron, porque se podría haber vendido por mucho dinero que se
habría utilizado para financiar el ministerio. No supieron entender la idea
de su extravagante amor. No usó un perfume barato, sino el más caro
que se hiciera jamás. ¡Y no usó tan solo una cuantas gotas, sino que vació
por completo el frasco! María es un maravilloso ejemplo para nosotros:
amar por completo, humillarse a los pies de su Salvador y ofrecer por
completo todo su ser. ¡Qué hermoso y qué generoso! ¡Que nosotras
también seamos así!

*Señor, ¡te amo! Haz que mi amor por ti y por tu pueblo sea una
hermosa fragancia que deje su esencia por dondequiera que yo vaya.
Me entrego por completo a ti como tú hiciste por mí. Amén.*
BO-E—Amor

Él cuida de ti

*Ustedes son testigos de lo que hice con Egipto, y de que
los he traído hacia mí como sobre alas de águila.*
Éxodo 19.4 nvi

Con frecuencia nos sentimos abandonadas. Como si Dios no escuchara
nuestras oraciones. Y esperamos. Cuando Moisés lideró a los hijos de
Israel, sacándolos de Egipto y llevándolos a la Tierra Prometida, no utilizó
la ruta más corta. Dios los dirigió para que tomaran el camino más largo,
para que el pueblo no volviera atrás rápidamente cuando las cosas se
pusieran difíciles. Dios los guiaba de día con una columna de nubes y,
por la noche, con una columna de fuego. ¡Con cuánta claridad se mostró
a sus hijos! El pueblo depositó su esperanza en un Dios todopoderoso y
siguió su dirección. Cuando tenían sed, Dios les dio agua. Cuando tuvieron
hambre, envió el maná. Ninguna necesidad quedó sin suplir.

La cantidad de comida y de agua que necesitaba el grupo era
inimaginable. Sin embargo, cada día, Moisés dependía de Dios. Creía que
Dios cuidaría de ellos.

Si Dios puede hacer esto por tantas personas, puedes estar tranquila
de que cuidará de ti. Conoce tus necesidades incluso antes de que pidas.
Deposita tu esperanza y tu confianza en él. Él puede. Lo ha demostrado
una y otra vez. Lee las escrituras y ora a Aquel que te ama. Su cuidado es
infinito... y jamás te decepcionará.

*Padre celestial, sé que me amas y que me escuchas.
Bendigo tu santo nombre. Amén.*
EK—Oración

Oración ferviente

Y si mi pueblo, el pueblo que lleva mi nombre, se humilla, ora,
me busca y deja su mala conducta, yo lo escucharé desde el cielo,
perdonaré sus pecados y devolveré la prosperidad a su país.
2 Crónicas 7.14 DHH

La versión amplificada de la Biblia en inglés especifica que los creyentes han de humillarse y orar. Hemos de "procurar, ansiar y requerir necesariamente" el rostro de Dios.

¿Has jugado alguna vez al escondite? Se mira en todas partes buscando al que está escondido. Se entregan de corazón a la búsqueda. Deberíamos buscar a Dios incansablemente.

Ansiar. El término provoca el pensamiento de "comida sana". Dentro del recinto de la feria estatal, los tentadores olores nos seducen. Los antojos por los perritos calientes, los buñuelos, el algodón dulce o las manzanas de caramelo son casi inevitables. Nuestro deseo por la presencia de Dios en nuestra vida debería ser fuerte e irresistible.

Necesidad. ¿Cuál es esa cosa sin la que no puedes vivir? ¿El teléfono móvil con todas sus aplicaciones geniales? ¿Esa mezcla especial de café cada mañana? Nuestros corazones necesitan a Dios para sobrevivir. Es nuestra sola y única necesidad verdadera.

Cuando ores, clama a Dios de todo corazón. La oración debe ser más que una ocurrencia tardía para acabar cada día, cuando los párpados te pesan y el sueño gana la partida. Busca a Dios. Ansía y requiere su rostro. Vuélvete hacia él. Él está preparado para escuchar, perdonar y sanar.

Señor, sé mi mayor deseo, mi ansia, mi todo. Amén.
EB—ORACIÓN

Un corazón gozoso

*Sara dijo entonces: «Dios me ha hecho reír, y todos los que se
enteren de que he tenido un hijo, se reirán conmigo».*
GÉNESIS 21.6 NVI

Kayla y su esposo asistieron al funeral de la anciana madre de uno de
sus socios. Después, Kayla se quejó a su marido de cómo se habían
comportado algunos miembros de la familia doliente.

"¿Te fijaste en las dos hijas junto al féretro de su madre, riendo? No
podía creer lo que estaba viendo".

Su marido las defendió enseguida. "Sí, las oí hablar —replicó—.
Estaban recordando el buen sentido del humor de su madre y algunas de
las cosas divertidas que hizo cuando eran niñas".

En la Biblia, el rey Salomón dice: "Hay una temporada para todo, un
tiempo para cada actividad bajo el cielo" (Ec 3.1 NVI). Y añade esta lección
de sabiduría: "Para el abatido, cada día acarrea dificultades; para el de
corazón feliz, la vida es un banquete continuo" (Pr 15.15 NVI). Aunque la
risa de las hijas pudo haber parecido inadecuada, era exactamente lo que
necesitaban para empezar a sanar sus corazones rotos.

¿Estás triste tú o alguien a quien conoces? Una pequeña risa podría
ayudar. Empieza con una sonrisa. Cuando oigas reír a alguien, acércate
e intenta unirte a esa persona. Busca la compañía de amigas felices
e inviten al humor a sus conversaciones. Sobre todo, alaba a Dios. La
alabanza es la mejor forma de sanar a un alma que sufre. Alaba a Dios con
gozo por sus muchas bendiciones.

*Señor, cuando mi corazón esté apesadumbrado,
aliéntame a sanarlo con gozo. Amén.*
JF—ALIENTO

Amor inexplicable

*Ningún poder en las alturas ni en las profundidades, de hecho,
nada en toda la creación podrá jamás separarnos del amor de
Dios, que está revelado en Cristo Jesús nuestro Señor.*
ROMANOS 8.39 NTV

Aarón era un niño difícil. Después de catorce casas de acogida en siete años, empezó inmediatamente su rutina normal de travesuras "imposibles de amar", pero sus nuevos padres de acogida no reaccionaron como lo habían hecho los otros. Parecía que hiciera lo que hiciera, a ellos no les sorprendía ni les chocaba. Sus palabras eran siempre suaves. Y, aunque había visto en ocasiones el dolor en sus ojos, ni una sola vez mencionaron llamar a su asistente social.

Tras acciones disciplinarias y horas de castigo en otra escuela, Aarón fue expulsado. Esperando ver por fin una reacción, empezó a empaquetar sus cosas. El señor Kensington entró en su habitación y le preguntó: "¿Qué estás haciendo?".

Aarón masculló entre dientes: "Recogiendo mis cosas. Me imagino que ahora me enviarán de vuelta".

El señor Kensington se sentó en la cama.

—Aarón, vamos a hacer todo lo que podamos por ayudarte a tener éxito.

—¿Por qué harían eso? —espetó Aarón.

—Porque te amamos, y no dejaremos de amarte jamás.

Los ojos de Aarón se llenaron de lágrimas. Sabía que era verdad. Por fin estaba en casa.

*Padre, ayúdame a ver que nada haría que dejaras de amarme.
Incluso cuando lucho por perdonarme a mí misma, sé que tú
siempre me perdonas. Gracias por tu inexplicable amor. Amén.*
SG—AMOR

Sé feliz a pesar de todo

*Un guiño significa gozo en el corazón y las buenas
noticias te hacen sentir afinado como un violín.*
PROVERBIOS 15.30 (TRADUCCIÓN LIBRE DE LA VERSIÓN MSG)

El apóstol Pablo tenía muchas cosas por las que podría haberse quejado.
Fue golpeado, encarcelado, sufrió un naufragio y casi se ahoga; sin
embargo, por medio de todo esto descubrió que Dios era la fuente
de su contentamiento. Entendió que Dios tenía el control de su vida,
incluso cuando estaba en aquellas situaciones abrumadoras y trágicas.
¿Recuerdas sus cánticos de alabanza desde la celda de la prisión (Hch 16)?

A veces nos encontramos en lugares difíciles y la vida no va como
lo habíamos planeado. Ese es el momento en el que debemos buscar lo
positivo. Tenemos que escoger "florecer allí donde estamos plantados"
y Dios nos encontrará allí. En nuestros cánticos de alabanza en medio
de las dificultades, Dios vendrá. El Espíritu Santo, el Consolador,
ministrará a nuestras necesidades. El Señor ha prometido no dejarnos
ni abandonarnos, así que si él está presente, no deberíamos tener temor
ni preocupación. Sin temor y sin preocupación, podemos aprender a
sentirnos satisfechos. Sin inquietudes, sin lamentaciones, solo confiando
en que la Palabra es verdad.

Cuando depositamos nuestra esperanza en Cristo y él es nuestro
guía, nos dará la capacidad de caminar satisfechas, independientemente
de nuestras circunstancias. Él es nuestro todo en todo.

*Señor, te doy gracias por todos tus buenos dones,
pero, sobre todo, por tu presencia. Amén.*
EK—ALIENTO

Fija tus pensamientos en la verdad

Y ahora, amados hermanos, una cosa más para terminar.
Concéntrense en todo lo que es verdadero, todo lo honorable,
todo lo justo, todo lo puro, todo lo bello y todo lo admirable.
Piensen en cosas excelentes y dignas de alabanza.
Filipenses 4.8 ntv

En un mundo cargado de mensajes mezclados de inmoralidad de todo tipo, cada vez resulta más difícil tener pensamientos puros y una mente clara. ¿Qué puede hacer una creyente para mantener su mente fija en Cristo? Sustituir el mensaje negativo por otro positivo de la Palabra de Dios.

Piensa en los mensajes negativos con los que más luchas. Tal vez sean algunos de estos: No estás lo suficientemente delgada. No eres lo bastante espiritual. Has cometido muchos errores, etc.

Profundiza en las Escrituras y descubre la verdad de la Palabra de Dios para combatir el falso mensaje contra el que estás luchando. Escribe los pasajes y memorízalos. Aquí tienes unos cuantos por los que puedes empezar:

Dios mira mi corazón no mi aspecto externo. (1 Samuel 16.7)

Soy libre en Cristo. (1 Corintios 1.30)

Soy una nueva creación. ¡Mi antiguo yo se ha ido! (2 Corintios 5.17)

La próxima vez que sientas negatividad y falsos mensajes, entra en tu mente, fija tus pensamientos en lo que sabes que es verdad. Ora para que el Señor sustituya las dudas y la negatividad por sus palabras de verdad.

Señor Dios, te ruego que controles mis pensamientos y que me ayudes
a establecer mi mente y mi corazón en ti solamente. Amén.
MP—Oración

Ama a tu prójimo como a ti misma

*Amarás al Señor tu Dios con todo tu corazón, con toda tu
alma, con toda tu mente y con todas tus fuerzas. El segundo es
igualmente importante: "Amarás a tu prójimo como a ti mismo".
Ningún otro mandamiento es más importante que éstos.*
MARCOS 12.30-31 NTV

Busca ser la número uno. Este es el mensaje que este mundo envía
cada día de un millón de formas. Se nos bombardea con él. Si te sientes
bien con ello, hazlo. Haz lo que sea bueno para ti. ¿Pero acaso es este
el mensaje de la Palabra de Dios? ¡No podría haber nada más lejos de la
verdad!

Se nos dice que amemos a nuestro prójimo como a nosotras mismas.
De la misma manera como tratarías tu propio cuerpo, tu propio corazón,
trata a tu prójimo. ¿Pero quién es tu prójimo? Es cualquiera dentro de tu
esfera de influencia. Ciertamente, los que viven cerca de ti. Pero en esa
categoría también se incluye a tus compañeros de trabajo, tus amigas,
tus parientes, y hasta a los extraños de la calle. Cuando compras en una
tienda, trata al dependiente como te gustaría que te trataran a ti. Cuando
comandas tu cena en un restaurante, imagina lo duro que trabaja la
camarera. Trátala con amabilidad.

Considera a los demás como Cristo te consideró en la cruz. El
mayor mandamiento de todos es amar a Dios y esto va de la mano con el
segundo. Amaos los unos a los otros. Ama a tu prójimo como a ti mismo.

*Señor, recuérdame que mi prójimo está a mi alrededor. Enséñame
a amar a los demás como me amo a mí misma. Amén.*
EB—AMOR

Crea un "archivo de sonrisas"

Lo mejor que puede hacer el hombre es comer y beber, y disfrutar del fruto de su trabajo, pues he encontrado que también esto viene de parte de Dios.
ECLESIASTÉS 2.24 DHH

El trabajo de una mujer —sea madre, médico, maestra de escuela, directora financiera o artista— puede resultar agotador y desalentador. Los lugares de trabajo pueden ser competitivos y los niños y los maridos no siempre son agradecidos.

Sé sincera: ¿no te sientes a veces atrapada bajo el peso de las expectativas, las listas de quehaceres y el cansancio? Para evitar quemarte, es importante que tomes nota con regularidad de tus éxitos, sobre todo cuando otros no notan tus esfuerzos incansables.

Emmy, una aspirante a letrista, decidió que por cada rechazo que recibiera, anotaría en su diario tres cosas productivas que hubiera hecho aquella misma semana para perfeccionar su arte. Su asistente administrativa, Bianca, creó un archivo de correo electrónico especialmente para las notas de apoyo que recibiera de su jefa, sus hijos y su marido. Y Shelley, una directora ejecutiva de una empresa no lucrativa guarda una carpeta colgante de dibujos animados divertidos, chistes y fotos. Cuando está estresada o abrumada, se toma un momento para leer algo divertido. Nunca falla para levantarle el espíritu.

¿Por qué no tener una "carpeta de sonrisas" propia? Toma una simple caja de zapatos o una caja organizadora y guarda en ella tarjetas de aliento, correos electrónicos y fotografías. Nunca se sabe cuándo serán útiles.

Amado Señor, ayúdame a no sentir todo el peso de mis dificultades en el trabajo. Dame ideas de cómo evitar quemarme; y gracias por el aliento que otros me dan. Amén.
DD—ALIENTO

Hombro a hombro

No temerás ningún desastre repentino, ni la desgracia que
sobreviene a los impíos. Porque el Señor estará siempre
a tu lado y te librará de caer en la trampa.
PROVERBIOS 3.25-26 NVI

Hoy, nuestro mundo está atiborrado de noticias nefastas. La televisión y los informes de Internet nos bombardean con todos los detalles de un desastre, llenando a veces nuestro corazón de terror. Desde el púlpito escuchamos que "el perfecto amor echa fuera el temor". Sin embargo, con frecuencia permanecemos aprensivas. Hay cosas de las que debemos ser conscientes, pero no es necesario que nos sobrecoja el temor y la preocupación. Y es que el Señor, nuestro Dios, nos ha dado una promesa en su Palabra. Él está a nuestro lado.

El Señor ve las preocupaciones y los temores de sus hijas y nos ha rodeado de su amor. Cuando le miramos a la cara y buscamos su presencia, la luz de su amor inundará todos los rincones oscuros, dispersando los pensamientos angustiosos y las sombras siniestras. Su mano está ahí para agarrarnos firmemente, permitiéndonos sentir el latido de su corazón.

Así como un barco libera sus amarras del muelle, nosotros tenemos que deshacernos de nuestras ataduras al temor y a la preocupación, y flotar sobre el mar de paz que nos ofrece nuestro Padre celestial. Él está a nuestro lado y nos mantendrá a salvo, porque él es amor verdadero.

Padre, te someto mis preocupaciones, porque sé que me amas. Amén.
EK—AMOR

Dios no se ha olvidado

Entonces me dijo: Daniel, no temas; porque desde el primer día que dispusiste tu corazón a entender y a humillarte en la presencia de tu Dios, fueron oídas tus palabras; y a causa de tus palabras yo he venido.
DANIEL 10.12 RVR1960

A veces parece que Dios está en silencio. Cuando oras y le pides que intervenga en una situación o que te ayude con una dificultad y no tienes noticias de él de inmediato, existe la tentación de interpretar que está inactivo. La verdad es que nunca está demasiado ocupado para escucharte.

Daniel estaba muy preocupado por su pueblo. Pasó semanas ayunando y orando, y quería recibir dirección con desesperación, una respuesta para su pueblo. Imagina estar fervientemente de rodillas durante tres semanas, ayunando y orando... ¡y nada! Algunos habrían tirado la toalla y, tal vez, incluso habrían supuesto que Dios se había olvidado. Transcurridas tres semanas, un ángel vino a informar a Daniel que Dios había oído su oración en el mismo momento en que la pronunció y que había obrado.

¿Qué te tiene de rodillas delante de Dios? ¿Qué le has estado pidiendo que haga por ti? Has de saber que Dios no se ha olvidado de ti. Está trabajando detrás de bambalinas para producir el bien en tu vida. Él tiene la respuesta que necesitas. Aférrate a él y cree que él podrá con ello para ti.

*Señor, ayúdame a aferrarme a ti, creyendo que
mi respuesta está en camino. Amén.*
SG—ALIENTO

Hacer concesiones

Sean siempre humildes y amables. Sean pacientes
unos con otros y tolérense las faltas por amor.
EFESIOS 4.2 NTV

Este versículo contiene una verdad simple y olvidada, ¿no es así? Dios quiere que seamos santas. Quiere que seamos justas, buenas y piadosas. Pero sabe que nunca lo conseguiremos en la justa medida hasta que seamos perfeccionadas en su presencia.

Hasta entonces, todas tenemos nuestras faltas. Numerosos defectos, si somos sinceras con nosotras mismas. Y Dios no quiere que estemos por ahí, dando vueltas, susurrando y señalando con dedos santurrones de condenación. Dios es el único a quien se le permite llevar la toga de juez. El único.

Y él no nos condena. En vez de ello, derrama su amor y su aceptación en nuestra vida, con la suave amonestación: "Ve y no peques más" (Jn 8.11 NTV). En otras palabras: "Está bien. Te has equivocado, pero ya me he ocupado de ello. Se ha pagado el precio. Sigo amándote. Intenta no volver a hacerlo de nuevo".

¿Por qué nos resulta tan difícil extender gracia a otros, cuando se ha demostrado tanta con nosotros? Al vivir cada día, hagamos el esfuerzo de vivir este versículo. Seamos humildes, amables y pacientes, haciendo concesiones por las faltas de otros, por el amor de Dios.

Amado Padre, ayúdame a ser amable y amorosa con los demás.
Recuérdame la gracia que me has mostrado a mí, y ayúdame
a mostrar el mismo amor a los que me rodean. Amén.
RB—AMOR

Raíces profundas

Será como un árbol plantado junto al agua, que extiende sus raíces
hacia la corriente; no teme que llegue el calor, y sus hojas están siempre
verdes. En época de sequía no se angustia, y nunca deja de dar fruto.
JEREMÍAS 17.8 NVI

Regar tu jardín no parece difícil, ¿pero sabes que puedes entrenar a una
planta para que crezca incorrectamente, solo por la forma de regarla. Al
derramar el agua desde la manguera durante pocos minutos sobre cada
planta, los sistemas de raíces se vuelven muy poco profundos. Empiezan a
buscar agua desde la superficie de la tierra y las raíces pueden quemarse
fácilmente bajo el sol del verano. Al usar una manguera de goteo, el agua
se filtra lentamente en el terreno y las plantas aprenden a empujar sus
raíces a mayor profundidad para conseguir agua.

Jeremías hablaba de una planta más grande, un árbol. Este necesita
raíces profundas que lo mantengan anclado al terreno, proporcionándole
estabilidad. Las raíces sintetizan agua y minerales para la nutrición y,
después, ayudan a almacenar estos elementos para un tiempo posterior.
Nuestras profundas raíces espirituales proceden de leer la Palabra de Dios
que proporciona estabilidad, alimento y refresco.

Padre, no quiero secarme en el sol, Ayúdame a sumergirme
en tu Palabra. Cuando lo hago, empujo mis raíces espirituales
a mayor profundidad y bebo del Agua Viva. Ayúdame a ser la
fructífera seguidora tuya que tú pretendes que sea. Amén.
BO-E—ALIENTO

Las cosas sencillas

En él se regocija nuestro corazón, porque confiamos en su santo nombre.
Salmo 33.21 nvi

Piensa en los placeres sencillos de la vida cotidiana, ese primer sorbo de café por la mañana, despertarse y darse cuenta de que te quedan aún unos cuantos minutos más de sueño, o ponerte ropa limpia, calentita, recién sacada de la secadora en una mañana fría de invierno. Tal vez sea un paseo por la playa o subir a los montes que entran en el cielo azul lo que te da una paz sencilla.

Dios conoce todos los sencillos placeres de los que disfrutas y los creó para tu deleite. Le agrada ver que las cosas simples que vienen solo de su mano te llenan de contentamiento. Se complace en ti. Tú eres su deleite. Darte paz, consuelo y la sensación de saber que le perteneces a él es cosa sencilla para él.

Tómate un momento y escapa a tanta ocupación de la vida. Toma nota de esas cosas de las que más disfrutas y experimenta alguna de ellas a tope. Luego comparte ese gozo especial con él.

Señor, gracias por las cosas sencillas que traen placer a mi día. Disfruto de cada regalo que me has dado. Te invito a compartir esos momentos hoy conmigo. Amén.
SG—Aliento

Orar por todas las personas

Así que recomiendo, ante todo, que se hagan plegarias, oraciones, súplicas y acciones de gracias por todos, especialmente por los gobernantes y por todas las autoridades, para que tengamos paz y tranquilidad, y llevemos una vida piadosa y digna. Esto es bueno y agradable a Dios nuestro Salvador, pues él quiere que todos sean salvos y lleguen a conocer la verdad.
1 Timoteo 2.1-4 nvi

John y Charlie eran amigos... la mayor parte del tiempo. Fue cuando entraron en una discusión política cuando los observadores se preguntaron dónde llevaría aquella acalorada conversación. Parecía que ambos hombres pensaban que su punto de vista era el correcto.

Ya sea que nos guste la persona que esté en el cargo o no, Dios nos ordena que oremos por aquellos que él ha colocado en autoridad sobre nosotros. En tiempos antiguos, esto podría haber significado orar por los que odiaban a los cristianos y que, posiblemente, conspiraban hacerles daño. Incluso hoy, al surgir cuestiones que conciernen a los seguidores de Cristo, se nos llama a orar por todas las personas, incluidas aquellas con las que nuestras ideas políticas no concuerdan. El versículo de hoy nos recuerda que actuar así es bueno y que complace al Señor.

Clemente Señor, gracias por la exhortación a orar por todas las personas, incluidas aquellas con las que no estamos de acuerdo. Todas las personas son preciosas para ti, Señor. Te ruego que me ayudes a poner a un lado mis propios sentimientos y a ser obediente en orar por los que ostentan la autoridad. Amén.
BO-E—Oración

Guarda de la comunicación

Que su conversación sea siempre amena y de buen gusto. Así sabrán cómo responder a cada uno.
COLOSENSES 4.6 NVI

Lonnie pensó que era cuidadosa en su forma de hablar de otros. Entonces, Zella, una conocida, la bombardeó con enojadas acusaciones que ella había estado soltando sobre su familia.

Lonnie estuvo reflexionando y le pidió a Dios que escudriñara su corazón. Había mucho que resolver en la larga lista de alegaciones. Le había llegado a través de las redes sociales, pero quería echarle una mirada sincera.

Llegó a la conclusión de que Zella estaba enojada por una mirada de desaprobación que Lonnie le había lanzado con respecto al mal comportamiento de una amiga mutua. Zella había llegado a ciertas conclusiones que no eran exactas sobre Lonnie, a la vez que cargaba su mensaje de culpa y vergüenza.

Lonnie respondió con gracia y humildad, reconociendo sus defectos, pero también la verdad de que no había estado hablando mal de la familia de Zella. Aunque esta ignoró la respuesta de Lonnie, ella se dio cuenta de la importancia de guardar no solamente sus palabras, sino también sus expresiones faciales.

Dios, ayúdanos a reflejarte incluso en las cosas aparentemente más tontas de la vida diaria. Amén.
SL—AMOR

El santuario de Dios en la montaña

Y después que los hubo despedido, se fue al monte a orar.
MARCOS 6.46 RVR1960

¿Necesitas apartarte de todo? ¿Te están asfixiando las presiones de la vida?

Las responsabilidades de Katy en el trabajo y en casa habían menoscabado su energía. Ni siquiera podía orar sin interrupción, así que tomó una decisión que pocas mujeres adoptan. Visitó una cabaña en la montaña para pasar una noche.

La serenidad y el silencio fueron un escape oportuno del caos de la vida. Ansiosa se embarcó en una expedición en solitario por una senda arbolada. Usando una rama hueca como banco, se sentó junto a la orilla de un arroyo, observando cómo salpicaba el agua cristalina sobre las peñas que sobresalían de su suelo rocoso.

Libre de computadoras o teléfonos móviles, habló con Dios, como lo hacía Jesús a menudo, aislado. "¿Hay algo que me quieras enseñar, Señor?", preguntó mientras observaba la perfecta cadencia que la creación guarda con su Creador. Nadie le dijo a las ardillas dónde encontrar alimento; nadie les ordenó a los árboles extenderse hacia arriba; nadie obligó al agua a fluir río abajo. Nadie, sino Dios; y la creación obedeció.

Al pasear de regreso a su cabaña, el Señor parecía decir: "Llévate contigo las lecciones de la creación. No te inquietes; no luches; sencillamente fluye por la senda que yo abro". En ese momento le vinieron a la mente las palabras del escritor Robert Fulghum: "Hay momentos de día de reposo que yo necesito y que no ocurren sentado en un banco de la iglesia".

Este era, con toda seguridad, uno de ellos, y lo encontró en el santuario de Dios en la montaña.

Padre, ayúdame a encontrar mi santuario de la
montaña allí donde estoy. Amén.
TK—ORACIÓN

Alienta a otros

La preocupación agobia a la persona; una palabra de aliento la anima.
PROVERBIOS 12.25 NTV

¿Cuándo fue la última vez que ofreciste una palabra de aliento a alguien? Puede hacerse de muchas maneras. En forma de una tarjeta o de un correo electrónico. Se puede hacer en privado o en público. ¡Sé creativa en tu forma de alentar a quienes te rodean! Escribe una nota de estímulo y ponla en la caja del almuerzo de tu hijo. Pega una nota en el volante del auto de tu esposo o en su maletín. Coloca una gominola o una barra de chocolate en miniatura en la mesa de un compañero de trabajo junto con una nota de ánimo específica. Solo toma un momento, pero, como dice Proverbios, alegra el corazón de quien lo recibe. ¡Hay tanta tristeza en este mundo! En un momento dado, hay personas dentro de tu esfera de influencia que están sufriendo. Las preocupaciones los aplastan al enfrentarse al desaliento, a la pérdida y otras pruebas. Piensa en lo mucho que significa para ti que alguien se tome el tiempo de animarte. Haz tú lo mismo por otros. Sé la voz del aliento. Hay bendición en levantar a los que te rodean.

Padre, a lo largo de esta semana haz de mí una alentadora. Proporcióname oportunidades para animar a los que me rodean. Deseo de verdad alegrar los corazones de quienes estén preocupados. Amén.
EB—ALIENTO

Perdonar a quienes nos han ofendido

Quien pasa por alto la ofensa, crea lazos de amor;
quien insiste en ella, aleja al amigo.
PROVERBIOS 17.9 DHH

Shannon dio vueltas y vueltas, incapaz de dormir. Finalmente se levantó, fue despacio al salón y se sentó en el sofá.

"Está bien, Dios —dijo—. Sé que necesito ocuparme de esto. Lo único es que no sé cómo".

Varios meses antes, su mejor amiga, Amy, dejó de hablarle. Shannon intentó preguntarle qué ocurría, pero fue en vano. Era como si hubieran pulsado un interruptor. Amy ni siquiera la miraba cuando coincidían en la misma habitación. Y lo peor era que se había dedicado a difundir crueles mentiras sobre la que había sido su mejor amiga. Shannon se sentía desconcertada, enojada y herida.

"Señor, ¿cómo puedo perdonarla? Ni siquiera sé qué fue lo que hice o por qué está siendo tan desagradable conmigo; no voy a conseguir que me disculpe, ¡porque no quiere ni hablar conmigo!". Las lágrimas corrían por el rostro de Shannon y sus hombros se estremecían. Se cubrió la cara con las manos.

Entonces, una voz le susurró a su corazón: "Entrégamelo a mí. Deja que sea yo quien me ocupe de Amy. Yo morí para que tú pudieras estar libre de pecado".

Shannon suspiró. Sí, pensó. Quiero ser libre. Pongo este asunto a tus pies, Jesús. Perdonaré.

Señor, danos la fuerza de liberar nuestro dolor, enojo y amargura, y gracias por perdonar nuestros pecados a través de tu obra en la cruz. Amén.
DD—AMOR

Susurros en el viento

Porque me has visto, has creído —le dijo Jesús—; dichosos
los que no han visto y sin embargo creen.
JUAN 20.29 NVI

El viento soplaba con fuerza, y una buena tormenta a la antigua, propias del medio oeste, cayó sobre la ciudad. Los árboles se doblaban y sus extremidades se agitaban. Las hojas se dispersaban a varios metros y el viento repiqueteaba con un sonido metálico cantando una canción ronca, en lugar del sonido suave y relajante que se oía normalmente.

El viento es invisible. Podemos sentirlo cuando recorre nuestra piel. A veces lo olemos cuando transporta un olor. No podemos verlo, pero sí podemos observar su efecto en las hojas que vuelan. Es poderoso. Se parece mucho a nuestra fe en Dios.

No podemos verle. No podemos darle la mano ni conversar con él cara a cara como lo hacemos con una amiga. Pero, aun así, sabemos que está presente en nuestra vida, porque podemos experimentar sus efectos.

Dios se mueve entre su pueblo, y podemos verle. Dios le habla a su pueblo, y podemos oír la suave y quieta voz. Y, del mismo modo en que podemos sentir el viento en nuestras mejillas, podemos percibir la presencia de Dios. No necesitamos verle físicamente para saber que existe y que está obrando.

Eres como el viento, Señor. Poderoso, rápido, suave y
ligero. Es posible que no te veamos, pero podemos sentirte.
Ayúdanos a creer, aunque no te veamos. Amén.
BO-E—ALIENTO

Extranjero

*Así mismo debes tú mostrar amor por los extranjeros,
porque también tú fuiste extranjero en Egipto.*
Deuteronomio 10.19 NVI

Bob y Sue tuvieron la oportunidad de viajar a Roma un verano, pero ninguno de ellos sabía hablar italiano ni conocía gran cosa sobre la cultura.

Cuando llegaron a la ciudad, no disponían de divisa local. El quiosco de cambio de moneda del aeropuerto tenía un sobreprecio excesivo, de modo que decidieron esperar hasta que llegaran a su hotel. En respuesta a su pregunta, el conserje les indicó que bajaran por aquella calle, pero no tenían demasiado claro hacia donde los dirigía. Disfrutaron deambulando por la ciudad intentando descubrir el lugar. Hasta que sintieron hambre. Hallaron un restaurante donde aceptaron su tarjeta de crédito y compraron del mismo modo. La barrera del idioma les impidió hacer progresos. Agotados, pero con el estómago lleno, decidieron ocuparse de ello al día siguiente.

Refrescados después del desayuno en el hotel por el que no tuvieron que andar a la caza, volvieron a preguntar dónde tenían que ir. Aun así, no fueron capaces de encontrar la calle ni los puntos de referencia que les describieron en un hermoso idioma que no tenía ningún sentido para ellos.

Con gran frustración, horas más tarde, un ciudadano local pudo escuchar qué era lo que buscaban y les dio claras directrices para llegar al lugar del cambio de divisas. Posteriormente Sue pensó cuánto más debería fijarse en los extranjeros cuando regresara a casa.

*Señor, ayúdanos a extender gracia a los que nos rodean,
independientemente del lugar de donde procedan, de la
misma forma en que tú lo haces por nosotras. Amén.*
SL—Amor

El don del aliento

Tenemos dones diferentes... si es el de animar a otros, que los anime.
ROMANOS 12.6-8 NVI

Como cristiana, ¿cuál es el deseo interno de tu corazón? ¿Dar testimonio? ¿Servir? ¿Enseñar? En el libro de Romanos, Pablo hace una lista de los diferentes dones que Dios les da a sus hijos, según su gracia. Estos dones de gracia son deseos internos y capacidades utilizadas para avanzar el reino de Dios. El aliento es uno de ellos.

¿Has conocido alguna vez a alguien que parezca tener siempre la palabra correcta en el momento adecuado? Nota por intuición cuando alguien tiene problemas y procede a escuchar y pronunciar palabras para levantarle y alentarle.

Pablo habló del aliento como un deseo dado por Dios de proclamar su Palabra de tal manera que toque los corazones y los conmueva para recibir el evangelio. El aliento es una parte vital del testimonio, porque animar es algo empapado del amor de Dios. Para el creyente, estimula nuestra fe para producir un compromiso más profundo con Cristo. Proporciona esperanza al alma desalentada o derrotada. Restaura la esperanza.

Tal vez te estés preguntando qué "don" posees. La Biblia nos promete que todo creyente verdadero tiene al menos uno o más dones espirituales (1 Co 12). ¿Cómo reconocerás tu don? Pregúntaselo a Dios y después sigue los deseos que él coloque en tu corazón.

Padre, ayúdame a sintonizar las necesidades de quienes
me rodean, para que pueda alentarlos por amor al
evangelio, para tu gloria y para beneficio de ellos.
TK—ALIENTO

Amar a los despreciables

Han oído la ley que dice: «Ama a tu prójimo» y odia a tu enemigo. Pero yo
digo: ¡ama a tus enemigos! ¡Ora por los que te persiguen! De esa manera,
estarás actuando como verdadero hijo de tu Padre que está en el cielo.
MATEO 5.43-45 NTV

La mayoría de nosotros tenemos familiares o personas en nuestra vida
que son difíciles de amar. Esas personas con las que preferimos no
encontrarnos en la tienda y nos apresuramos por otro pasillo esperando
que lleguen a la caja antes que nosotras. Es posible que tengas una
persona así en tu vida, o muchas. Las personas difíciles pueden rodearnos
en cualquier momento. Pero es importante que no nos desviemos de
nuestro camino con tal de evitarlas. A veces toparse con alguien difícil
puede ser, en realidad, ¡una "cita divina"! Tal vez tú seas la única persona
que verán en toda la semana con una sonrisa en la cara.

Cuando te encuentres con una persona difícil con la que preferirías
no hablar, tómate el tiempo de orar por tu actitud y, después, ora por ella.
Salúdala con una sonrisa y mírala a los ojos. No hay razón de temer a este
tipo de persona si confías en Dios. Él te mostrará qué hacer y qué decir si
escuchas sus instigaciones (Lc 12.12).

Padre celestial, te ruego que me ayudes a no esconderme de
las personas con las que tú permites que me cruce. Ayúdame
a hablar tu verdad y compartir tu amor con valor. Amén.
MP—AMOR

Sin retener

*El Señor es sol y escudo; Dios nos concede honor y gloria; el Señor
brinda generosamente su bondad a los que se conducen sin tacha.*
SALMO 84.11 NVI

El gato de Gina quería salir como lo hacía cada noche. Con la pata tocó la
ventana, como si Gina no conociera la rutina.

"Está lloviendo, gatito. Confía en mí, esta noche no quieres salir",
dijo, tomando su felino de nueve kilos de color marrón y negro, a rayas,
que más parecía un lince. Lo sostuvo tranquilamente y lo miró a los ojos,
unos hermosos ojos verdes. Enseguida le silbó.

Gina se rió y lo soltó, y él siguió tocando el cristal más agresivo,
como diciendo: "¿No te has enterado de nada de lo que te he pedido?".

Yo soy así con Dios, pensó Tina. *Le pido que haga algo por mí. Veo que
es absolutamente capaz de hacerlo. También veo su amor por mí. Es evidente
que me adora. A pesar de ello, no me da todo lo que le pido. Olvido que ve
más allá de la puerta que le estoy pidiendo que me abra, y sabe cuándo es el
momento adecuado para que la abra o que me redirija.*

*Padre, Dios, gracias por no retener tu cuidado y por saber exactamente
cuándo deberías abrir o cerrar una puerta para mí. Amén.*
SL—ORACIÓN

Cosido en amor

Ninguno busque únicamente su propio bien, sino también el bien de los otros.
FILIPENSES 2.4 DHH

"¿Quién cose ya?", dijo Karen sorbiendo su café en su grupo de estudio bíblico. "Me entristece. Mi madre solía hacérnoslo todo cuando éramos niños, y yo cosí para mis hijos hasta que ya no era 'guay'".

"Yo también echo de menos coser", dijo otra mujer.

"También yo", dijo una tercera.

A medida que las mujeres siguieron conversando, decidieron organizar un día de costura en su iglesia. Las participantes hacían shorts y camisetas para que un misionero los distribuyera entre los niños de África. El interés compartido en la costura se convirtió en un acto generoso de amor.

Cada día, Dios proporcionó oportunidades para que su pueblo orara unos por otros de forma aleatoria. Una mujer de Oklahoma, cuya madre había estado en una residencia, siguió siendo voluntaria allí después de que su madre muriera. Una exmaestra de Texas ofreció tutoría después de la escuela. Una señora a la que le encantaba la jardinería, ayudó a los ancianos con la suya.

Los actos de amor no necesitan ser complejos. Jesús dijo: "¿Y si le dan siquiera un vaso de agua fresca a uno de mis seguidores más insignificantes, les aseguro que recibirán una recompensa". Con frecuencia, los actos más simples tienen los efectos más duraderos. En ocasiones, las mayores recompensas consisten en ver cómo un sencillo acto de amor produce extraordinarios resultados.

¿Cómo puedes compartir el amor de Dios hoy?

Amado Padre, al llevar adelante mi día, ayúdame a ver las oportunidades de compartir tu amor con los demás. Amén.
JF—AMOR

La diferencia que marcó Bernabé

Sin embargo, Bernabé lo llevó y lo presentó a los apóstoles. Les
contó que Saulo había visto al Señor en el camino, y que el Señor
le había hablado, y que, en Damasco, Saulo había anunciado
a Jesús con toda valentía. Así Saulo se quedó en Jerusalén, y
andaba con ellos. Hablaba del Señor con toda valentía.
Hechos 9.27-28 dhh

¿Sabías que el nombre conocido como Bernabé no recibió ese nombre al
nacer? Se llamaba José. Posteriormente, los apóstoles le pusieron Bernabé
que significa "uno que alienta". ¿Acaso no se ve por qué le dieron ese
nombre? Era un alentador.

Cuando Saulo "vio la luz" literalmente, en el camino a Damasco y
se convirtió instantáneamente, muchos no lo creyeron. Saulo había sido
judío de judíos, fariseo, asesino de los seguidores de Cristo. Los apóstoles
no querían aceptarlo. Eran escépticos. Pero Bernabé defendió a Saulo.
Testificó del cambio de corazón que había presenciado en aquel hombre.
Bernabé no solo alentó a Saulo, sino que animó a los apóstoles para que
lo aceptaran como hermano en el Señor. ¿Marcó este aliento alguna
diferencia? Por supuesto que sí. Hizo que los apóstoles aceptaran a Saulo
en el mismo barco. Fue por todo Jerusalén con ellos, predicando a Cristo
como Salvador. Una nunca sabe cuando una palabra valiente de aliento
puede marcar toda la diferencia en el mundo.

Dios, úsame como alentador en este mundo. Permite que mis valientes
palabras de aliento marquen la diferencia en la vida de los demás. Amén.
EB—Aliento

Esperar con impaciencia

*Señor, escucha mi voz por la mañana; cada mañana
llevo a ti mis peticiones y quedo a la espera.*
SALMO 5.3 NTV

¿Por qué debería decir el salmista que esperaba y quedaba a la espera
cada mañana? Tal vez sería porque había visto a Dios responder las
oraciones una y otra vez. Cuando desarrollamos un hábito de oración,
de buscar a Dios y de presentarle nuestras necesidades más profundas,
nosotros también esperamos que responda. Cuando oramos, Dios escucha.
Aparece. Nunca deja de escuchar a sus hijos.

Piensa en un bebé que llora por la noche. Aprende a esperar que
uno de sus progenitores venga y le saque de la cuna para proporcionarle
consuelo, alimento o un pañal limpio. Los bebés de los orfanatos suelen
dejar de llorar. Nadie acude cuando lloran. Es inútil llorar. La expectativa
de rescate y de provisión se desvanece. Tu Padre celestial está ansioso y
dispuesto a encontrarse contigo cuando vienes delante de él en oración.
La Biblia nos dice que sus ojos siempre están escudriñando la tierra,
buscando a aquellos que son según su corazón. Cuando elevas tus
peticiones al Dios Soberano, estate segura de que está dispuesto para
responder. ¡Espera con expectación!

*Señor, gracias por ser un Dios que escucha mis oraciones y que contesta.
Gracias por adelantado por todo lo que estás haciendo en mi vida. Amén.*
EB—ORACIÓN

Amor sincero

El amor debe ser sincero. Aborrezcan el mal; aférrense al bien.
Romanos 12.9 nvi

Las palabras te amo salen fácilmente de algunas personas; para otras, estas palabras se retienen y solo las comparten con moderación. Por importantes que sean estas tres breves palabras, ni por asomo son tan importantes como las acciones que subyacen a estas palabras.

El amor sincero se aferra a lo que es bueno. El amor sincero siempre protege. Siempre es paciente y amable. Siempre procura honrar a los demás. El amor sincero siempre edifica y nunca destroza.

En algunas familias, los miembros se dicen unos a otros que se aman con bastante frecuencia. A pesar de ello, chismorrean, se difaman y hablan mal unos de otros. Procuran deshonrarse a la menor oportunidad. Se dañan en espíritu y se quebrantan el corazón. Sus palabras de amor no son sinceras.

Otros pronuncian estas palabras con menor frecuencia, pero sus acciones muestran bondad y amor. Las palabras que pronuncian honran; se edifican unos a otros y hallan formas de mostrar su amor por medio de las acciones.

Las palabras te amo son importantes; necesitamos oírlas. Pero suenan huecas cuando no están respaldadas por motivos y actos sinceros y amorosos. Trabajemos para mostrar el amor sincero —respaldados por las acciones— a las personas que Dios ha puesto en nuestra vida.

Amado Padre, ayúdame a amar sinceramente. Ayúdame a reconocer los motivos malvados e hirientes de mi corazón. Quiero aferrarme a lo bueno y a amar a otros con mis palabras y mis actos. Amén.
RB—Amor

Reciclar

*Toda la alabanza sea al Dios y Padre de nuestro Señor, Jesús
el Mesías... Él viene con nosotros cuando atravesamos tiempos
difíciles, y antes de que lo sepas, trae a nosotros a otro que también
está atravesando dificultades para que podamos estar para esa
persona exactamente como Dios estuvo ahí para nosotros.*
2 CORINTIOS 1.3-4 (TRADUCCIÓN LIBRE DE LA VERSIÓN MSG)

¿Has considerado cuánto uso puede hacer Dios de la basura de
nuestra vida? Como cristianos, podemos tomar los buenos y malos
acontecimientos que hemos experimentado y usarlos como testimonio
de la bondad de Dios para otros. Cuando hemos caminado por una
senda y luchado con un problema y Dios nos ha ayudado a atravesarlos,
necesitamos alcanzar a un hermano o hermana. La embajadora Clare
Boothe Luce declaró una vez: "No hay situaciones desesperadas; solo
hay personas que se han desalentado de sí mismas". Es entonces cuando
podríamos ofrecer aliento.

Dios teje un tapiz de vida para cada una de nosotras; cuando nos
centramos en el hilo anudado, no vemos ninguna belleza. Sin embargo,
otro creyente puede mostrar su tapiz hecho de nudos similares y nosotros
veremos la imagen. ¡Cuán precioso es que el Señor nos permita compartir
unos con otros! No subestimes jamás el poder de tu testimonio.

*Padre, muéstrame en este día cómo quieres que
comparta lo que has hecho en mi vida. Amén.*
EK—ALIENTO

Oración pública

Por esta razón me pongo de rodillas delante del Padre, de quien
recibe su nombre toda familia, tanto en el cielo como en la tierra.
Efesios 3.14-15 dhh

¡Qué imagen tan asombrosa! Grupos de adolescente rodeando los mástiles
de bandera delante de sus escuelas, con las manos unidas y la cabeza
inclinada, orando. En las escuelas de todo el mundo, casi un millón de
adolescentes participó en el día global de oración estudiantil "Nos vemos
junto al mástil". Profesando su fe en Dios, intercedieron por sus amigos,
familias, maestros, escuelas y naciones. Verlos orar juntos fue un
ministerio para sus compañeros y algunos fueron llevados a Cristo.

Una oración sentida, ofrecida en público, glorifica a Dios y permite
que otros sientan su presencia; sin embargo, las Escrituras incluyen
una advertencia en cuanto la oración pública. Mateo 6.5 aconseja a las
personas que no actúen como los hipócritas que quieren ser vistos y oídos
cuando oran, solo para demostrar lo piadosos y religiosos que son. La
oración pública debe ser sincera e ir dirigida a Dios y no a los demás.

Cada día, los cristianos se reúnen, inclinan su cabeza y oran en
público en las iglesias; en los grupos de oración, funerales y cultos
memoriales; en restaurantes antes de comer; y hasta alrededor de los
mástiles de sus escuelas. Oran sinceramente, a veces en silencio y otras
en voz alta, dejando a un lado el mundo y entrando en la presencia de
Dios.

¿Te da vergüenza orar en público? Que no sea así. Da un paso de fe,
inclina tu cabeza y ora como si Dios fuera el único que te viera.

Padre celestial, no me da vergüenza inclinar mi cabeza y
estar en tu presencia dondequiera que voy. Amén.
JF—Oración

Todo sobre mí

Me conoces por dentro y por fuera, conoces cada hueso de mi
cuerpo; sabes exactamente cómo fui hecho, trocito a trocito, cómo
fui esculpido de la nada hasta ser algo... todas las etapas de mi
vida estaban esparcidas delante de ti, los días de mi vida todos
preparados antes incluso de que yo hubiera vivido un solo día.
SALMO 139.15-16 (TRADUCCIÓN LIBRE DE LA VERSIÓN MSG)

¿Has considerado alguna vez lo inigualable que eres en este mundo?
No hay nadie creado exactamente del mismo modo. Cada una tenemos
nuestra propia personalidad, talentos, ideas y sueños. C. S. Lewis escribió:
"¿Por qué fueron creados los individuos, sino para que Dios, amándolos a
todos de un modo infinito, los amara a cada uno de forma distinta?".

Aceptar nuestra individualidad es una lección de por vida, ya que
habrá muchos momentos en los que querremos compararnos a otros. Pero
Dios ha mostrado su amor a través de la manera única en la que crea y
guía nuestra vida. Somos distintos los unos de los otros. Su presencia
en nuestra vida nos mantiene en la senda que él creó solo para nosotras.
Resulta difícil de imaginar ese tipo de amor.

Sabiendo esto, podemos aprender a amarnos a nosotras mismas y a
los demás con un amor como el de Cristo y a enriquecer nuestra relación
con él. Siempre creciendo, siempre aprendiendo, podemos confiar en el
Padre celestial para que nos haga madurar hasta convertirnos en aquello
para lo que nos creó: "Exactamente YO".

Gracias, Padre, por amarme cada día. Mantenme
en la senda que creaste. Amén.
EK—AMOR

El don divino de la sabiduría

Por tanto, dame sabiduría y conocimiento para dirigir a este pueblo;
porque ¿quién va a gobernar a este pueblo tuyo tan grande?
2 CRÓNICAS 1.10 DHH

Dani sufrió un aborto espontáneo y una profunda depresión. Entonces, ella y su esposo fueron bendecidos con trabajos exigentes, niños... y facturas. La vida se produjo, y, por culpa del estrés y de estar tan ocupada, su pasión por Cristo menguó. Se vio consumida por pañales, platos y fechas de entrega.

Durante un sermón que la hizo sentir culpable, oró pidiendo sentir deseo por pasar tiempo con Jesús. Lentamente llegó, junto con alguna confusión sobre cómo encajarlo mejor en sus días tan exigentes.

Pero al confesar su debilidad, su fragilidad y su desobediencia a Dios y pedirle ideas nuevas, Dani sintió paz mientras su amado Padre celestial le susurraba: "Estoy tan contento de que quieras pasar tiempo conmigo. Me encanta cuando lo haces". Y le dio unas cuantas ideas creativas sobre cómo buscarlo en medio de la maternidad.

Ahora, Dani busca al Señor a diario, ya sea orando mientras está en la cola del transporte colectivo, estudiando la Palabra durante el tiempo de la siesta o las lecciones de música, o quedándose unos minutos después de acostar a los niños. Dani ora para que Dios siga dándole pasión por él, para que pueda impartirles ese amor a sus hijos.

Señor, dame creatividad, disciplina y sabiduría en
medio de las exigencias de la vida. Amén.
DD—ORACIÓN

Conservar la esperanza

*La esperanza frustrada aflige al corazón; el
deseo cumplido es un árbol de vida.*
PROVERBIOS 13.12 NVI

Los sueños de Hannah parecían eludirla. Lo único que esperaba era tener una sencilla vida familiar. Tras una infancia rota, se sentía agradecida por el esposo que Dios le había dado. Era bueno con ella y juntos crecían en Cristo. Pero ambos deseaban muchísimo tener hijos y eran médicamente incapaces.

Una familia. Era la vida que millones de personas tenían y que se les concedía incluso a las más desagradables y desagradecidas. Pero en su caso, Dios lo retenía.

¿Por qué? Hannah luchó con Dios durante años.

Después de que ella y su marido se convirtieran en padres de acogida, pensaron que Dios les había enviado a una pareja de hermanos para que los adoptaran. Se sentían tan entusiasmados, pero tuvieron que ver cómo unos padres maltratadores recuperaron la custodia de los niños. De nuevo, "¿Por qué, Dios?". Hannah siguió preocupándose por los niños de acogida y marcando una diferencia en sus vidas durante el tiempo que se quedaban con ellos. Entonces, un día, Dios les envió a dos hermanas que nunca abandonarían su amoroso hogar.

*Señor Dios, gracias por la esperanza que extiendes hacia
nosotras, por diferida que pueda ser en ocasiones. De verdad te
encanta cumplir nuestros anhelos más profundos. Amén.*
SL—ALIENTO

Una devoción inquebrantable

¡Alaben al Señor porque él es bueno, y su gran amor perdura para siempre!
1 Crónicas 16.34 nvi

En la película Siempre contigo (Hachiko), Richard Gere interpreta a un profesor universitario que da clases de música. Un día, al regresar a casa desde la ciudad, descubre a un cachorro perdido en la estación de tren. Entre el cachorro y el profesor se crea un vínculo único. Pronto, el perro empieza a acompañar a su amo a la estación cada mañana, al irse a trabajar, para regresar cada noche —cuando oía el silbido del tren de la tarde— y darle la bienvenida.

Lo extraordinario es que, después de que el profesor fallece de repente, el perro regresa a la estación cada mañana y cada noche, durante diez años, hasta su propia muerte. La película está basada en la historia verídica de un perro japonés llamado Hachiko.

La devoción inquebrantable de Hachiko es una imagen del amor de Dios por sus hijos. Anhela estar con nosotros en todo momento y nos espera cuando nos apartamos de su lado. Su lealtad hacia nosotros supera de lejos la de cualquier amigo, amante o compañera.

¿Te has extraviado de su lado? ¿Estás cansada y preocupada por saber cómo reaccionará si vuelves a él? No lo estés. Él espera con gozosa impaciencia que vuelvas a casa.

Señor, gracias por tu fidelidad para conmigo, incluso cuando soy desleal contigo. Dame el valor de dirigirme hacia ti, allí donde tú esperas mi regreso con los brazos abiertos. Amén.
DD—Amor

Orar mientras conduces

Alcen los ojos y miren a los cielos: ¿Quién ha creado todo esto? El que ordena la multitud de estrellas una por una, y llama a cada una por su nombre. ¡Es tan grande su poder, y tan poderosa su fuerza, que no falta ninguna de ellas!
Isaías 40.26 nvi

A diferencia de la mayoría de las personas, a Rachel le encantaban los veinte minutos que le costaba llegar a su trabajo cada mañana. Tras años deslizándose detrás del volante y prepararse para hacer el viaje, alzar su voz a Dios en oración mientras conducía le resultaba natural. Pedía por su propia seguridad, por su esposo, su familia y sus compañeros de trabajo. Le daba gracias a Dios por su mano de protección sobre sus vidas.

Un viernes por la mañana, a mitad de su trayecto, estaba conversando con Dios cuando un terrible accidente tuvo lugar justo a cuatro coches delante de ella. Observó en lo que parecía una cámara lenta. Permaneció en paz, en la presencia de Dios, mientras apartaba el pie del acelerador.

El coche que había causado el desastre, por exceder el límite de velocidad —golpeando a varios autos delante de ella, pero sin tocar jamás el suyo milagrosamente— se había detenido en el lateral, en el lado opuesto de la autopista. Cuando pudo circular, se desvió hacia el arcén y le dio gracias a Dios por responder a sus oraciones pidiendo protección y seguridad. Luego llamó a su esposo para decirle cómo Dios la había salvado de un grave accidente.

Amado Señor, no permitas nunca que subestime tus promesas. Gracias por responder siempre a mis oraciones, según tu voluntad. Amén.
SG—Oración

Estar en la luz

*Enemiga mía, no te alegres de mi mal. Caí, pero he de
levantarme; vivo en tinieblas, pero el Señor es mi luz.*
MIQUEAS 7.8 NVI

¿Has caído alguna vez tan bajo que te parecía imposible volver a
levantarte? Todas hemos pasado por ello. Ya sea un trabajo que se haya
venido abajo, un informe médico negativo, o una relación fracasada, la
vida tiene siempre una forma de derribarnos. Cuando esto ocurre, con
frecuencia sentimos que nunca más nos pondremos de pie.

Pero con Dios, sabemos que los tiempos bajos no son el final de
nuestra historia. Podemos caer, pero él nos levantará. Podemos sentirnos
rodeadas por la oscuridad, por todos los lados, pero él será nuestra luz
y guiará el camino mostrándonos cuál es el siguiente paso a tomar.
Independientemente de donde nos encontremos, de lo que hayamos
hecho o de aquello a lo que nos estemos enfrentando, Dios es nuestro
Rescatador, nuestro Salvador y nuestro Amigo.

Satanás quiere convencernos de que no tenemos esperanza ni futuro.
Pero las hijas de Dios siempre tienen un futuro y una esperanza. Y, algún
día, cuando la muerte pronuncie nuestro nombre, incluso en ese momento
seremos victoriosas. Y es que en ese día, estaremos preparadas para
experimentar el amor y la aceptación totales. Sabremos, de una vez por
todas, que somos especiales, amadas y que le pertenecemos a él.

*Amado Padre, gracias por darme la confianza en un futuro lleno de cosas
buenas. Cuando esté en horas bajas, recuérdame que confíe en tu amor.
Gracias por levantarme de la oscuridad para que esté en tu luz. Amén.*
RB—ALIENTO

El amor a los extranjeros

Si alguien que posee bienes materiales ve que su hermano está
pasando necesidad, y no tiene compasión de él, ¿cómo se puede
decir que el amor de Dios habita en él? Queridos hijos, no amemos
de palabra ni de labios para afuera, sino con hechos y de verdad.
1 Juan 3.17-18 nvi

Cuando imaginamos la hospitalidad en el sentido moderno, solemos pensar en ser una buena anfitriona, en abrir nuestro hogar a amigos y familiares, tal vez en llevar un regalo para la casa de un nuevo vecino o un plato de comida a una familia durante una enfermedad. Aunque todo esto es hospitalidad, el sentido literal de esta palabra en griego significa "el amor a los extranjeros".

Como seguidoras de Cristo, estamos llamadas a dar con generosidad y sacrificio a todo tipo de personas, no solo a nuestros amigos u otras personas que conocemos. La obra del Espíritu Santo transforma nuestro corazón para que consideremos a los demás por encima de nosotras mismas, sacrificando nuestro tiempo y recursos para dar provisión y descanso a otros. Ejercer la verdadera hospitalidad nos permite usar todos nuestros dones para el Reino de Dios.

Padre amoroso, gracias por los muchos dones que me has dado: tiempo,
talento y recursos financieros. Muéstrame cómo deseas que use cada
don de una forma generosa y hospitalaria para tu reino. Te ruego que
me uses que yo pueda ser una rica bendición para otros. Amén.
BO-E—Amor

El momento en el que oraste

En cuanto comenzaste a orar, Dios te respondió. Yo he venido para darte su respuesta, porque Dios te quiere mucho. Ahora, pues, pon mucha atención a lo siguiente, para que entiendas la visión.
Daniel 9.23 dhh

El sermón dominical sobre la administración financiera había supuesto un desafío para Megan. Ella y su esposo habían estado poniendo de lado algún diezmo para regresar a Polonia en viaje misionero, pero no parecía que fueran a poder ir. Empezó a orar de inmediato sobre qué hacer con el dinero y pronto sintió el impulso de dar una gran parte del mismo al proyecto de edificación de la iglesia a la que habían esperado regresar para la misión temporal.

Aquella tarde le comentó a su esposo lo que había estado orando. A él le pareció bien la idea enseguida y sugirió el mismo importe que ella había pensado dar. Aquella noche, ella le envió un correo electrónico al pastor y a su esposa en Polonia para hacerles saber lo que iban a enviar.

La esposa del pastor compartió que el cuerpo de su iglesia en Polonia había orado específicamente para que Dios moviera corazones y que ofrendaran a favor de su proyecto de edificación. Megan preguntó a qué hora tuvo lugar el culto en Polonia, y descubrió que había sido exactamente cuando ella y su esposo habían estado hablando sobre cuánto dar.

Señor Dios, gracias porque oyes nuestras oraciones y te mueves poderosamente para avanzar tu reino a través de nuestras vidas. ¡Eres asombroso! Amén.
SL—Oración

Orar por la paz

Pidamos por la paz de Jerusalén: «Que vivan en paz los que te aman».
SALMO 122.6 NVI

Con las noticias de un nuevo estallido de agitación en Oriente Medio, esta frase viene a la mente: "Oren por la paz de Jerusalén". Se podría pensar que el rey David había entendido proféticamente que la forma en que la guerra desgarraba aquella zona del mundo sería algo que ocurriría a lo largo de los siglos. Y aunque es bueno que oremos por paz y porque no haya guerra en Jerusalén ni en otros lugares del mundo, también deberíamos orar por la paz con Dios.

Como Príncipe de paz, Jesús venció al mundo, sus guerras, su dolor y su mal. Él es el camino a la paz, tanto a la de nuestro interior como a la del mundo. Pero todo empieza por nosotros al buscar la voluntad de Dios para nuestra vida; acercarnos más a él; silenciar nuestra mente y escuchar esa suave y queda voz. No puede haber paz duradera en ningún lugar sin que sea renovada día a día, orando por la paz interior, por el crecimiento de la gracia y del amor por nosotras mismas y por los demás.

Amado Padre, gracias por enviar al Príncipe de paz a ser nuestra paz.
Haz de mí una pacificadora orando por la paz de Jerusalén y de cualquier
otro lugar. Te ruego que me hagas un instrumento de tu paz y que pueda
mostrar amor para que otros busquen amarte con todo su corazón. Tú
eres el Dios de paz; bendíceme con tu paz para siempre. Amén.
BO-E—ORACIÓN

La timidez

*Pues Dios no nos ha dado un espíritu de timidez, sino
de poder, de amor y de dominio propio.*
2 TIMOTEO 1.7 NVI

Carol empezó tarde como escritora. Escribía para llenar su tiempo después de que su hijo se fuera a la Universidad. Las novelas cristianas se convirtieron en el ámbito en el que se sentía más cómoda y, para su sorpresa, sus tres primeros libros se metieron en la lista superventas. Su agente quería que celebrara firmas de libros y que hablara en conferencias de escritores, pero había un problema. Carol era dolorosamente tímida. Pensar en firmas de libros y en discursos le provocaba ataques de pánico.

En una cita con su amiga, la esposa de un pastor, para tomar café, Carol se quejó de la parte comercial de escribir. "¿Por qué no puedo quedarme en casa y escribir libros? —dijo—. ¿Por qué es tan importante dar discursos y firmar libros?".

La respuesta de su amiga fue simple: "Dios".

"¿Dios?", preguntó Carol.

"Dios", repitió su amiga. "Cuando escribes, escribes para él. Cuando firmas libros y hablas, lo haces para él. ¿Por qué crees que los libros se venden así de bien? Es porque tienen un mensaje alentador. Ahora Dios te está dando la oportunidad de dar un paso de fe y compartir su mensaje con más mujeres aún. Lo único que tienes que hacer es confiar en él".

"Confiar". Esa única palabra llevó a Carol a convertirse en una oradora competente. Hoy, habla con confianza por todo el país y alienta a las mujeres a deshacerse de su timidez.

*Amado Dios, te ruego que me des fuerza en mi debilidad
y el valor de dar un paso de fe. Amén.*
JF—ALIENTO

Clámame

Recurran al Señor y a su fuerza; busquen siempre su rostro.
SALMO 105.4 NVI

Una joven recibió noticias desoladoras de su jefe. Presa del pánico, telefoneó a su madre para pedirle dirección; llamó a su mejor amiga para pedirle su opinión; debatió el asunto durante el almuerzo con sus compañeros. Pero ni una sola vez buscó el rostro del Señor.

Las Escrituras nos alientan a orar sobre todas las cosas, a enviar nuestras preocupaciones y peticiones hacia el cielo. ¿Por qué persistimos en correr a los demás en vez de a él? David, el salmista, no tuvo más elección que confiar en el Señor cuando huía de sus enemigos. Las letras de los Salmos nos recuerdan que la pérdida y el temor no le resultaban extraños. Pero él clamó al Señor. Sus palabras en el salmo 105 nos alientan a recordar lo que había hecho antes. Pablo se sentaba literalmente en el hoyo, y cantaba cánticos de alabanza. Aunque pudiéramos no estar en graves apuros como aquellos hombres, ciertamente tenemos problemas y podemos leer las Escrituras para ver cómo el Señor ha obrado y confiar en que está cerca.

Esforcémonos en buscar su rostro siempre. Sepamos que al Señor le importa cada detalle de su vida y nada es un secreto o una sorpresa para él. Echa mano de lo mejor y espera resultados. Podría exigirte un tiempo de espera, pero sus respuestas siempre son sin igual.

Padre todopoderoso, gracias por amarme también. En momentos de temor, ayúdame a caer en tus brazos. Amén.
EK—ORACIÓN

Toda la verdad

*Más bien, profesando la verdad en el amor, debemos crecer
en todo hacia Cristo, que es la cabeza del cuerpo.*
EFESIOS 4.15 DHH

Cuando alguien da testimonio en un proceso judicial, se les hace jurar
la respuesta a la pregunta: "¿Jura usted decir la verdad, toda la verdad,
y nada más que la verdad, con la ayuda de Dios?". Tristemente, a veces
puede ser necesario un proceso judicial para hacer que alguien diga toda
la verdad.

Richard Boothman, ejecutivo de gestión de riesgo, y sus colegas
aconsejaban a los médicos de la Universidad de Michigan que reconocieran
de inmediato los errores cometidos. Cuando escogieran un planteamiento
más sincero, el número de reclamaciones por mala praxis descendería;
los pacientes los estimarían por su transparencia; los gastos legales
descenderían y la satisfacción del paciente aumentaría. Curiosamente, los
pacientes parecían recuperarse a mayor velocidad.

Todos cometemos errores. Cuando los admitimos y asumimos la
responsabilidad —incluso pidiendo perdón— construimos integridad en
nuestras relaciones. También abre puertas cuando ofrecemos gracia a los
demás cuando se equivocan. Escoge hoy decir toda la verdad y construye
hoy fuertes relaciones en tu vida.

*Señor, perdóname por las veces en que me ha faltado gracia o
incluso me he negado a dársela a otros. Gracias por tu misericordia
en mi vida. Ayúdame a asumir la responsabilidad cuando cometo
un error. Te ruego me concedas favor con los demás, cuando
necesito que actúen con gracia para conmigo. Amén.*
SG—ALIENTO

Ama a Dios, ama a los demás

Jesús le dijo: «Ama al Señor tu Dios con todo tu corazón, con toda tu alma y con toda tu mente». Éste es el más importante y el primero de los mandamientos. Pero hay un segundo, parecido a éste; dice: «Ama a tu prójimo como a ti mismo».
MATEO 22.37-39 DHH

Fue San Agustín quien dijo: "Ama a Dios y haz lo que quieras", queriendo decir que si de verdad amamos a Dios, todo lo demás será como tenga que ser (Ro 8.28). Escogeremos lo que él quiere que hagamos y él nos guiará. Nos deleitaremos en él y haremos su voluntad. Toda la Palabra de Dios se resume en la respuesta de Jesús a los fariseos que le preguntaron cuál era el mandamiento principal. Es simple. Nuestro propósito y misión en la vida son estos: ama a Dios y ama a los demás.

Las escrituras siguen diciendo que toda la "ley y los profetas se basan en estos dos mandamientos" (Mt 22.40 NVI). Si estás obedeciendo el mandamiento divino de amarlo a él por encima de todo y a los demás, estarás cumpliendo todo lo demás.

¿Cómo puedes vivir una vida de amor? Pídele a Dios que sea el centro de tu vida. Llega a conocerlo minuto a minuto. Tanto su poder como su presencia están constantemente disponibles para ti. Al relacionarte con los demás, recuerda lo preciosa que es cada persona. Incluso las difíciles. Dios las ha creado y las ama.

Jesús, gracias por resumir tu Palabra para mí de una forma tan sencilla. Amplía mi amor por ti y permíteme amar a los demás como tú quieres que lo haga. Amén.
MP—AMOR

El camino más alto

Yo les he dicho estas cosas para que en mí hallen paz. En este mundo afrontarán aflicciones, pero ¡anímense! Yo he vencido al mundo.
Juan 16.33 nvi

Durante la Segunda Guerra Mundial, los nazis encarcelaron al escritor Dr. Victor Frankl. Cuando la Gestapo lo desnudó y cortó su alianza matrimonial, Frankl pensó *pueden ustedes quitarme a mi esposa, mis hijos, despojarme de mi ropa y de mi libertad, pero hay una cosa que no me pueden arrebatar: mi libertad de escoger cómo reaccionar ante lo que me ocurra.*

Juan 16.33 reconoce que Jesús venció al mundo a nuestro favor, de modo que estamos totalmente preparadas para hacer lo mismo.

Es difícil confiar en Dios contra todo pronóstico cuando los problemas nos cortan como una trituradora de papel. A pesar de todo, es durante esos momentos cuando Dios nos proporciona una clara elección: escoger la fe o quebrarse bajo las duras realidades de la vida.

El Dr. Frankl había aprendido en algún momento del viaje de su vida a tomar la carretera más elevada. Sabía que la fe, y nuestra forma de reaccionar ante las personas o los problemas, es una elección y no un sentimiento. Podemos responder en la carne o someternos al Espíritu Santo ocurra lo que nos ocurra. Con frecuencia, esto significa pedir perdón, aunque no hayamos hecho nada malo, alentar a alguien a pesar de su actitud negativa o tender una mano y arriesgarnos al rechazo.

Los creyentes maduros saben que las dificultades forman parte de la vida, pero Jesús ha pavimentado la senda para vencer. Y aunque "el camino más alto" está menos transitado, la caminata merece la pena.

Señor, me enfrente a lo que me enfrente, haz que pueda actuar y no reaccionar con tu poder vencedor. Amén.
TK—Aliento

Muchísimo más

*Y ahora, gloria sea a Dios, que puede hacer muchísimo más
de lo que nosotros pedimos o pensamos, gracias a su poder
que actúa en nosotros. ¡Gloria a Dios en la iglesia y en Cristo
Jesús, por todos los siglos y para siempre! Amén.*
Efesios 3.20-21 dhh

Remóntate a un tiempo en el que sucedió algo en tu vida y no lo viste venir. Algo que surgió de la nada, que no estaba en tu radar y que te asombró por completo. Cuando el poder de Dios está obrando dentro de ti, las posibilidades superan tu imaginación.

La Nueva Versión Internacional de la Biblia dice que él puede hacer "muchísimo más" de lo que podrías imaginar. Cualquiera que sea el problema al que te estés enfrentando ahora mismo —grande o pequeño— a Dios le importa. Cuando oras por ello y buscas la voluntad de Dios, no le metas en una caja, pensando que no hay salida o que solo hay una respuesta correcta. Su respuesta puede estar, sencillamente, más allá de tu comprensión o de tu imaginación más increíble.

Recuerda que las cosas no siempre son lo que parecen. Cuando te sientas decepcionada por las respuestas de Dios a tus oraciones, mira fuera de la caja. Dios lo resuelve todo siempre, siempre, por tu bien. Dios lo ve todo. La que pueda parecer la mejor respuesta puede ser totalmente destructiva para ti o para alguien a quien amas. ¡Confía en que Dios puede hacer mucho más de lo que tú podrías pedir o imaginar!

*Padre celestial, ayúdame a confiar en ti de todo corazón.
Cuando estoy decepcionada, ayúdame a ver fuera de mí y de las
que me puedan parecer las mejores respuestas para mi vida.
Gracias por resolverlo todo según tu gran plan. Amén.*
MP—Aliento

Las promesas de Dios traen esperanza

Porque yo sé muy bien los planes que tengo para ustedes... Planes de bienestar y no de calamidad, a fin de darles un futuro y una esperanza.
Jeremías 29.11 NVI

Por primera vez se muestra amor y preocupación por un anciano abatido, roto por años de dolor físico y maltrato mental. ¿Resultado? La esperanza. Unos padres decepcionados, aunque amorosos, le dan la bienvenida al hogar a su hija adolescente y caprichosa, con un abrazo compasivo de perdón. ¿El resultado? La esperanza. Una mujer de mediana edad poco valorada, consumida por los quehaceres, una profesión y el cuidado de sus dos hijos y un progenitor anciano se siente fortalecida cuando sus amigas le echan una mano. Esperanza.

La esperanza y el aliento son preciosos dones que podemos darnos unas a otras en cualquier momento, en cualquier lugar. Llegan en forma de segunda oportunidad, vestidos de una palabra tranquilizadora; crecen en la tierra fértil de un gesto amoroso o de un abrazo compasivo.

El autor del célebre himno "Alcancé salvación", escribió estas palabras en el tiempo más doloroso de su vida, cuando su esposa y sus tres hijos murieron trágicamente en el mar. Su fe inconmovible permaneció, porque creía en un Dios más grande que la tragedia a la que se enfrentaba. Las promesas de Dios le dieron esperanza y aliento.

A pesar de tus circunstancias, Dios tiene un plan para ti, uno que te dará aliento, esperanza y un futuro más claro.

Padre, haz que siempre pueda decir "mi alma está bien", sabiendo que tus promesas son verdad y que puedo confiar en ti pase lo que pase. Amén.
TK—Aliento

Orar pidiendo la mente de Cristo

Destruimos argumentos y toda altivez que se levanta contra el conocimiento de Dios, y llevamos cautivo todo pensamiento para que se someta a Cristo.
2 CORINTIOS 10.5 NVI

Como seguidoras de Cristo estamos aprendiendo a ser como él en nuestros pensamientos, palabras y actos. Parte de llegar a ser como Cristo se encuentra también en dominar nuestra mente. A veces resulta difícil de orar, porque otros pensamientos interfieren con nuestra capacidad de escuchar atentamente lo que Dios está diciendo. Este es uno de los trucos favoritos de Satanás... hacernos pensar en nuestra lista de quehaceres y no en lo que Dios está intentando decirnos.

Leyendo y orando las Escrituras y usando declaraciones positivas en nuestras oraciones, que afirmen lo que Dios ya ha dicho que hará por nosotros, la mente de Cristo se está activando en nosotros. Al llevar cautivo cada pensamiento, aprendemos a saber qué pensamiento es de Dios, qué nos pertenece a nosotros y qué es del enemigo. Reconocer, llevar cautivos y atar los pensamientos que son del enemigo, ¡y echarlos fuera! Cuanto más conversamos con Dios, tenemos comunión con él y aprendemos de él, más cultivamos la mente de Cristo.

Señor, ayúdame a identificar los pensamientos que no son tuyos y purifícalos. Sé que pronto tus pensamientos serán los únicos que escuche y no los del enemigo. De ese modo, te escucharé de un modo más claro para poder ser un discípulo obediente. ¡Amén!
BO-E—ORACIÓN

La batalla es suya

No tengan miedo ni se acobarden... porque la batalla no es de ustedes...
quédense quietos... porque yo, el Señor, estaré con ustedes.
2 CRÓNICAS 20.15-17 NVI

Jeannie es maestra en un sistema escolar público liberal. Sabe que su trabajo es un ministerio y ha considerado la escuela como su campo misionero. Cada día, siente que se está ciñendo para la batalla cuando se prepara para trabajar. Y, en cierto modo, lo está haciendo. Cuando recibe su salario, se pregunta si todo su esfuerzo merece la pena.

Pero Jeannie también conoce a una maestra de la escuela pública jubilada que asiste al mismo estudio bíblico de los miércoles por la noche en la iglesia. Georgia siempre le pregunta cómo puede orar por ella y le da verdad a la que agarrarse. Jeannie se marcha sintiéndose llena de energía para cumplir con su llamado.

Josué estaba desalentado por la batalla a la que se enfrentaba. Dios lo llamó a pelear contra un enemigo aparentemente imbatible con pocos recursos. El hombre de Dios no tenía ni idea de cómo prevalecería su pequeño ejército.

Entonces, Dios le dijo: "No es vuestra la guerra, sino mía. No teman... párense y estense quietos, y vean lo que yo haré". Dios, no Josué y sus hombres, ganó la batalla aquel día. Y él ganará nuestras batallas por nosotros, si se lo permitimos.

Dios, ayúdame a ver mis luchas diarias como oportunidades para que
tú muestres tu poder, y no como obstáculos inamovibles. Gracias por
prometer que siempre estarás conmigo y que lucharás por mí. Amén.
DD—ALIENTO

El sufrimiento ocurre—Ama de todos modos

*Yo los he amado a ustedes tanto como el Padre me
ha amado a mí. Permanezcan en mi amor.*
JUAN 15.9 NTV

¿Sientes alguna vez que Jesús venció los desafíos de la vida con mayor facilidad que tú porque era Dios? Es importante entender que vivió su vida como hombre, con la misma facultad que tú tienes hoy como creyente. Confió en su relación con Dios y en el Espíritu Santo que obraba en él para hacer todo lo que hizo. También era humano. Padecía dolor, sufrimiento y decepción tal como tú.

Imagina sus sentimientos cuando sus hermanos, hermanas, tías, tíos y primos se negaron a creer que era el Mesías o subestimaron sus palabras de verdad, porque él es familia. ¡Cuán doloroso debió de ser que todas aquellas personas cercanas a él lo rechazaran! Jesús supo que Judas lo traicionaría y que Pedro lo negaría. Debió de haber sentido ese sufrimiento muy profundamente; con todo, los amó de todos modos. Frente a la cruz, le pidió a Dios que perdonara a todos los que lo pusieron allí.

Al enfrentarse al dolor o a la decepción resulta más fácil enojarse, defenderse o incluso cortar la relación. El mismo Espíritu que facultó a Jesús para vivir su fe puede capacitarte a ti. Cuando ocurre el sufrimiento... ¡escoge amar de todos modos!

*Señor, me has mostrado cómo responder en amor. Dame fuerza
por tu Espíritu Santo para amar a los demás frente al dolor,
el desaliento y el sufrimiento. Consuélame y proporcióname
formas en que yo pueda mostrar amor a otros. Amén.*
SG—AMOR

Misión imposible

Él les dijo: Lo que es imposible para los hombres, es posible para Dios.
Lucas 18.27 rvr1960

Por capaces que podamos ser, algunas cosas siempre seguirán siendo imposibles para nosotras. Independientemente de la educación que tengamos, de lo decididas que seamos o de cuánto dinero tengamos, hay cosas que se salen de nuestro control.

Con todo, solo porque algo sea imposible para nosotras no significa que no tengamos ninguna esperanza. Donde nosotras no podemos, Dios sí puede. El Dios que creó el universo, que puso en el cielo la luna y las estrellas, que situó el sol en su lugar y que devolvió la vida a Lázaro después de cuatro días en la tumba es un Dios que no conoce límites.

Nos enfrentemos a lo que nos enfrentemos, podemos hacerlo con confianza. Dios, que nos amó más que a nada, moverá cielos y tierra para cumplir su propósito. Y es un Dios al que le gusta figurar, llevar las cosas al límite antes de actuar, para conseguir la gloria. Es un Dios asombroso, todopoderoso, y se preocupa profundamente por todos y cada uno de sus hijos.

Puede parecer que nos enfrentamos a lo imposible. Dejados a nuestra suerte, puede ser imposible. Pero no debemos olvidarlo nunca jamás: no hay nada imposible para Dios.

Amado Padre, gracias por ser un Dios de milagros.
Ayúdame a confiar en tu capacidad de lograr tu propósito,
incluso cuando parezca imposible para mí. Amén.
RB—Aliento

No abandones jamás

*No nos cansemos de hacer el bien, porque a su debido
tiempo cosecharemos si no nos damos por vencidos.*
GÁLATAS 6.9 NVI

"Han quebrantado mi espíritu", dijo la anciana mientras evaluaba los daños de su jardín. Ramas de pepino cortadas y verdura mutilada cubrían lo que una vez fue una parcela de terreno fructífera del otro lado de la calle donde se encontraba su casa, junto a una antigua vía de tren.

Abandonada. Unos vándalos nocturnos habían destruido la labor de amor de la señora Conner.

Durante años plantó, cultivó y regó su jardín, llevando laboriosamente los cubos de agua del otro lado de la calle para proporcionar verdura a las familias necesitadas. Aunque bien entrada en los ochenta años, se enorgullecía y se complacía en su trabajo.

Limpiando los desechos de su jardín asaltado, murmuró: "Me gasté más de cien dólares este año en el jardín, ¿y para qué?". Entonces Dios le habló: *"No abandones. Si lo haces, habrán ganado"*.

¿Te rompen el corazón y el espíritu las circunstancias inesperadas? ¿Están destruyendo unos vándalos la vida de tu jardín? La Biblia nos enseña a perseverar en el mismo momento en que la voz interior grita: "¡Abandona!".

Las dificultades pueden destruir y sabotear el fruto de nuestra labor, pero no pueden robarnos nuestra fe y el poder de la oración. Ora por aquellos que te hacen daño; pide fuerza y valor, y Dios restaurará tu jardín a su debido tiempo.

La señora Conner lo hizo, y hoy sigue con su trabajo de horticultura.

*Jesús, resulta difícil de seguir adelante cuando los
tiempos son duros. Ayúdame a perseverar en la oración
cuando siento la tentación de abandonar. Amén.*
TK—ORACIÓN

Refresco en tiempos de sequía

La hierba se seca y la flor se marchita, pero la palabra
de nuestro Dios permanece para siempre.
Isaías 40.8 nvi

La hierba estaba sin vida, crujiente y marrón. Los árboles ya habían empezado a perder sus hojas y solo era agosto. Las flores estaban marchitas y la tierra no era más que seca suciedad. El invierno anterior había sido extrañamente cálido, con muy poca nieve. La primavera casi no había existido y el verano era un día tras otro de implacable y abrasador calor, con muy poquita lluvia. Era una sequía sin cambio a la vista.

En ocasiones, nuestra vida es como la hierba... seca y apática. Tal vez nos encontremos en una estación en la que las cosas parecen estar paralizadas, y lo hemos intentado todo para cambiar nuestras circunstancias a mejor, sin resultado. Es durante esos periodos cuando necesitamos recordar la fidelidad de Dios y la permanencia de su Palabra. ¡Sus promesas para nosotros son muchas y veraces! Dios no nos dejará jamás ni nos abandonará; proveerá para nosotros, nos amará y nos protegerá. Y, al igual que la sequía, nuestros tiempos de sequedad acabarán dando lugar a un tiempo de crecimiento, de refresco y de belleza.

Amado Señor, ayúdame a recordar tu amor durante los tiempos
difíciles de sequedad. Incluso aunque resulte difícil, en ocasiones,
escuchar tu voz o ser paciente durante los tiempos complicados, te
ruego que me traigas a mi memoria tus muchas promesas y que me
recuerdes permanecer firme en ellas. Tú eres todo lo que necesito
y el refresco que busco. ¡Alabanzas a mi Agua Viva! Amén.
BO-E—Aliento

El final de tu cuerda

*No te alejes de mí, porque la angustia está
cerca y no hay nadie que me ayude.*
Salmo 22.11 nvi

Se puede sentir la desesperación en la oración de David al leer el salmo 22. Se siente totalmente rechazado y solo al clamar a Dios.

¿Te has encontrado en esa situación? ¿Te has llegado a sentir alguna vez tan sola y tan indefensa que no estabas segura de que hubiera alguien ahí para ti? Jesús se encuentra con nosotras en esos lugares oscuros de desesperanza. Nos llama y nos dice: No dejes que tu corazón se turbe. NO tengas miedo (Jn 14.27). Nunca te dejaré ni te abandonaré (He 13.5). Nunca estás sola.

El finado evangelista juvenil, Dave Busby, declaró: "El final de tu cuerda es la dirección permanente de Dios". Jesús desciende hasta ti y te envuelve en sus brazos amorosos, cuando le llamas pidiéndole ayuda. La Biblia nos dice que está cerca de los quebrantados de corazón (Sal 34.18).

Tal vez no tengamos aquí, en esta vida, las respuestas que estamos buscando, pero podemos estar seguras de esto: Dios ve tu dolor y te ama con desesperación. Llámalo en momentos de problemas. Si siente que estás al final de la cuerda, ¡levanta los ojos! Su mano poderosa se está alargando hacia ti.

*Padre celestial, me siento sola y asustada. Rodéame
con tu amor y dame paz. Amén.*
MP—Oración

Amor sacrificial

Porque de tal manera amó Dios al mundo, que ha dado...
JUAN 3.16 RVR1960

Toda madre entiende lo que es el sacrificio. Nos sentamos en unas gradas polvorientas a treinta y cinco grados, esperando el momento en que le toque el turno a nuestro hijo de batear. Apiñada entre padres que gritan, ovacionamos a nuestro Michael Jordan de cosecha propia. Luchamos con un paraguas incontrolable y una manta al viento para repeler el frío chaparrón y el fuerte viento solo para ver a nuestra estrella de fútbol darle una patada a una pelota llena de barro campo abajo.

Para algunas de nosotras, los deportes son algo que nos resulta extraño. Sin embargo, como madres, no nos importa confundir un hoyo en uno con un mate; seguimos apoyando, amando y ovacionando a nuestros hijos. Poco importa que tengamos que salir a toda prisa del trabajo para ir al gimnasio o sentarnos durante horas en duros bancos. El amor nos impulsa a actuar así.

El amor de Dios es similar. El versículo de hoy declara que Dios nos amó tanto que dio. Esto incluía más que los elementos climáticos o lavar calcetines malolientes y mugrientas equipaciones. Dio más que su tiempo, sus esfuerzos y su cuidado. Dio la vida de su Hijo. Y su amor continúa. Nunca está demasiado ocupado para atender nuestras necesidades, y no se irrita cuando absorbemos horas de su tiempo.

Alguien comentó: "Aquello que amamos nos moldea y nos da forma". El amor de Dios por nosotros lo moldeó en forma de cruenta cruz. Eso es amor sacrificial.

Padre, en medio de las exigencias diarias de la maternidad, recuérdame lo que hiciste por mí. Amén.
TK—AMOR

Poner a Dios a trabajar

*Fuera de ti, desde tiempos antiguos nadie ha escuchado
ni percibido, ni ojo alguno ha visto, a un Dios que, como
tú, actúe en favor de quienes en él confían.*
Isaías 64.4 nvi

La oración afecta a los tres ámbitos de la existencia: el divino, el angelical y el humano. Dios, los hombres y los ángeles están sujetos a las normas de la oración que Dios ha establecido. La oración pone a Dios a trabajar en lo que su pueblo ora. También nos pone a nosotros manos a la obra. Si no oramos, Dios no se pone en marcha. La falta de oración excluye a Dios y nos deja a merced de nuestras propias circunstancias. Si entendemos esto ¿por qué no oramos en todo momento y por todas las cosas?

La oración pone el poder en las manos de Dios y lo mantiene ahí. La oración es un privilegio. Nos da la capacidad de pedirle acción al Dios del universo. No deberíamos vacilar.

*Padre Dios, gracias por el hermoso y poderoso regalo de la oración.
Ella nos pone en sociedad divina contigo. Te ruego que nos ayudes a
recordar que nos necesitamos unos a otros para convertir la oración en la
transformadora de vida y de situaciones que es. Nos gusta cómo sigues
implicándonos en tu obra. ¡Eres asombroso, Señor! ¡Amén y amén!*
BO-E—Oración

El reposo de Dios

*Porque el que entra en el reposo de Dios descansa también
de sus obras, así como Dios descansó de las suyas.*
HEBREOS 4.10 NVI

El día del trabajo, en los Estados Unidos, introduce el principio del otoño,
el último ¡hurra! del verano. En un principio, la festividad se designó
para proveer un alivio y un homenaje para el obrero estadounidense. Hoy
representa desfiles, picnics, y la visita final a una cálida playa arenosa
antes de que soplen los fríos vientos. Los niños regresan a la escuela y las
horas, mientras cambiamos nuestros cubos de arena por palas de nieve.

De manera similar, cada estación tiene un propósito y un valor
relevantes; el versículo de hoy nos recuerda con claridad Eclesiastés 3.
Desde la infancia hasta la ciudadanía adulta mayor, cada etapa de nuestra
vida es una aventura, una lucha, una victoria y una bendición incluso
cuando no lo reconocemos en el momento. Como cristianas, trabajamos
para llevar a cabo nuestras montañas de trabajo, mantener a nuestras
familias, cultivar nuestras relaciones y, con la ayuda de Dios, alcanzar
nuestras metas espirituales. Es un trabajo duro, uno que requiere la
dirección y la fuerza de Dios.

Un día, nuestras tareas acabarán cuando lleguemos a la orilla del
cielo. Mientras tanto, Dios nos da la fuerza para hacer su voluntad en esta
tierra, aunque nos da descanso justo cuando lo necesitamos.

*Padre, te doy las gracias por el alivio que me das de mis tareas. Sabes
cuándo necesito un descanso de los problemas de la vida y del trabajo.
Ayúdame a no luchar, sino a prosperar en el poder de tu presencia. Amén.*
TK—DÍA DEL TRABAJO

Aliento en la red

Y ahora, amados hermanos, una cosa más para terminar.
Concéntrense en todo lo que es verdadero, todo lo honorable,
todo lo justo, todo lo puro, todo lo bello y todo lo admirable.
Piensen en cosas excelentes y dignas de alabanza.
FILIPENSES 4.8 NTV

Los pensamientos negativos e impuros cruzan por nuestra mente a diario.
Las redes sociales y la televisión no ayudan tampoco. Hasta las amigas
cristianas se suben al carro y suben pensamientos e ideas a la red que nos
hacen estremecer.

En lugar de escapar a conectar con personas en la red, porque
ya estás harta de tener por objetivo ser una luz en el que puede ser
un ambiente muy oscuro y negativo. Alienta el pensamiento bueno y
correcto. Comenta, escribe y comparte el amor de Dios tanto como puedas
con tus amigas.

Durante los próximos treinta días, ¿por qué no planeas publicar,
mensajear o escribir al menos un comentario alentador cada día? Publica
un texto estimulante; envía una nota por mensaje de texto a una amiga
que la haga sonreír; manda por Tweeter tu cita favorita; comparte
historias dulces sobre tu esposo y los niños en tu blog.

Antes de refunfuñar y quejarte de algo en la red, detente y fija tus
pensamientos en lo que es verdadero, correcto y puro. Luego ve si tu
comentario sigue siendo válido.

Padre, ayúdame a no escapar de la interacción en la red, sino a
verlo como un campo de misión. Ayúdame a ser un aliento para
todos aquellos con los que me comunique online. Amén.
MP—ALIENTO

El poder de la oración

Confiésense los pecados unos a otros y oren los unos por los otros, para que sean sanados. La oración ferviente de una persona justa tiene mucho poder y da resultados maravillosos.
SANTIAGO 5.16 NTV

Hay poder en la oración. ¿Lo cuestionas algunas veces? En la Biblia hay muchas ocasiones en que la oración ferviente de un creyente ¡cambió verdaderamente la mente de Dios! En Santiago leemos que la oración seria de una persona justa tiene gran poder y produce extraordinarios resultados. Tal vez pienses que no eres justa. ¿Le has entregado tu corazón a Jesús? Si le has aceptado como tu Salvador, has tomado de la justicia de Cristo. Ciertamente no eres perfecta. En tu humanidad, sigues pecando y sin dar la talla. Pero Dios te ve a través de la lente de Jesús. Y, por tanto, tus oraciones alcanzan los oídos de tu Padre celestial.

Ora con frecuencia. Ora con fervor. Ora sin cesar. Ora sobre todo. La oración cambia las cosas. Mira el ejemplo de oración de Jesús durante su tiempo en la tierra. Se alejaba a lugares tranquilos como los jardines para orar. Oraba en soledad. Oraba con todo su corazón. ¡Si alguien estaba ocupado, ese era el Mesías! Pero Jesús siempre hacía tiempo para orar. Deberíamos seguir su ejemplo. La oración cambia cosas.

Señor, ayúdame a creer en el poder de la oración y a sacar tiempo para ella a diario. Amén.
EB—ORACIÓN

Personas difíciles

Ustedes han oído que se dijo: «Ama a tu prójimo y odia a tu enemigo».
Pero yo les digo: Amen a sus enemigos y oren por quienes los persiguen,
para que sean hijos de su Padre que está en el cielo. Él hace que salga
el sol sobre malos y buenos, y que llueva sobre justos e injustos.
MATEO 5.43-45 NVI

Resulta fácil darle gracias a Dios por las personas a las que amamos, que nos aportan gozo, paz, risas y todo tipo de cosas buenas. Le damos las gracias a Dios por nuestro esposo, nuestros hijos y nuestros parientes y amigos.

¿Pero qué ocurre con esas personas que no nos gustan? ¿Qué hay de las personas que son toda presión y ninguna bendición? ¿Se supone que tenemos que dar gracias a Dios por las personas que nos provocan un nudo en el estómago, que nos hacen llorar o que nos dejan con el puño cerrado, echando humo de rabia? Sabemos que se supone que oremos por nuestros enemigos, ¿pero de verdad es necesario darle las gracias a Dios por ellos?

Pues sí. Dios quiere que amemos a nuestros enemigos, y es más que razonable que le demos las gracias por las personas a las que amamos. Sin embargo, es a través de las personas difíciles en nuestra vida como crecemos y nos estiramos, porque suelen poner a prueba nuestra fe de una forma en que las relaciones más fáciles no pueden. Aunque quizá no veamos muchas cosas buenas en algunas personas, Dios mira a cada uno y ve a alguien a quien amó lo suficiente como para morir por él. Además, sin Cristo, nosotras también podemos ser personas difíciles.

Amado Padre, gracias por las relaciones fáciles y felices de mi vida.
Y gracias también por las personas difíciles, porque me estiran y me
empujan hacia ti. Ayúdame a amar del modo en que tú lo haces. Amén.
RB—AMOR

Dedicada

Dedíquense a la oración: perseveren en ella con agradecimiento y, al mismo tiempo, intercedan por nosotros a fin de que Dios nos abra las puertas para proclamar la palabra, el misterio de Cristo por el cual estoy preso.
COLOSENSES 4.2-3 NVI

Desde que Linda era joven en su fe, había orado para que Dios usara sus talentos. Al crecer en sus talentos creativos de escribir, actuar y diseñar, empleó sus habilidades para escribir y producir obras de teatro en la iglesia. Parecía que esta era la dirección en la que Dios la estaba llevando y que esto sería lo que hiciera por muchos años.

Conforme siguió orando y buscando a Dios, las puertas se abrieron más en la dirección de servir en el ministerio de las mujeres, de modo que siguió esta dirección. De vez en cuando se cruzaron en su camino compromisos como oradora y, después, la planificación de acontecimientos y la recaudación de fondos.

Más de una década después llegaron más oportunidades de escribir y ella creció más y usó estas aptitudes para Dios.

Lo que la hacía sonreír, contemplando los años en que había buscado servir a Dios, era que independientemente de cómo iba cambiando la cosa, Dios no dejó nunca de darle crecimiento y nuevas formas de servirlo. No tenía nada que ver con lo que Linda había pensado. Fue mucho más amplio y hermoso de lo que jamás había podido imaginar.

Dios, dirígenos y haznos crecer en el camino por el que tú quieras que vayamos, mientras oramos vigilantes por la obra del reino que tendrás para nosotras a continuación. Amén.
SL—ORACIÓN

Amar plenamente

«Ama al Señor tu Dios con todo tu corazón, con todo tu
ser y con toda tu mente», le respondió Jesús.
MATEO 22.37 NVI

Cuando Jesús mandó a sus seguidores que amaran a Dios con todo su corazón, alma y mente, se refería a que amarle plenamente significaba dejar a un lado todo lo que obstaculice la relación con él. Todo. Y esta no es una orden insignificante en un mundo lleno de distracciones.

¿Cómo pueden, pues, las cristianas de hoy dejarlo todo a un lado para amar a Dios plenamente? La respuesta es que cambien su deseo de servirse a sí mismas para servirle a él. El amor requiere acción, y el Espíritu Santo les da poder a las creyentes para que glorifiquen a Dios con todo lo que hagan. Alabarle por sus provisiones es una forma de amarlo. Realizar actos abnegados de servicio para otros como si trabajaran para él es otra manera. También lo es amar a los demás como él nos ama a nosotras. Estudiar la Biblia y tener intimidad con Dios en oración es el acto supremo de amor hacia él. Cuando las cristianas centran su vida en su pasión por Dios, aprenden a amarle plenamente.

Amar a Dios con el corazón, el alma y la mente requiere práctica. Significa pensar en él todo el día y trabajar para glorificarlo a través de cada pensamiento y cada acción. Quiere decir dejar a un lado los deseos propios para servir a Alguien mayor.

¿Es posible amar a Dios más que a nadie o a nada? Puedes intentarlo. Eso, en sí mismo, es un acto de amor.

Amado Dios, te amo. Ayúdame a amarte más por
medio de todo lo que hago. Amén.
JF—AMOR

La selva de la vida

Porque la palabra de Dios tiene vida y poder. Es más cortante que cualquier espada de dos filos, y penetra hasta lo más profundo del alma y del espíritu, hasta lo más íntimo de la persona; y somete a juicio los pensamientos y las intenciones del corazón.
HEBREOS 4.12 DHH

Desde el tiempo en que Adán y Eva desobedecieron a Dios, las consecuencias del pecado se han interpuesto con frecuencia entre nosotros y lo mejor que él tiene para nuestra vida. Escoger una vida de fe puede parecerse a estar perdida en una selva, enredada en la maleza. Pero Dios nos ha dado una herramienta poderosa que cortará los desechos de vida en un mundo caído.

Cuando tomas la Biblia y vives según los planes de Dios, obedeciéndole, su Palabra corta como un machete los enredos de la vida. Cuando escoges usar la Espada de la Verdad, ella abre camino y te libera de los pesos del mundo que intentan enredarte y atraparte.

Independientemente de lo que te estén diciendo hoy los desafíos de la vida, toma su Palabra y pronuncia sus planes en tu vida. Escoge sus palabras de aliento y de paz en lugar de las cosas negativas que las circunstancias te están diciendo.

Dios, quiero vivir en tu Verdad. Quiero creer lo que dices de mí en la Biblia. Ayúdame a proclamar tus palabras hoy en vez de dejar que los problemas me hablen. Ayúdame a creer. Amén.
SG—ALIENTO

¡Oh el profundo, profundo amor de Jesús!

Le pido que, por medio del Espíritu y con el poder que procede de sus gloriosas riquezas, los fortalezca a ustedes en lo íntimo de su ser, para que por fe Cristo habite en sus corazones. Y pido que, arraigados y cimentados en amor, puedan comprender, junto con todos los santos, cuán ancho y largo, alto y profundo es el amor de Cristo.
EFESIOS 3.16-18 NVI

El apóstol Pablo alentó a las personas de Éfeso con sus palabras, en un esfuerzo por explicar el amplio alcance del amor de Dios. Inconmensurable. Inimaginable.

A finales de 1800, el letrista Samuel Trevor Francis contempló la posibilidad de acabar con su vida. En medio de la desesperación, sintió que Dios extendía su mano hacia él y escribió un impactante himno haciéndose eco de las palabras de Pablo. "¡El profundo amor de Cristo es inmenso, sin igual, cual océano sus ondas, en mí fluyen gran caudal! Me rodea y protege la corriente de su amor, siempre guiando, impulsando, hacia el celestial hogar".

¡Qué asombrosa imagen! Que se preocupe por nosotros de tal manera es casi incomprensible. A pesar de nuestros defectos, nuestro pecado, él nos ama. Para creer en su amor se requiere una medida de fe. Cuando sentimos un agobiante pensamiento de indignidad, de ser despreciable, confía en la Palabra y canta un cántico nuevo. Porque su amor es profundo y amplio.

Señor, gracias por amarme incluso cuando soy despreciable. Amén.
EK—AMOR

Ora por los demás

Así que recomiendo, ante todo, que se hagan plegarias,
oraciones, súplicas y acciones de gracias por todos.
1 Timoteo 2.1 nvi

Después de que Moisés recibiera de Dios los Diez Mandamientos en el monte Sinaí, convocó a los israelitas y les dijo: "En el monte, el Señor te habló cara a cara desde en medio del fuego. Yo serví de intermediario entre tú y el Señor, porque tenías miedo del fuego y no quisiste acercarte al monte" (Dt 5.4-5 ntv). Moisés fue a menudo el intermediario entre Dios y el pueblo. Intercedió a favor de ellos.

La oración intercesora es un acto divino de amor y de servicio. Requiere persistencia, paciencia y fe en Dios. Los cristianos deberían interceder por la familia y los amigos, su país, los líderes del gobierno, sus pastores, la iglesia, los pobres, los enfermos, la comunidad en la que viven, sus enemigos y, en especial, por los que no son salvos. Dondequiera que haya una necesidad, los cristianos deberían orar.

La Biblia presenta muchos ejemplos de oración intercesora. Búscalos al leer las Escrituras. Descubre cómo oró el pueblo de Dios y los grandes cambios que produjeron estas oraciones.

La oración intercesora es igual de importante hoy que en los tiempos de Moisés. Acerca a los creyentes a Dios y les proporciona una poderosa forma de ayudar a los demás. ¿Por quién vas a orar hoy?

Padre celestial, guíame al orar por los demás. Ayúdame a orar
por ellos con fidelidad, paciencia y persistencia. Amén.
JF—Oración

Amor puro e impecable

*La religión pura y sin mancha delante de Dios nuestro Padre es
ésta: atender a los huérfanos y a las viudas en sus aflicciones,
y conservarse limpio de la corrupción del mundo.*
Santiago 1.27 nvi

Hace dos años que Janelle ha perdido a su esposo, y nadie de la iglesia
recuerda ya su aniversario. Se siente fuera de las actividades de la iglesia
que están dirigidas hacia los matrimonios y las familias.

Pedro es un prisionero al que le gusta escuchar hablar de Jesús a
los músicos locales y los predicadores que celebran cultos en la prisión.
Aceptó a Cristo estando prisionero y está trabajando para sacarse el
título universitario.

La Biblia suele reunir a las viudas, los huérfanos y los prisioneros
en un mismo grupo. En los tiempos antiguos, eran los más ignorados de
la sociedad. Por ello, los escritores bíblicos instaban a los israelitas y a
los cristianos a dedicar tiempo y dinero para su cuidado. Hoy seguimos
teniendo ese mandato.

¿Cómo puedes obedecer ese mandamiento? Tal vez tu iglesia tenga
un ministerio para las viudas o de prisiones en el que podrías servir.
Quizá tú y tu familia podrían dar alojamiento durante las vacaciones a
un estudiante universitario o a un adulto soltero cuyos padres hayan
fallecido. Incluso podrían sentir el llamado a adoptar a un huérfano del
sistema de acogida.

*Padre celestial, dame el valor de alcanzar a los que con frecuencia
son ignorados. Ayúdame a escuchar cómo late tu corazón por ellos
y dame tiempo y recursos para ministrarles tu amor. Amén.*
DD—Amor

Tu amparo y fortaleza

El que habita al abrigo del Altísimo se acoge a la sombra del Todopoderoso.
Yo le digo al Señor: «Tú eres mi refugio, mi fortaleza, el Dios en quien confío».
Salmo 91.1-2 nvi

El 11 de septiembre del 2001, en los Estados Unidos cambió la vida tal como la conocíamos. Hubo temor en el aire. ¿Recuerdas los días inmediatamente después de los ataques? Entre nosotros había inquietud. Se nos dijo que estuviéramos alerta. Era un consejo necesario de nuestros líderes, ¿pero de verdad podemos estar lo suficientemente alerta como para evitar el peligro? Solo somos seres humanos y la vida es frágil.

Afortunadamente, si conoces al Señor, estás en buenas manos. La Biblia nos dice que si moramos con el Dios Soberano, él nos servirá de amparo y de fortaleza. No podemos depositar nuestra confianza en torres edificadas por el hombre. Pueden derrumbarse mañana como castillos de arena. No podemos depender por completo de nada ni de nadie en este mundo para nuestra seguridad y nuestra paz. Esto solo llega a través de una relación con el Señor vivo. Descansa en Jesús. Él es tu Protector y tu Príncipe de paz.

Cuando rugen las tormentas a mi alrededor y el mundo parece
inestable, llámame a ti, oh Señor. Descansaré en ti. Amén.
EB—Aliento

Guíanos, Señor

Sé, Dios, que los meros mortales no pueden dirigir su vida, que los hombres y las mujeres no tienen lo que hace falta para encargarse de la vida. Así que, corrígenos. Dios, como mejor te parezca.
JEREMÍAS 10.23 (TRADUCCIÓN LIBRE DE LA VERSIÓN MSG)

¡Si viviéramos según las palabras de Jeremías, en nuestra vida ocurrirían tantos cambios! Si de verdad creyéramos que Dios tiene el control, seríamos capaces de soltar nuestras inquietudes y problemas en una oración de agradecimiento y esperar. Y esta es la dificultad que nos recorre. En nuestro mundo frenético, sentimos que necesitamos respuestas inmediatas, y nos precipitamos a resolver las situaciones a nuestra propia manera. En ocasiones, esto funciona; sin embargo, con frecuencia nos vemos implicados en circunstancias menos que deseables.

La última línea del versículo suplica a Dios que nos corrija y este no es, desde luego, un pensamiento de deseo. No son muchos los que esperan ser enderezados. Pero cuando rendimos nuestra vida a él y confiamos en él de forma implícita, entendiendo por completo que nuestro Dios Creador quiere lo mejor para nosotros, nuestras oraciones de agradecimiento y confianza salen con mayor facilidad de nuestra boca. Deberíamos pronunciar la adoración y la alabanza antes que nuestras peticiones.

Una oración de rendición total da gloria a Dios Padre y le agrada. Le permite obrar en nuestra vida de formas que, a menudo, no entendemos.

Señor, te bendigo y te alabo con todo el corazón. Gracias por toda la obra que haces a mi favor. Amén.
EK—ORACIÓN

¿Y ahora qué?

Y se le darán estos nombres: Consejero admirable...
Isaías 9.6 nvi

Lisa llevaba casi un año buscando trabajo. Sus ahorros para emergencia casi se habían acabado. Y su paciencia también. Al tachar la última empresa de su lista de posibilidad, se dijo: "¿Y ahora qué?".

Todo hemos pronunciado estas palabras alguna vez. Se trate de algo importante, como no tener trabajo, o de algo trivial, como no contar con el ingrediente clave de una receta... "¿Ahora qué?".

La Biblia dice: "Oirá el sabio, y aumentará el saber, y el entendido adquirirá consejo" (Pr 1.5 rvr1960). Esto no se aplica, claro está solo a los hombres, sino también a las mujeres. Lisa ya había buscado sabio consejo. Recibió asesoramiento laboral, y pidió consejo a amigos, familiares y excompañeros de trabajo. Sin embargo, seguía sin tener trabajo. ¿Y ahora qué?

Lisa buscó consuelo leyendo los Salmos. En el salmo 33.11 (rvr1960) leyó: "El consejo del Señor permanecerá para siempre; los pensamientos de su corazón por todas las generaciones". Se puso de rodillas y oró: "Jesús, ¿ahora qué?".

El profeta Isaías llamó a Jesús "Consejero admirable". Jesús dedicó su ministerio terrenal a compartir su sabiduría sobre Dios y la vida piadosa, y fue más sabio que ninguno sobre la tierra. ¡Sigue siéndolo! Cuando preguntamos: "¿Ahora qué?", Jesús ya tiene la respuesta.

Hoy, Lisa es una emprendedora de éxito que trabaja desde casa y a la que le gusta lo que hace.

Amado Jesús, tú conoces las respuestas a todas mis preguntas. Confío en ti para que me ayudes. Amén.
JF—Aliento

Hallar esperanza después del rechazo

*Alégrense en la esperanza, muestren paciencia en
el sufrimiento, perseveren en la oración.*
ROMANOS 12.12 NVI

Aunque Shawna creía que había sido llamada a actuar y ser una luz para
Jesús en medio de la industria del cine, el mayor desaliento se cernió
sobre ella cuando tres de sus productores favoritos la rechazaron para un
papel muy codiciado en una sola semana. ¡Ay!

Sus amigas y la familia de la iglesia la alentaron a que siguiera
adelante. Y ella también quería, pero su "lucha" se estaba acabando.

Entonces, un amigo publicó en Facebook la paráfrasis de 1
Tesalonicenses 5.9-24 de la versión de la Biblia *The Message,* de Eugene
Peterson, en el momento preciso en que ella lo necesitaba: "Dios no nos
creó para un enojado rechazo, sino para salvación por parte de nuestro
Señor, Jesucristo... Por tanto, dedíquense palabras de aliento los unos
a los otros. Edifiquen esperanza para que todos puedan estar juntos en
esto... Alégrense ocurra lo que ocurra; oren en todo tiempo; den gracias
a Dios independientemente de lo que ocurra... Se puede depender por
completo de Aquel que los llamó. Si él lo dijo, ¡lo hará!".

Estos versículos le recordaron a Shawna que Dios está haciendo
grandes cosas detrás de bambalinas. Esta verdad le permitió confiar en su
tiempo y a darle gracias, incluso por el rechazo. Confiando en el tiempo y
en la fidelidad de Dios, construyó su esperanza para que pudiera orar con
certeza que él sabía lo que hacía y que, en última instancia, usaría todas
sus circunstancias para su gloria.

*Dios, gracias por recordarnos que oremos y te
alabemos en cualquier circunstancia. Amén.*
DD—ORACIÓN

El acto supremo de amor

Reconforta el espíritu de tu siervo, porque a ti, Señor,
elevo mi alma. Tú, Señor, eres bueno y perdonador;
grande es tu amor por todos los que te invocan.
Salmo 86.4-5 nvi

El teólogo moderno Lewis Smedes dijo una vez: "Sabrás que el perdón ha empezado cuando recuerdes a quien te hirió y sientas el poder de desear que les vaya bien". Para nosotros, perdonar a quien nos ha dañado profundamente es lo menos natural del mundo, por no hablar de desear que les ocurran cosas buenas. Sin embargo, esta es en realidad la única cosa amorosa que podemos hacer.

El perdón no requiere que la persona que nos hirió se disculpe o reconozca lo que hizo. Ni siquiera se trata de sacar partido. Tampoco es necesario olvidar el incidente. Pero sí hay que admitir que quien nos ha ofendido es un ser humano como nosotros. Rendimos nuestro derecho a vengarnos y, como Dios, dejamos ir al ofensor, le damos misericordia, y, de ese modo, los bendecimos.

Clemente y amoroso Padre, gracias por amarme y por haberme
perdonado mis pecados. Haz que sea más como tú en perdonar a
otros. Aunque no sea capaz de perdonar con la facilidad que tú lo
haces, te ruego que me alientes a dar pequeños pasos. Perdonando
a otros, Padre, estoy mucho más cerca de ser como tú. Amén.
BO-E—Amor

Me canso

Pero los que confían en el Señor tendrán siempre nuevas fuerzas y podrán volar como las águilas; podrán correr sin cansarse y caminar sin fatigarse.
Isaías 40.31 DHH

Jesús dijo que fuésemos él y él nos daría descanso. Estar en su presencia, confiar en él nos proporciona el reposo que él desea para nosotros. Solo podemos hallar este descanso cuando nuestro espíritu está en sintonía con su Palabra.

Mientras estemos guerreando en nuestro interior, no hallaremos descanso. Debemos descubrir qué quiere Jesús para nuestra vida y, entonces, obedecer. Date un festín de su Palabra y aprende más sobre él nos dará la dirección que necesitamos y la capacidad de confiar. Solo cuando entendamos nuestra salvación y nos rindamos podremos venir a él sin que la culpa o el temor nos molesten, y poner nuestra cabeza sobre su pecho. A salvo entre sus brazos, podremos descansar.

Cada nuevo día, él nos dará la fuerza que necesitamos para pelear nuestras batallas así como su presencia refrescará nuestro espíritu. Seremos como jardines bien regados, refrescados y bendecidos por nuestro amoroso Creador.

Padre, estoy cansada y necesito que tu Espíritu
refrescante me guíe. Confío en ti. Amén.
EK—Aliento

Hablar el idioma correcto

*[El amor] no se comporta con rudeza, no es egoísta,
no se enoja fácilmente, no guarda rencor.*
1 Corintios 13.5 nvi

Kim estaba enojada. Él se limita a sentarse en el sofá y a ver la televisión, echaba humo por dentro. ¡Yo cocino! ¡Limpio! ¡Cuido al bebé! Y él tiene la audacia de pedirme que venga a sentarme con él en el sofá. ¿Acaso no ve todo lo que hay que hacer por aquí?

Las lágrimas volvían a empezar, y podía sentir los ojos de él sobre ella. Volvió al dormitorio. El libro que había estado leyendo la noche anterior seguía sobre la cama. Empezó a pensar en el capítulo que había leído. ¿Podía decir su marido que la amaba, porque quería pasar tiempo sentado en el sofá? Se le encendió una bombilla. Su lenguaje de amor era tiempo de calidad y el de ella, actos de servicio. Le estaba mostrando amor como ella quería recibirlo; y él se lo demostraba a ella, como quería recibirlo.

Necesitaba compartir esta revelación con su esposo, en el momento oportuno. Por ahora, ella hablaría el idioma de él. Fue al salón, y se dejó caer en el sofá, junto a él.

*Señor, ayúdame a mostrar amor a los demás en el
lenguaje que les comunique amor. Amén.*
SG—Amor

¡No te preocupes!

No se preocupen por nada; en cambio, oren por todo. Díganle a Dios lo que
necesitan y denle gracias por todo lo que él ha hecho. Así experimentarán
la paz de Dios, que supera todo lo que podemos entender. La paz de
Dios cuidará su corazón y su mente mientras vivan en Cristo Jesús.
FILIPENSES 4.6-7 NTV

La Biblia nos dice claramente que no nos preocupemos. Pero eso puede
ser difícil cuando la economía es pobre, cuando hay que pagar facturas,
cuando surgen problemas de salud y las familias se enfrentan a una crisis
tras otra. Jesús nos ayuda a hallarle a esto el sentido en Lucas 12.25
(NVI): "¿Y quién de vosotros podrá con afanarse añadir a su estatura un
codo?". La respuesta es obvia. No puede hacerse. Entonces, ¿por qué
perder un tiempo y una energía preciosos preocupándose, cuando no
cambiará nada?

Cuando empiezas a preocuparte, ora. Dile a Dios cómo te sientes y
lo que necesitas. Dile que estás luchado contra la inquietud y pídele que
quite tus temores. Él responde suavemente a la súplica de tu corazón en
Lucas 12.32: "No temáis, manada pequeña, porque a vuestro Padre le ha
placido daros el reino".

¡Qué consoladoras estas palabras de la boca de Jesús! ¡No te asustes!
¡No te preocupes! Solo tienes que esperar el reino de Dios por toda la
eternidad. No necesitas inquietarte por el descanso.

Amado Jesús, ¡gracias por tu promesa de vida eterna! Cuando empiece
a inquietarme, dame paz que exceda mi entendimiento. Amén.
MP—ORACIÓN

¡Cosecha con gozo!

Recuerden esto: El que siembra escasamente, escasamente cosechará,
y el que siembra en abundancia, en abundancia cosechará.
2 Corintios 9.6 nvi

La lista de requisitos para el puesto de ayudante ejecutivo incluía más que experiencia técnica. "El suficiente interés para saludar a los visitantes con una cálida bienvenida y una sonrisa de un millón de dólares. Asegurarse de irradiar una actitud amistosa desde su oficina. Demostrar una actitud de interés maximizando la eficiencia y minimizando los errores al tratar con los colaboradores". Aunque la descripción del trabajo era para un puesto de personal de apoyo, la mayor parte del mismo era exactamente tan aplicable para el gerente general como para el dependiente del almacén.

Todas queremos sentirnos apreciadas y nos gusta tratar con una persona amistosa. ¿Has trabajado alguna vez con una persona que parecía tener perpetuamente una mala actitud? Probablemente no te sentirías demasiado alentada tras un encuentro con este colaborador. A pesar de ello, algunas cosas van mal, pero tu actitud cuando estás en el meollo de la situación queda determinada por tus expectativas. Si esperas que las cosas vayan bien, tendrás por lo general una actitud mental positiva. Trata a todos con genuina amabilidad, cortesía y respeto, y este será el reflejo que obtengas a cambio.

Padre celestial, ayúdame a plantar las semillas de la paciencia, el amor, la compasión y la cortesía en todos aquellos con los que entre en contacto. Te ruego que me permitas marcar una diferencia eterna en la vida de estas personas. Quiero cosechar gozosa una rica cosecha para tu Reino. ¡Amén!
BO-E—Aliento

Renueva tu fuerza

Pero los que confían en el Señor tendrán siempre nuevas fuerzas y podrán volar como las águilas; podrán correr sin cansarse y caminar sin fatigarse.
Isaías 40.31 DHH

Andrew Murray era un escritor sudafricano y pastor cristiano a finales de 1900, que capturó el corazón de la oración con estas palabras sobre Jesús: "Cuando los demás todavía dormían, él se alejaba para orar y para renovar su fuerza en comunión con su Padre. Tenía necesidad de ello, de otro modo, no habría estado preparado para el nuevo día. La santa obra de liberar a las almas exige constante renovación por medio de la comunión con Dios".

Cada día das una parte de ti a ese día, espiritual, emocional, física, financiera y socialmente. En cada uno de estos ámbitos, necesitas repostar. Espiritualmente, la única forma de recargar es la renovación que viene de Dios. Esperar un nuevo derramamiento de su Espíritu dador de vida proporciona una novedad y una perspectiva fresca en todas las demás esferas de tu vida. Da lo mejor de ti cada día, absorbiendo la fuerza de tu Padre celestial y pasando tiempo con él.

Padre celestial, tu Palabra y tu oración son fuerza para mi alma. Renuévame y derrama tu vida en mí. Lléname de tu poder y dame valor para un nuevo día. Amén.
SG—Oración

Momentos humillantes como arcilla cruda

Él siempre procede con amor y fidelidad, con los que
cumplen su alianza y sus mandamientos.
Salmo 25.10 dhh

¿Sabías que Dios quiere que uses incluso nuestras experiencias más humillantes para transformar nuestro carácter?

En la versión The Message, el salmista dice: "Aprendí a adorar a Dios cuando mi orgullo se desmoronó" (51.16). El Creador es un artista. Si él no puede redimir nuestros peores momentos, habrá un montón de material que quedará sin usar. Dios quiere tomar nuestros fracasos y, amorosamente, como el alfarero esculpe la arcilla cruda, los moldea hasta hacer algo hermoso.

Como portador de nuestro pecado, Jesús soportó una de las humillaciones más dolorosas y visibles que el mundo ha visto jamás. Y, a pesar de ello, por medio de su muerte, la vida eterna fue disponible para nosotros. Y, como seres humanos, con muchas faltas, experimentaremos humillaciones visibles y dolorosas, ya sea a través de nuestros propios pecados, por las pobres elecciones de los demás, o por nuestras necias decisiones. Pero, cualquiera que sea la causa de nuestra incomodidad, cuando nos rendimos a Dios, él puede convertirlo en una herramienta para nuestra transformación.

En su Biblia de estudio *Breaking Free* [Liberarse], Beth Moore escribe: "Permitamos que Dios tenga nuestros fracasos. Rinde a él tus... derrotas más humillantes. Dios y solo él puede usarlas para hacerte doblemente la guerrera que siempre soñaste ser".

Señor, ayúdame a ver esas veces que soy humillada (al menos
en retrospectiva) como momentos que puedes usar para
hacer de mí la mujer que quieres que sea. Amén.
DD—Aliento

Su presencia

Aun cuando yo pase por el valle más oscuro, no temeré, porque tú estás a mi lado. Tu vara y tu cayado me protegen y me confortan.
SALMO 23.4 NTV

La lluvia caía deprimente por los cristales de la ventana de la cocina de Suzy. Lamentablemente, era acorde con su humor de aquel día. Calentó un poco de agua para el té y puso al fuego un poco de sopa de tomate para acompañar su comida de consuelo favorita de siempre.

La calidez y los buenos aromas de la cocina deberían haber hecho mucho más por ella. ¿Por qué me meto en esos lugares?, se preguntó a sí misma. Mientras las cosas burbujeaban sobre el fogón, alargó la mano para agarrar su Biblia, abriéndola con poca energía donde había metido un marca páginas pocos días antes.

Era el vigesimotercer salmo. Siempre elevaba su ánimo. Recordando de nuevo que Dios siempre está con ella, se dio cuenta de que no había pasado demasiado tiempo hablando con él últimamente.

La tetera silbó. Suzy vertió el agua humeante sobre el té que la consolaría y calentaría su ser destemplado. Al sorberlo, dejó que Dios consolara y calentara sus partes más profundas, esas a las que solo él podía llegar.

Señor, gracias por ser capaz de tocar las profundidades de nosotros y por no apartarte nunca de nuestro lado. Amén.
SL—AMOR

Detente, respira, ora... y repite

No se inquieten por nada; más bien, en toda ocasión, con oración
y ruego, presenten sus peticiones a Dios y denle gracias. Y
la paz de Dios, que sobrepasa todo entendimiento, cuidará
sus corazones y sus pensamientos en Cristo Jesús.
Filipenses 4.6-7 nvi

En estos tiempos, ser mujer es desafiante. Muchas de nosotras trabajamos en empleos exigentes, administramos nuestro hogar y programas de locura, cuidando a los niños o a padres mayores. Con frecuencia, sentimos que no tenemos suficiente tiempo para hacerlo todo, y menos aún para cuidar de nosotras de forma adecuada. Todo esto produce estrés y ansiedad, que no hacen más que empeorar muchas de estas situaciones.

¿Qué puedes hacer cuando parece que el mundo se está desmoronando alrededor de tus hombros? Detente. Respira profundamente, y establece tu mente en Jesús. Entrégale la situación, los pensamientos de agobio, las inquietudes. Dios afirma que podemos llevarle cualquier cosa en oración. Proveerá todo lo que necesitemos, incluso la paz que nos hará atravesar las circunstancias más difíciles.

Padre Dios, estamos agradecidas de poder llevarte cualquier pensamiento
de preocupación o situación en oración. Tú dices que proveerás para
nosotros ¡y que incluso nos darás nuestra paz! Ayúdanos a confiar en ti en
esto, Señor, poner la situación a tus pies y dejarla allí. Llena nuestra mente
y corazón con tu paz y recuérdanos lo mucho que nos amas. ¡Amén!
BO-E—Oración

Verdadera amistad

Alégrense con los que están alegres; lloren con los que lloran.
ROMANOS 12.15 NVI

La verdadera Amistad Cristiana tiene este versículo sellado por todas partes. ¿Tienes una amiga que de verdad se goce en tus éxitos? Cuando estás arriba del mundo, esta persona está genuinamente feliz por ti. Cuando estás triste, has visto lágrimas en sus ojos. No es el tipo de Amistad que se encuentra todos los días. Es rara y hay que atesorarla.

Como creyentes en Cristo, tenemos este elevado llamado en nuestra vida. Ora para que puedas celebrar de veras con otros, no deseando en secreto ser tú quien recibiera la bendición. Por otra parte, tienes que saber que hay momentos en que la tristeza y la pérdida son tan profundas que un abrazo y un "te quiero" significarán un mundo. En esos momentos no se necesitan muchas palabras. Llorar con el que llora es el mayor regalo que puedas hacer. Solo haz acto de presencia, ayuda y muestra amor.

Si tienes una amiga así, ámala sin dudar. Esta semana, convierte en tu objetivo vivir Romanos 12.14 de pequeñas formas. Levántate y alégrate cuando otras sean victoriosas. Mantente cerca y está preparada para consolarlas cuando experimenten decepción o pérdida.

Padre celestial, ayúdame a regocijarme con aquellos que se regocijan y a llorar con los que lloran. Dame un corazón sensible que se centre en los demás. Amén.
EB—ALIENTO

¿Por qué alabar a Dios?

He aquí, aunque él me matare, en él esperaré; no obstante, defenderé delante de él mis caminos.
Job 13.15 RVR1960

Una mujer formula una sincera pregunta: "¿Cómo puedo alabar a Dios cuando todo en mi vida se cae a pedazos?". ¿Quién no ha reflexionado en esta pregunta en momentos de derrota, desesperación o dolor?

En el libro de los Hechos, Pablo y Silas, bajo la ley romana, fueron azotados en público y gravemente golpeados por su fe. Después, fueron encarcelados. A pesar de sus espaldas ensangrentadas y sus pies esposados, se sentaron en una sucia celda invictos. Más que cuestionar las intenciones de Dios o su aparente falta de protección, las escrituras declaran que, alrededor de la medianoche, «Pablo y Silas oraban y cantaban himnos a Dios» (Hch 16.25 NVI).

El poder de la oración y la alabanza resultó en completa liberación. Las puertas de la prisión se abrieron de par en par y sus cadenas se soltaron. Y, lo que es más, el carcelero y su familia aceptaron a Cristo, y estos ardientes creyentes fueron capaces de dar testimonio a otros presos.

Es difícil alabar a Dios cuando los problemas presionan más fuerte que una multitud saliendo de un edificio incendiado. Pero ese es el momento de alabarle más. Esperamos que nuestras circunstancias cambien, mientras que Dios desea cambiarnos a nosotras a pesar de ellas. La alabanza emparejada con la oración, en nuestros momentos más oscuros, es lo que mueve la mano poderosa de Dios para que obre en nuestro corazón y nuestra vida.

¿Cómo podemos orar y alabar a Dios cuando todo va mal? La pregunta más grande debería ser: ¿Cómo podríamos no hacerlo?

Jesús, ayúdame a orar y alabarte a pesar de mis circunstancias. Amén.
TK—Oración

Él ara nuestros corazones

¡Siembren para ustedes justicia! ¡Cosechen el fruto del amor,
y pónganse a labrar el barbecho! ¡Ya es tiempo de buscar al
Señor!, hasta que él venga y les envíe lluvias de justicia.
OSEAS 10.12 NVI

¿Te ha llevado Dios por un periodo de crecimiento y pensaste que deberías tener un descanso?

Sheri pensó lo mismo después de perder a sus dos progenitores en un intervalo de un año. Por fin fue avanzando por la vida con una inercia uniforme y con bastante conformidad; luego, su esposo perdió su trabajo. Tenían pocos ahorros y con el trabajo de ella no bastaba para pagar todas las facturas.

Su marido estaba deprimido en cuanto a sus perspectivas de encontrar otro trabajo y, a veces, se desmotivaba a causa de ello. Rápidamente se atrasaron en la renta y en los servicios. Las vacaciones y las cenas se convirtieron en lujos extremos. Sheri aceptó un trabajo a tiempo parcial además de su empleo a tiempo completo para intentar llegar a fin de mes. Aun así, empezaron a contraer deudas y no tardaron en verse al borde de la desesperación.

A pesar de ello, Dios les dio la fuerza que necesitaban para pasar cada semana y cada mes, y, finalmente, les proporcionó mejores trabajos a ambos. Ninguno era perfecto, en modo alguno. Pero lo que Sheri y su marido entendieron fue que Dios estaba dividiendo algún terreno sin arar dentro de ellos que ellos desconocían que tuviera que ser labrado.

Padre Dios, bendice nuestro terreno sin arar con trabajo productivo, para
que nuestra vida pueda producir una cosecha fructífera para ti. Amén.
SL—ALIENTO

Escoge amar

Por tanto, hermanos míos, les ruego por la misericordia de Dios que se presenten ustedes mismos como ofrenda viva, santa y agradable a Dios. Éste es el verdadero culto que deben ofrecer. No vivan ya según los criterios del tiempo presente; al contrario, cambien su manera de pensar para que así cambie su manera de vivir y lleguen a conocer la voluntad de Dios, es decir, lo que es bueno, lo que le es grato, lo que es perfecto.
ROMANOS 12.1-2 DHH

Solo por medio del poder de Cristo obrando en nosotros podemos escoger amar cuando no nos apetece. Él nos cambia desde el interior y nos da una nueva forma de pensar.

1 Pedro 4.8 (NTV) declara: "Lo más importante de todo es que sigan demostrando profundo amor unos a otros, porque el amor cubre gran cantidad de pecados". Comoquiera que sea, escoge el amor.

El amor es una elección y tu actitud también. Nuestras emociones y sentimientos suelen sacar lo mejor de nosotros. Si te estás enfrentando a un desafío o a una persona difícil y no te apetece escoger amar, pídele a Dios que transforme tu corazón y tu mente. Pídele a él que vaya delante de ti y que te ayude a escoger una actitud amorosa y correcta.

Amado Señor, cambia mi corazón y mi mente para estar en tu voluntad. Dame una actitud que concuerde con la tuya y ayúdame a escoger el amor. Amén.
MP—AMOR

No te preocupes por pequeñeces

*De hecho, considero que en nada se comparan los sufrimientos
actuales con la gloria que habrá de revelarse en nosotros.*
ROMANOS 8.18 NVI

Cuando una mujer da a luz, el tiempo que pasa entre el embarazo y el
parto puede parecer una eternidad. Está incómoda. Tiene náuseas. Está
hinchada. Y todo esto conduce a horas, tal vez incluso días, de doloroso
parto y sufrimiento.

Pero, después, sostiene en sus brazos ese hermoso hijo o hija, y el
recuerdo de cualquier dolor se desvanece y pasa a un segundo plano tan
lejano que no merece la pena considerarlo. El gozo de ver cara a cara a
esa personita a la que ama le llena el corazón y la mente de una manera
tan completa, que borra cualquier sombra de incomodidad y sufrimiento.
Además, los años de gozo y realización que ese niño trae son mucho más
largos que los meses de embarazo o las horas del parto.

Así es como será el cielo para nosotros. La vida es como el embarazo
y el parto. Esta vida no es el final, ¡es la preparación! Nuestros años aquí
solo son un momento comparados con la eternidad. Cuando la vida sea
difícil, no te preocupes. No durará para siempre. Un día lo dejaremos todo
atrás para ser inundadas de su amor completo, perfecto y su aceptación.
Todo el dolor de esta vida se perderá en comparación con la completa paz
que experimentaremos por siempre y para siempre.

*Amado Padre, gracias por la promesa de amor y paz eternos. Ayúdame a
mantener las dificultades de la vida en la perspectiva de esa eternidad. Amén.*
RB—ALIENTO

Por amor

Pues tuve hambre, y ustedes me dieron de comer; tuve sed, y me
dieron de beber; anduve como forastero, y me dieron alojamiento.
MATEO 25.35 DHH

Marie era una habitual en la cafetería de su vecindario. Las pasadas mañanas frescas de primavera había notado a un hombre sin hogar, sentado en el patio, a unos metros de la puerta de la cafetería. Esa mañana se dirigió hacia él y se sentó a su lado. "¡Hola!", empezó. "He observado que parece gustarle este patio tanto como a mí". Le tendió la mano y le dijo: "Me llamo Marie, ¿y usted?".

"Soy Jack —respondió después de una pausa—. La mayoría de las personas actúan como si fuera invisible, así que me he sorprendido un poco cuando me ha hablado".

"Bueno Jack —respondió después de una pausa—. Voy a entrar a tomar una taza de café. ¿Le apetecería un café caliente esta mañana?"

Jack asintió con la cabeza y sonrió.

Dios es amor y desea que extiendas su amor a otros. Resulta fácil dejar que los sin hogar, los menos afortunados o los desagradables permanezcan invisibles. Cuando te tomas el tiempo de sonreírle al extranjero o reconocer la presencia de alguien con un saludo, estás demostrando amabilidad y extendiéndole el corazón de Dios a esa persona.

Padre, dame tus ojos para ver a los demás como tú los
ves. Ayúdame a demostrar tu amor con una sonrisa o
un simple acto de bondad cada día. Amén.
SG—AMOR

La oración cambia las cosas

Cierto día, Jesús les contó una historia a sus discípulos para mostrarles que siempre debían orar y nunca darse por vencidos.
LUCAS 18.1 NTV

¿Te has sentido alguna vez como si no tuvieras suficiente energía para pronunciar una palabra a nadie, y mucho menos para compartir tus sentimientos con el Señor? ¿O tal vez le hayas estado pidiendo a Dios lo mismo una y otra vez, y sientes que no está escuchando o que ha decidido no responder?

En Lucas 18 Jesús nos da una imagen de cómo quiere que oremos. La viuda persistente agota al juez con su constante petición hasta que finalmente cede. Dios quiere que vengamos a él con todo. Nos ha dado una puerta abierta para que nos acerquemos a su trono con confianza en todo momento (He 4.16).

Si un juez insensible respondió a las constantes súplicas de la viuda, ¿cuánto más el Dios que nos creó y nos amó no contestará a las nuestras? Independientemente de lo que estés llevando delante del Señor, ¡no te rindas! Sigue hablándole. El proceso cambiará tu corazón para que seas más como el suyo. De modo que, cuando creas que ya has orado todo lo que debías, recuerda que Dios está escuchando y obrando a tu favor.

Padre celestial, a veces me siento como la persistente viuda cuando vengo a ti una y otra vez con la misma petición. Sé que escuchas mi oración y confío en que tú harás lo mejor para mí. Ayúdame a no desalentarme, sino a recordar tu amor y tu fidelidad. Amén.
MP—ORACIÓN

Luz eterna

*En él estaba la vida, y la vida era la luz de la humanidad. Esta luz
resplandece en las tinieblas, y las tinieblas no han podido extinguirla.*
JUAN 1.4-5 NVI

Todos experimentamos tiempos de oscuridad en nuestra vida. La
depresión puede filtrarse a través de una rendija de duda, temor o
preocupación; y bajaremos por una espiral, centrándonos en la situación.
No resulta fácil elevar nuestra voz en nada que no sea un gemido y una
súplica pidiendo la ayuda de Dios. Y él oye esos gritos; quiere llevar
nuestras cargas en nuestro lugar. Escucha. Somos nosotros quienes
deberíamos cambiar nuestra mirada.

Céntrate en que Jesús es la Luz del mundo que nos tiende una
maravillosa esperanza. Empieza tu vida de oración con alabanza y
adoración al Rey de reyes. Alza tu voz en cántico, o lee en voz alta
trozos de la Palabra. La luz eliminará la oscuridad cada vez. Mantén tu
corazón y tu mente en él al caminar por el día. Alaba por cada pequeña
cosa; nada es demasiado insignificante para Dios. ¿Conseguiste una
plaza de aparcamiento? Dale las gracias. ¿Un ascenso en el trabajo?
Dale las gracias. ¿Un terrible dolor de cabeza? Alábale de todas formas.
Concéntrate en su bondad en lugar de en tu dolor.

Un corazón agradecido y una alabanza constante traerán la luz a tu
día.

*Amado Señor, cuánto te amamos. Confiamos en ti en este día para
que nos guíes en el camino correcto alumbrado con tu luz. Amén.*
EK—ORACIÓN

Comunión

Preocupémonos los unos por los otros, a fin de estimularnos al amor y a las buenas obras. No dejemos de congregarnos... sino animémonos unos a otros, y con mayor razón ahora que vemos que aquel día se acerca.
HEBREOS 10.24-25 NVI

Antes de su conversión, Pablo, entonces conocido como Saulo, era un matón, un hombre de espíritu malvado que odiaba a los cristianos y quería matarlos. ¿No es sorprendente que este mismo hombre se convirtiera en un gran apóstol que escribió trece libros del Nuevo Testamento?

La Biblia dice que inmediatamente después de su conversión, Pablo pasó varios días con los discípulos de Jesús. "De golpe" empezó a predicar que Jesús era el Mesías. La Biblia también afirma que Pablo se volvió cada vez más poderoso y tuvo seguidores. Viajó con otros cristianos y se alentaron unos a otros en su creencia y su compromiso. Pablo disfrutó estando con otros creyentes. Cuando estaba en la cárcel, lamentó no poder estar con ellos para compartir aliento. Pablo entendió la importancia de la comunión.

La asociación con otros cristianos es más que asistir a la iglesia los domingos. Es llegar a conocerlos a nivel personal y descubrir lo que la fe tiene que ofrecer en la comunión y el aprendizaje. Pablo buscó personas cuyos propios dones ayudaran a edificar su fe. En Romanos 1.11-12, escribe: "Tengo muchos deseos de verlos para impartirles algún don espiritual que los fortalezca; mejor dicho, para que unos a otros nos animemos con la fe que compartimos" (NVI).

¿Tienes amigas que alienten tu fe?

Amado Dios, gracias por la dulce comunión con amigas cristianas. Amén.

Mi fuerza

¡Cuánto te amo, Señor, fuerza mía!
Salmo 18.1 nvi

¿Sientes alguna vez que quieres arrastrarte y meterte en un agujero, echando tierra a tu alrededor? La mayoría de nosotras nos hemos sentido así en algún momento. A veces, la vida nos abruma y sentimos que nos ahogaremos en cualquier momento.

En momentos como estos, a menudo no tenemos la fuerza ni siquiera para orar. No sabemos qué decirle a Dios y no tenemos la energía de formar las palabras o los pensamientos correctos. Es entonces cuando necesitamos simplificar. "Te amo, Señor", es todo lo que necesitamos decir.

Cuando pronunciamos esas tres pequeñas palabras a Dios, inclinamos su oído a nosotras. Inclinamos su corazón a nosotras. Cuando le susurramos nuestro amor por él, aunque no tengamos la fuerza de pronunciar otra palabra, él aparece y se convierte en nuestra fuerza. Nos rodea con sus poderosos brazos, nos atrae a su regazo de amor y consuelo, y derrama su vida y su amor en nuestro espíritu.

En verdad, es en esos momentos de debilidad cuando no tenemos nada más que ofrecerle a Dios, cuando él se hace fuerte en nosotros. Anhela nuestro amor por encima de todo lo demás. Cuando lo damos, por débiles que podamos sentirnos, él se convierte en fuerza para nosotros.

Amado Padre, a veces me siento débil como si no pudiera seguir. Pero, Señor, te amo incluso entonces. Sé que en mis momentos de debilidad, tú eres mi fuerza. Amén.
RB—Amor

¡Alaba mientras esperas!

*«¡Ríndanse! ¡Reconozcan que yo soy Dios! ¡Yo estoy por encima
de las naciones! ¡Yo estoy por encima de toda la tierra!».*
Salmo 46.10 dhh

Jamie se encontraba en un periodo de transición. Parecía que todo estaba
en el aire. Los rumores en el trabajo sugerían que se acercaban cambios;
se hablaba de despidos y de reestructuración en la organización. Dios
estaba haciendo cosas en su familia: de repente, sus padres, hermanas
y hasta los primos estaban regresando a su estado natal después de
que todos hubieran sido dispersados por toda la nación durante más de
una década. Además de ello, su mejor amiga no había estado disponible
durante la mayor parte del verano, ocupándose de la salud de su madre.

Sus oraciones eran constantes —pidiéndole a Dios que revelara su
propósito y plan—, pero no había noticias de él. En su corazón seguía
escuchado la palabra ¡espera! Odiaba esperar. Lo planificaba todo. De
modo que se mantuvo ocupada haciendo lo que sabía hacer y siguió
pidiéndole a Dios más dirección. Jamie sabía que era el momento en el
que se encontraba y que no tenía más remedio que aceptarlo. Decidió
en su corazón alabarle por lo que estaba a punto de hacer, mientras
esperaba.

¿Te encuentras en un periodo de espera? Dios está trabajando detrás
de bambalinas, preparando su gran derramamiento. Como Jamie, pasa a
un periodo de alabanza mientras esperas.

*Dios, ayúdame a descansar en ti y a esperar con paciencia
tu momento para el gran derramamiento. Amén.*
SG—Aliento

El cántico divino de amor

Porque el Señor tu Dios está en medio de ti como guerrero
victorioso. Se deleitará en ti con gozo, te renovará
con su amor, se alegrará por ti con cantos.
Sofonías 3.17 nvi

Lee Sofonías 3.17 y descubrirás un versículo lleno del amor de Dios.
En primer lugar, este versículo les recuerda a los hijos de Dios que él
está siempre con ellos. Dondequiera que vayan, hagan lo que hagan,
en toda situación, Dios los observa con amor paternal. A continuación,
afirma que el amor de Dios no solo está siempre presente, sino que es
todopoderoso. Cuando ocurren cosas malas, los hijos de Dios no necesitan
preguntar "¿Dónde está Dios?". Pueden tener la confianza de que su
Padre está presente con un poderoso plan para salvarlos. El versículo
sigue, transmitiendo la ternura de Dios en el amor. Tranquiliza a sus
hijos. Su amor es como la nana suave y calmante que una madre le canta a
su niño. Proporciona consuelo y paz a sus hijos. El versículo acaba con el
cántico de Dios. ¡Sí, Dios canta! Se deleita tanto en sus hijos que no puede
contener su amor por ellos. Estalla en una canción de gozo.

De principio a fin, este pequeño trozo de las Escrituras es un cántico
de amor de Dios a sus hijos. Tú eres su hija. Léelo a menudo y ten por
seguro que te ama.

Amado Dios, gracias por amarme de una forma
completa, incondicional, y siempre. Amén.
JF—Amor

Ora en la soledad

La viuda desamparada, como ha quedado sola, pone su esperanza en Dios y persevera noche y día en sus oraciones y súplicas.
1 Timoteo 5.5 nvi

La soledad de Susan acabó cuando se casó con Frank. Se conocieron y se casaron ya en la cincuentena. El matrimonio no tenía hijos ni hermanos, y sus padres habían fallecido ya. Fue la soledad la que los reunió, pero el fuerte amor del uno por el otro pronto llenó el vacío que había habido en su corazón. Entonces, tristemente, tras solo tres años juntos, la tragedia golpeó. Frank enfermó de leucemia y murió unos meses más tarde. De nuevo, Susan se enfrentaba sola a la vida. Sin embargo, esta vez lo hacía de un modo distinto.

Cuando empezaron a salir juntos, Susan no era creyente. Fue Frank quien la condujo al Señor y, juntos, por medio del matrimonio, contaron con su Padre celestial para que los ayudara. Le entregaron todas sus esperanzas y sus problemas a Dios en oración y confiaron en su sabiduría. Después de la muerte de su esposo, en lugar de sentirse perdida en su soledad y su dolor, Susan acudió a Aquel que nunca la dejaría, Aquel que la consolaría y la llevaría adelante. Buscó a Dios para que llenara su corazón con su amor.

¿Te sientes sola en ocasiones? Haz como Susan y entrégaselo a Dios en oración. Él te levantará y te llevará adelante.

Ven a mí, Señor Jesús. Consuélame y dame esperanza. Amén.
JF—Oración

Su mano firme

El Señor afirma los pasos del hombre cuando le agrada su modo de vivir;
podrá tropezar, pero no caerá, porque el Señor lo sostiene de la mano.
Salmo 37.23-24 nvi

Lo maravilloso de nuestro Dios poderoso es que conoce nuestros corazones. Hay días en los que sucumbimos a responder o actuar según la carne. Pero, gloria a Dios, él nos ama tanto y es fiel incluso cuando nosotras, como seres humanos, somos incapaces de serlo. Así como un progenitor agarra la mano de su hijo, él tomará la nuestra en la suya y nos ayudará a lo largo de nuestro camino.

El Señor sabe que hay momentos en los que tropezamos. Incluso podemos apartarnos implicándonos en la actividad misma que nos hizo clamar al Señor pidiendo su salvación por primera vez. Pero su Palabra nos asegura que su amor es eterno y que cuando invoquemos su nombre, él nos oirá.

No te desalientes por culpa de esas piedras de tropiezo que encuentras en tu camino, porque el Señor está siempre contigo. Las Escrituras nos dicen que estamos en la palma de su mano. En el Señor hay esperanza. Él se deleita en nosotras y quiere darnos lo mejor, porque su amor es perfecto.

Señor Dios, la cruz fue necesaria para pecadoras como yo. Te doy
gracias porque me amaste lo suficiente como para escogerme y
yo he aceptado el regalo gratuito de la salvación. Amén.
EK—Amor

Oración enfocada

*Oren en el Espíritu en todo momento y en toda
ocasión. Manténganse alerta y sean persistentes en sus
oraciones por todos los creyentes en todas partes.*
EFESIOS 6.18 NTV

"Fija tus ojos en Cristo, tan lleno de gracia y amor. Y lo terrenal, sin valor
será, a la luz del glorioso Señor". Es un viejo himno que se ha cantado
por años y años, pero sus palabras siguen siendo verdad hoy. La Biblia
nos advierte que permanezcamos alerta y que oremos con persistencia.
La clave está en centrarse en Jesús incluso en medio de la tormenta.
Si el capitán de un barco o de un avión pierde su enfoque en medio de
la tormenta, puede resultar muy peligroso para todos los implicados.
Nuestro trabajo como creyentes consiste en confiarle el resultado al
Señor y permanecer pausadas y centradas en nuestras oraciones.

La Biblia no dice que oremos cuando sea conveniente ni como último
recurso. No dice que oremos por si acaso funciona la oración o para
añadirla a una lista de otras cosas que estamos probando. En Efesios se
nos da la instrucción de orar en todo tiempo y en cada ocasión. Cuando
ores, hazlo en el Espíritu. Ora para que se haga la voluntad de Dios. Ora
en el nombre de Jesús. Hay gran poder en la oración enfocada.

Jesús, fijo mis ojos en ti, el Mesías, mi Salvador, Redentor y Amigo. Amén.
EB—ORACIÓN

Ve confiadamente

En él, mediante la fe, disfrutamos de libertad y
confianza para acercarnos a Dios.
EFESIOS 3.12 NVI

En pocos días un representante del estado celebraría una reunión local.
Sally tenía varias preocupaciones que quería expresar, pero por su
mente pasaban pensamientos como ¿Quién soy yo para que este hombre
de poder me escuche? ¿Y si él refutaba y subestimaba todo lo que ella
decía? Reflexionó en sus válidas inquietudes y en cómo podía transmitir
su mensaje con integridad. Sabía que su argumento merecía la pena y
que otros también estaban de acuerdo. Además, ¿cuándo volvería a tener
una oportunidad para hacerlo? No podría tomarse un día libre para viajar
hasta la capital del estado para tener una reunión. Aun así, se preguntaba
cómo podría escucharse su pequeña voz.

Consideró el poder que su voto le había concedido a este líder. Él
reformó leyes que impactaban directamente en su vida. Entonces, Sally
pensó en su Único Líder verdadero y perfecto y sonrió. A su mente vino
cómo Dios nos invita a acercarnos a él confiadamente. El Rey de reyes
quiere que nos acerquemos al trono. Además, está disponible en cualquier
momento, en cualquier lugar, no es necesario viajar ni pedir días libres.

Sally decidió que iría a la reunión en la ciudad y expresaría sus
inquietudes con respeto. Pero primero le haría una visita al Rey de reyes.

Dios, gracias porque podemos venir a ti confiadamente
en cualquier momento. Amén.
SL—ALIENTO

Disciplina equivale a amor

Porque el Señor disciplina a los que ama, y azota
a todo el que recibe como hijo.
HEBREOS 12.6 NVI

"¡Mamá, no es justo! —gritó Delia. ¡Te odio!". La adolescente subió la escalera enojada y haciendo mucho ruido, corrió a su habitación y cerró la puerta de un portazo... muy fuerte.

Su madre, Faith, suspiró. Sabía que estaba haciendo lo correcto al decirle a su hija que no podría asistir a una fiesta no supervisada, pero no resultaba fácil escuchar las palabras venenosas de la niña que un día la llamaba "mami".

Mientras oraba por Delia y por sí misma, Faith sintió que Dios le recordaba que, a menudo, él se sentía odiado por aquellos a los que les había dado la vida. La verdad la llevó a ponerse de rodillas. "Señor —oró Faith en silencio—, siento mucho las veces que me he llevado un berrinche cuando tú me has dicho "no". Creo que siempre procuras lo mejor para mí".

El amor adopta muchas formas y, en ocasiones, su aspecto es el de la disciplina. Dios corrige a sus hijos con el fin de volverlos a situar en la senda correcta o para enseñarles que sus planes son siempre mejores que el camino del mundo.

¿Has sentido alguna vez la disciplina del Señor y la has tomado como un rechazo? Recuerda que él nunca nos dejará ni nos abandonará... independientemente de cómo actuemos.

Padre celestial, gracias por las veces que nos disciplinas en amor. Ayúdanos
a someternos a ti en reverencia y temor, en lugar de apartarnos de ti. Amén.
DD—AMOR

Fuerza en nuestra debilidad

¿No es él tu padre, tu creador? ¡Él te creó y te dio el ser!
DEUTERONOMIO 32.6 DHH

Marita sufre de una enfermedad autoinmune. Algunos días se encuentra bien, pero otros ponen a prueba sus reservas. La enfermedad es incurable, crónica y exasperante. Con frecuencia no se siente capaz de asistir a funciones o acontecimientos de la iglesia, porque se siente demasiado agotada por su trabajo a media jornada.

Ha suplicado curación con frecuencia y sigue orando por que haya alguna cura. Marita sabe que Dios está con ella en sus luchas, pero le resulta difícil no sentirse frustrada y sola. Tiene una familia que la ama incondicionalmente, pero no pueden entender de verdad por lo que ella pasa a diario.

No obstante, el año pasado, Marita encontró un salvavidas, un grupo de apoyo cristiano con base en Internet que proporciona una sala de chat, artículos en la red y devocionales diarios para personas con "enfermedades invisibles". A través de la conexión con otras personas que tratan con parecidas condiciones debilitantes, Marita ha encontrado la amistad, el apoyo... y la esperanza.

Cada día, cuando accede a la página web, Marita escucha consejos basados en las Escrituras, historias y música que la alienta a seguir aguantando. Esa web ha sido un verdadero regalo de Dios, y ella se siente agradecida.

¿Cómo podrías alentar a los que tienen enfermedades crónicas? Tal vez podrías ofrecerte para hacerles recados, cuidar de sus hijos o solo escucharlos. Podrías convertirte en un salvavidas para alguien que se siente desesperado.

Dios, gracias por tu compasión y amor, en especial cuando estoy débil.
Ayúdame a confiar en tu bondad, incluso cuando me siento fatal. Amén.
DD—ALIENTO

La palabra para cada día

*En cuanto a Dios, perfecto es su camino, y acrisolada la palabra
de Jehová. Escudo es a todos los que en él esperan.*
2 Samuel 22.31 rvr1960

Hace unos cuantos años, Jenna siguió el consejo de un mentor y comenzó
a orar para que Dios le diera una palabra especial para aquel año. Hace
dos años, le recalcó la palabra refugio, y fue perfecto, porque su familia
se mudó y experimentó mucho estrés durante el año siguiente. Meditar
en refugio resultó consolador a lo largo de aquellos meses frenéticos y
emocionalmente agotadores.

El pasado mes de diciembre, Dios la llevó a rumiar la palabra deleite
durante el año. ¡Y qué interesantes —e incluso deliciosos—, fueron
aquellos pocos meses! Una y otra vez, trajo a su atención la palabra,
a veces en lugares sorprendentes. A menudo, la meditación sobre el
deleite se convertía en oración, y Jenna alababa y agradecía a Dios por su
provisión y su paz.

¡La Palabra de Dios es un regalo tan increíble! Va de la mano con la
oración. Es de veras sorprendente que el Creador del universo nos diera
las Escrituras como su Palabra personal para nosotras. Cuando somos
fieles y tomamos la Palabra, él es fiel y la usa para alentarnos. Leer y
orar las Escrituras es una de las claves para hallar y mantener nuestra
sensatez, nuestra paz y nuestro gozo.

*Dios, gracias por tus dones de las Santas Escrituras y por la
dulce comunión contigo por medio de la oración. Amén.*
DD—Oración

Una salida

Las tentaciones que enfrentan en su vida no son distintas de las
que otros atraviesan. Y Dios es fiel; no permitirá que la tentación
sea mayor de lo que puedan soportar. Cuando sean tentados,
él les mostrará una salida, para que puedan resistir.
1 Corintios 10.13 ntv

¿Hay algún completo en tu vida del que te resulta difícil deshacerte o superar? La tentación llega en todas las formas y tamaños, de modo que lo que puede tentarte a ti, quizá no sea problema para otra persona. Lo contrario también es cierto. El Consuelo es que todos hemos pasado por ahí. Todos cometemos errores y sea lo que sea aquello que te está tentando, puedes estar segura de que también les ha puesto la zancadilla a muchas otras.

¡Es tan fácil desalentarse cuando una se equivoca! Sobre todo, cuando nuestro error ocurre una y otra vez en el mismo ámbito. Cristóbal Colón dijo eso: "Soy un pecador más que digno de tenerse en cuenta, pero he clamado al Señor pidiendo gracia y misericordia, y me han cubierto por completo. He hallado el más dulce de los consuelos, porque he hecho que mi propósito total sea disfrutar de su maravillosa presencia".

Este es el consuelo: cuando te enfrentas a la tentación, Dios promete proporcionar una salida. ¡Búscala! En cada momento en que seas tentada, ¡búscala! Presta atención a las interrupciones que se producen durante la tentación y agárralas. ¡Pueden ser "citas divinas" que te conduzcan a la salida!

Amado Jesús, clamo pidiendo gracia y misericordia, y te
alabo porque tu amor ha cubierto por completo mi pecado.
Ayúdame a hallar la salida en cada tentación. Amén.
MP—Aliento

El equipo vencedor

*¿Qué diremos frente a esto? Si Dios está de nuestra
parte, ¿quién puede estar en contra nuestra?*
Romanos 8.31 nvi

Sabemos que Dios siempre está a nuestro favor, pero no siempre lo
parece. Aun cuando conocemos el final de la historia, cuando sabemos
que estamos en el equipo vencedor, a veces nos da la sensación de estar
perdiendo batalla tras batalla.

Puede parecer que el cáncer está venciendo. O la quimio o la
radiación que van con él parecen estar dándonos una paliza. En ocasiones,
nuestras relaciones son difíciles y sentimos que estamos en el equipo
perdedor.

Podemos estar seguras de que Dios está realmente en nuestro
equipo, en las pequeñas luchas, cuando nos comportamos de un modo
que le honra. Si hemos estado en el lado equivocado no podemos afirmar
que Dios estaba de nuestra parte en esa batalla. Pero cuando le amamos
con todo nuestro corazón, cuando le servirnos a él y a los demás, cuando
cumplimos nuestras promesas y hacemos que las personas que nos rodean
se sientan amadas, valoradas, y mimadas, podemos saber que Dios está
complacido. Podemos saber que estará detrás de nosotras, nos defenderá
y nos apoyará.

Y, en última instancia, independientemente del número de batallas
que tengamos la sensación de estar perdiendo, si estamos con Dios,
seremos victoriosas. El otro equipo puede marcar unos cuantos puntos
aquí y allá. Pero cuando estamos en el equipo de Dios, sabemos que
somos las vencedoras.

*Amado Padre, gracias por estar en mi equipo. Ayúdame a vivir
de una forma que represente bien a tu equipo. Amén.*
RB—Aliento

Solo permanece el amor

El odio despierta rencillas; pero el amor cubrirá todas las faltas.
Proverbios 10.12 rvr1960

Marla tuvo una infancia hermosa. Creció en un hogar de disciplina y amor sistemáticos, pero siempre sintió que le faltaba algo. La cautivaban las maravillosas historias que contaban las personas sobre lo mala que era su vida y cómo Dios había intervenido de forma milagrosa. Empezó a creer que ella no tenía historia —una buena historia— y que necesitaba conseguir una.

A la edad de diecinueve años, salió de entre aquellos que la amaban y el enemigo abrió su boca y se la tragó. Años más tarde, se encontró consumiendo drogas, vendiéndolas, sin hogar o, en ocasiones, en una banda; hasta llegó a verse en la cárcel por posesión. Ahora tenía una historia; ¿qué dirían sus padres? ¿De verdad podría Dios volver a amarla?

Peter y Greta visitaron a su hija en la cárcel y descubrieron que estaba lista para darle un vuelco a su vida. Marla confesó sus pecados a Dios y a sus padres, cumplió su condena y se fue a casa. Pensó que sería diferente —que sus padres estarían resentidos con ella por lo que había hecho, pero la amaron sistemáticamente. Le mostraron la verdadera imagen del perdón de Dios. Permitieron que el pasado fuera el pasado, y solo permanecía el amor.

Padre, sé que tu amor es real. No hay nada que yo pueda hacer para que dejes de amarme. Ayúdame a mostrar tu amor también a los demás. Amén.
SG—Amor

Me rindo

Porque tanto amó Dios al mundo, que dio a su Hijo unigénito, para
que todo el que cree en él no se pierda, sino que tenga vida eterna.
Juan 3.16 nvi

Dios nos alienta a rendirnos a él. ¿Cómo espera que lo hagamos? El diccionario Merriam-Webster define rendirse como "entregarse (uno mismo) a algo (como una influencia)." Dios nos ha dado libre albedrío, de modo que las elecciones son nuestras: rendirnos o mantener el control total.

Cuando tomamos la decisión de rendirnos, nos entregamos a Dios y permitimos su autoridad en nuestra vida. Depositamos nuestra esperanza en el Dios que dirige el universo. Oswald Chambers dice: "La elección consiste en decir "no me rindo" o en rendirse, romper la dura cáscara de la individualidad que permite que la vida espiritual emerja".

¿No es un pensamiento asombroso? Nuestro Dios Creador se preocupa lo suficiente por nosotros como para hurgar en nuestra vida cotidiana y ayudarnos. Por medio del Espíritu Santo que está en nosotras, la suave mano de dirección de Dios nos sostendrá a cada una de nosotras, capacitándonos para acercarnos más a nuestro Padre. Cuanto más cerca, más desearemos ser como él. Entonces, su influencia se extenderá por medio de nosotras a otros. Cuando nos rendimos, él es capaz de usar nuestra vida y enriquecer a otros. ¡Qué mensaje tan poderoso: ríndete y da más!

Señor, gracias por amarnos a pesar de nuestras
fragilidades. ¡Qué aliento me has dado hoy! Amén.
EK—Aliento

El amor de una madre

Sobre todo, ámense los unos a los otros profundamente,
porque el amor cubre multitud de pecados.
1 Pedro 4.8 nvi

Como atestiguará cualquier madre reciente, las primeras noches en casa, con un recién nacido, pueden resultar aterradoras. Una nueva personita cuya única comunicación es el llanto cuando está mojada, hambrienta o incómoda, puede quitarle el sueño a la madre que se preguntará si llegará a sobrevivir a los seis primeros meses.

"Mamá, ¿podrías acercarte?". Elizabeth estaba cansada, llorosa y frenética con su hija de dos días. "La he hecho eructar, la he cambiado, la he acunado y no para de llorar".

"Enseguida estoy ahí". Diane sonrió recordando sus primeras noches con un bebé. Su propia madre no podía ayudarla, porque vivía a varias horas de distancia.

Una vez en los brazos de la abuela, el bebé empezó a tranquilizarse. La familiaridad de la mujer más mayor con los niños se evidenciaba en la forma segura con que sostenía a su nieta. Devolvió al bebé calmado a los brazos de su hija.

"No la vas a romper. Está bien; sostenla con confianza. Hazle saber que la amas y que siempre puede confiar en ti para ello. El amor de una madre es profundo e infinito".

Padre celestial, no podemos ser perfectas como madres, pero tú sí. Te
ruego que nos enseñes cómo amar a nuestra familia con un amor que
venga de ti, para que cubra nuestras muchas imperfecciones. Sigue
bendiciéndonos a nosotras y nuestro hogar. En el nombre de Cristo, amén.
BO-E—Amor

De todos modos, ama

*El Señor, el Señor, Dios clemente y compasivo, lento
para la ira y grande en amor y fidelidad.*
Éxodo 34.6 nvi

Sheila hacía los recados el sábado para ponerse al día después de una larga semana de trabajo. En el almacén de pinturas, esperaba su mezcla de color cuando una mujer entró bruscamente y se quedó de pie junto al mostrador, casi empujándola a un lado. La mujer procedió a pedir lo que quería de una forma poco clara y, cuando el empleado no la entendió, fue bastante arrogante. Al alejarse el dependiente, la mujer intentó quejarse a Sheila, pero esta solo le sonrió con amabilidad.

En la gasolinera, un hombre grosero hablaba duramente con su esposa. Sheila adelantó a la pareja en varias ocasiones en los pasillos del supermercado y se mostró tan agradable como pudo.

En la farmacia, varias personas se amontonaban en los pasillos y actuaban como si intentaran enseñarle maneras a los demás. Era justo lo opuesto.

Sheila pensó lo interesante que era experimentar tantas situaciones aquella tarde. Pudo darle las gracias de veras a Dios por darle una actitud de amabilidad que solo podía proceder de él.

Padre Dios, gracias por tu forma de amarnos y de capacitarnos para amar a otros que son tan poco merecedores como nosotras. Amén.
SL—Amor

Abre el libro

*De hecho, todo lo que se escribió en el pasado se escribió
para enseñarnos, a fin de que, alentados por las Escrituras,
perseveremos en mantener nuestra esperanza.*
ROMANOS 15.4 NVI

Lamentablemente, la filosofía de algunos cristianos en cuanto a la Biblia se podría resumir así: "¡Fuera con lo viejo y adentro con lo nuevo!". A pesar de ello, las Escrituras del Antiguo Testamento son vitales para todo creyente. No podemos entender el poder del Nuevo Testamento hasta no aceptar las enseñanzas, la sabiduría y las leyes morales que Dios reveló en el Antiguo Testamento. Después de todo, este apunta directamente a la venida del Mesías, Jesús, y a nuestra salvación.

El apóstol Pablo nos recuerda que todo lo que hay en la Biblia se escribió con un propósito: enseñarnos que a través de nuestras pruebas y del aliento de la Palabra de Dios podríamos tener esperanza.

La vida es dura. Nos desalentamos y, en ocasiones, nos venimos abajo hasta llegar a una desesperación de la que resulta difícil recuperarse. Con todo, la Palabra de Dios enciende el poder de un fuego positivo y piadoso dentro de nosotros.

Es fundamental leer toda la Palabra de Dios. Es la fuente de esperanza, paz, aliento y salvación, y muchísimo más. Impulsa a las personas a tomar acción a la vez que disminuye la depresión y el desaliento. Como lo expresa el autor de Hebreos: "Ciertamente, la palabra de Dios es viva y poderosa, y más cortante que cualquier espada de dos filos..." (He 4.12).

¿Necesitas aliento? Abre el Libro.

*Señor, ayúdame a leer tu Palabra de forma sistemática para que
me facultes con la esperanza y el aliento que necesito. Amén.*
TK—ALIENTO

Palabras alentadoras

No digan malas palabras, sino sólo palabras buenas que edifiquen
la comunidad y traigan beneficios a quienes las escuchen.
EFESIOS 4.29 DHH

Un marionetista de talento hace su representación en los campus de las escuelas primarias. Su presentación pretende hacer que el acoso escolar disminuya. Su sencillo mensaje se enseña por medio de marionetas con cabellos de los colores del arcoíris y voz absurda. "¡Edifica a los demás! ¡No destroces a otros!". Suena fácil, ¿pero acaso lo es?

¿Chismorreas sobre tus compañeros de trabajo o sobre las figuras de autoridad? Como Pablo lo define en Efesios, es "conversación obscena". No sirve para edificar, sino solo para destrozar. Imagina a un niño pequeño jugando con bloques. ¡Qué gozo a medida que va creciendo la torre, bloque a bloque, cada vez más alta! Sin embargo, con uno que se coloque mal, todo se derrumba. ¿Eres una edificadora o una destructora? ¿Se añaden tus palabras al bienestar de otros o lo destruyen?

Como creyentes, nuestra conversación debería ser íntegra y alentadora. Pídele a Dios que te recuerde esto en los momentos adecuados para que no corrompas descuidadamente en lugar de alentar intencionadamente.

Padre celestial, úsame para alentar y para edificar. Pon guardia a mis labios
para que no pueda usar mis palabras para destrozar a otros. Amén.
EB—ALIENTO

El amor desvela el entendimiento

*Quiero que lo sepan para que cobren ánimo, permanezcan unidos por
amor, y tengan toda la riqueza que proviene de la convicción y del
entendimiento. Así conocerán el misterio de Dios, es decir, a Cristo.*
COLOSENSES 2.2 NVI

Pablo tenía un propósito específico para escribir esta carta a la iglesia
colosense. Una peligrosa y falsa doctrina estaba socavando la fe de la
iglesia en Cristo y amenazaba su futuro espiritual. Desde la celda de su
prisión romana, Pablo respondió enseguida.

Apeló a la iglesia para una vida basada en el completo conocimiento
y suficiencia de Cristo como única forma de avanzar su caminar cristiano.
¿Su objetivo? No solo combatir la falsa enseñanza, sino recalcar la
verdadera naturaleza de Jesús y también la necesidad de llegar a ser
completo en él.

Pablo intentó alentar a los creyentes para que se unieran en el amor
de Dios. ¿Por qué? Para que pudieran experimentar la plena riqueza del
completo entendimiento para conocer el misterio del evangelio de Cristo y
transmitir ese mensaje a los demás.

El caminar cristiano es un viaje de por vida. Cristo nos cambia a
diario, nos lleva de "gloria en gloria", a medida que leemos su Palabra,
oramos y le conocemos mejor. Al hacerlo, practicamos sus enseñanzas.
Cuando estamos "unidos en amor" conseguimos un pleno entendimiento
de Cristo y lo que él desea para nuestra vida.

*Señor, con frecuencia no llego a entender lo que significa
realmente conocerte. Dame aliento y un corazón de amor para
que pueda extender esa comprensión a otros. Amén.*
TK—AMOR

Escucha bien

Oh Dios, nuestros oídos han oído y nuestros padres nos han contado las proezas que realizaste en sus días, en aquellos tiempos pasados.
Salmo 44.1 nvi

Era una mañana ajetreada y la familia se encaminó en distintas direcciones. Rachel tenía que trabajar medio día. Al salir, le dijo adiós a su hijo en edad universitaria, que regresaría de clase en unas pocas horas, y, después, ambos irían a que le sacaran la muela de juicio.

En el garaje, le recordó a su otro hijo, que se iba a trabajar, que a David le extraerían la muela. "Acuérdate, David; a la una en punto", le dijo.

Jon se detuvo un momento y la miró un tanto confuso. "¿Qué a David le han dado... dos puntos?".

Rachel estalló en una carcajada y Jon también, cuando se dio cuenta del malentendido.

A lo largo de la mañana, Rachel sonreía cada vez que recordaba el incidente y pensó en lo fácil que resulta escuchar algo mal. De repente se dio cuenta de lo importante que era escuchar bien. Asimismo, recobró una nueva apreciación por la Palabra escrita de Dios, tan clara y rica, que recoge la poderosa historia de Dios.

Señor Dios, gracias por tu Palabra que nos ayuda a conocerte mejor en cada pasaje que se registra. Capacítanos, Señor, por el poder de tu Espíritu Santo para verte vivir hoy en las historias de nuestra vida. Amén.
SL—Oración

Confianza triunfante

Así que comete pecado todo el que sabe hacer el bien y no lo hace.
Santiago 4.17 nvi

Jennifer llevaba casi diez años en la compañía. Había trabajado leal y conciezudamente bajo varios directores distintos. Como madre soltera, estaba agradecida por su empleo; aunque en ocasiones resultaba desafiante proveer para sí misma y para su pequeña familia con su sueldo.

Un día la llamaron a la oficina de la nueva sucursal.

"Jennifer, sé bien que no gana usted mucho dinero aquí. ¿Cuánto cuesta la reparación de su auto?".

"El mecánico dijo que el presupuesto para la rotura del motor se eleva a unos ochocientos dólares aproximadamente".

"¿Por qué no lo lleva donde la empresa arregla sus vehículos? Podemos mirar hacia otro lado cuando llegue la factura. O podemos desviar algún dinero al contado de la venta de materiales de chatarra. Nadie se enterará".

Jennifer le dijo a su jefe que no aceptaría su ofrecimiento, aunque temía que pudiera etiquetarla como una empleada difícil. Creía que necesitaba hacer lo correcto y Dios se ocuparía de proveer para ella.

Gracias, Padre, por ser mi proveedor en todas las cosas. Aun cuando esté asustada o en tentación, quiero confiar en ti para todo. Ayúdame a mantener mis ojos en ti y no en mis circunstancias. Te amo, Señor. Amén.
BO-E—Aliento

El enfoque correcto

*Si tu oído inclinas hacia la sabiduría y de corazón te entregas a la
inteligencia; si llamas a la inteligencia y pides discernimiento; si
la buscas como a la plata, como a un tesoro escondido, entonces
comprenderás el temor del Señor y hallarás el conocimiento de Dios.*
PROVERBIOS 2.2-5 NVI

Si alguna vez has perdido algo —tus llaves, tus gafas o un documento
importante— sin duda buscaste en todas partes. A veces, cuando por fin
lo encuentras, te das cuenta de que, en tus prisas, sencillamente pasaste
por alto aquello que con tanto frenesí buscabas.

¡Es cuestión de enfoque! Incluso cuando estás mirando en la
dirección correcta, puedes perderte algo, porque tu enfoque está
ligeramente equivocado. Este puede ser el desafío en tu relación con Dios.
Podemos formularle una pregunta a Dios y estar realmente decididas a
conseguir la respuesta, solo para darnos cuenta de que su contestación
ha estado ahí todo el tiempo, solo que no era la que esperábamos o
queríamos.

La frustración y el estrés pueden impedir que veamos con claridad
las cosas que Dios pone delante de nosotros. El tiempo que pasamos en
oración y meditando en la Palabra de Dios puede, con frecuencia, eliminar
la suciedad y la mugre del día a día y proporcionarnos una imagen clara de
las intenciones divinas para nuestra vida. Sal de la presión y entra en su
presencia, y obtén el enfoque adecuado para lo que estés afrontando hoy.

Señor, ayúdame a evitar las distracciones y a mantener mis ojos en ti. Amén.
SG—ORACIÓN

Su mano sobre todas las cosas

*Porque yo sé muy bien los planes que tengo para ustedes
—afirma el Señor—, planes de bienestar y no de calamidad,
a fin de darles un futuro y una esperanza.*
JEREMÍAS 29.11 NVI

Un sábado, Sara había estado hablando con su querida amiga Mara, que seguía recuperándose de un compromiso roto pocos meses antes de la boda. La ruptura había detenido la vida profesional de Mara y cortado muchas amistades. La vida de Sara también estaba afectada. Al apoyar a Mara, había personas a las que no quería o no debía ver con regularidad.

Aquella noche, Sara y su esposo probaron un nuevo restaurante de la ciudad para cenar y se encontraron con algunos de estos amigos perdidos. Fue una sensación agridulce verlos. Sara los abrazó con fuerza y compartieron conversaciones sinceras en el breve tiempo del que dispusieron. Esa fue la parte dulce.

Cuando se marcharon, Sara se vino abajo y lloró. La pérdida de una relación rota era tan profunda y los efectos colaterales la entristecieron inmensamente.

Una sabia amiga le recordó al día siguiente: "Dios tiene su mano en todo ello. Saberlo no elimina el dolor, pero él sabía qué era lo mejor para Mara".

Dios tiene su mano en todo.

*Señor, gracias por ser el Dios Soberano en quien podemos
confiar, incluso cuando las cosas son tristes y no nos gustan.
Gracias por tu promesa de esperanza y de un futuro. Amén.*
SL—ALIENTO

La oración: el paliativo del estrés

No se inquieten por nada; más bien, en toda ocasión, con oración
y ruego, presenten sus peticiones a Dios y denle gracias.
Filipenses 4.6 nvi

Kim estaba abrumada. Había empezado un nuevo trabajo, se había mudado a una casa nueva y se esforzaba por preparar a tres niños para volver a la escuela. Además, aquella mañana al salir marcha atrás del garaje para ir a trabajar, el retrovisor lateral quedó enganchado en la puerta del garaje. Quedó arrancado y colgando por los cables. Atacada, lo pegó con cinta adhesiva especial y condujo a toda velocidad a su nuevo trabajo, presa del pánico. La ansiedad y el estrés la golpearon con fuerza bruta.

Tras un día agotador, preparó una cena rápida, abrió unas cuantas cajas y se dirigió a unos almacenes para comprar material escolar. "Señor, no puedo hacer todo esto sin ti", susurró desesperada. Entonces, las Escrituras silenciaron sus agobiados pensamientos: "No se inquieten por nada... presenten sus peticiones a Dios y denle gracias".

Kim entendió que, por no ver a Dios en las pequeñas peticiones, sus necesidades se transformaron en ataques gigantes de estrés. Las Escrituras nos dan instrucciones de orar "en toda situación". Ningún problema o preocupación es demasiado grande ni demasiado pequeño para Dios. Y, aunque es posible que nuestras circunstancias no cambien, Dios nos cambia para manejar las frustraciones de la vida con gracia y paz.

Padre, perdóname por pensar que puedo hacer las cosas por mí misma.
Solo tú puedes aliviar mi ansiedad y prepararme para cada día y
para lo que pueda llegar en cada uno de ellos. Gracias por escuchar
hasta mis peticiones más pequeñas y responderlas. Amén.
TK—Oración

Redención total y amor

Tú, Israel, espera al Señor. Porque en él hay amor
inagotable; en él hay plena redención.
Salmo 130.7 nvi

Jesús nos ofrece a cada una de nosotras una redención total: la completa libertad del pecado, por su gran amor por nosotras. Dios no quiere que llevemos a cuesta nuestra lista de pecados, y nos sintamos cargadas con nuestras equivocaciones pasadas. Quiere que tengamos una conciencia limpia, una vida llena de gozo.

La Biblia nos dice que Dios quita nuestro pecado y lo aleja a la distancia que está el oriente del occidente (Sal 103.12) y que no los recuerda más (Is 43.25; He 8.12). Es sumamente importante que confieses tus pecados al Señor en cuanto sientes convicción y que después te apartes de ellos y te dirijas en la dirección correcta. No hay razón para bajar la cabeza de vergüenza por los pecados del pasado.

Apartarse del pecado es duro. En especial cuando se ha convertido en un mal hábito. Busca a un compañero a quien rendir cuentas para que ore por ti y verifique tus luchas, pero no permitas que el diablo hable mentiras en tu vida. ¡Por medio de Jesucristo tienes redención total!

Amado Jesús, te confieso mi pecado. Gracias por borrar cada error
y no retener nada en mi contra. Ayúdame a hacer las elecciones
adecuadas por medio del poder de tu Espíritu dentro de mí. Amén.
MP—Amor

¡Pásalo!

*Después de las lecturas acostumbradas de los libros de Moisés
y de los profetas, los que estaban a cargo del servicio les
mandaron el siguiente mensaje: «Hermanos, si tienen alguna
palabra de aliento para el pueblo, ¡pasen a decirla!».*
HECHOS 13.15 NTV

¿Quién no necesita aliento? Tras la lectura en el templo, los gobernantes le preguntaron a Pablo y sus compañeros si tenían alguna palabra de aliento que compartir. Pablo se levantó de inmediato y proclamó cómo el cumplimiento de la promesa divina había venido a través de Jesús; y que cualquiera que creyera —judío o gentil— recibiría perdón y salvación. (Hch 13.16-41).

Las Escrituras declaran que, cuando Pablo y Bernabé salieron de la sinagoga, las personas los invitaron a hablar de nuevo el siguiente día de reposo. Como resultado del testimonio de Pablo, muchos devotos judíos vinieron a Cristo. Y no solo eso, sino que al siguiente *Sabbat*, casi toda la ciudad —judíos y gentiles por igual— se reunieron para escuchar la Palabra de Dios (Hch 13.42-44).

El aliento trae esperanza. ¿Has recibido alguna vez una palabra de alguien y tu espíritu se ha elevado de inmediato? ¿Recibiste alguna buena noticia o algo que disminuyera tu actitud negativa? Tal vez una conversación particular te ayudó a poner tus problemas en perspectiva. Pablo transmitió el aliento y muchos se beneficiaron. De modo que la próxima vez que recibas aliento, ¡pásalo! Tal vez nunca sepas cómo benefician tus palabras o actos a otra persona.

*Señor, gracias por el manantial de aliento por
medio de tu Santa Palabra. Amén.*
TK—ALIENTO

¡Mantente ahí!

Y la constancia debe llevar a feliz término la obra, para que
sean perfectos e íntegros, sin que les falte nada.
Santiago 1.4 nvi

A la perseverancia no se le puede meter prisas. La única forma de desarrollarla es soportar presión durante un largo periodo de tiempo. Un levantador de pesas debe ir añadiendo progresivamente más peso si quiere aumentar músculos. Un corredor debe correr cada vez mayor distancia, sobrepasar lo que es cómodo. Si estos atletas quieren crecer y mejorar. Deben perseverar a través de la presión a lo largo del tiempo.

Lo mismo es válido para nuestra fe. Si queremos crecer como cristianas, tenemos que soportar la presión. Dios permite que ocurran cosas difíciles en nuestra vida para que ayuden a construir nuestra fuerza y nuestra resistencia. Así como el atleta que tira la toalla a la primera señal de dificultad nunca mejorará en su deporte, la cristiana que abandona su fe durante periodo de aflicción jamás alcanzará la madurez.

Nadie dijo jamás que la vida cristiana fuera fácil. De hecho, Cristo nos dijo que tendríamos que soportar dificultades de muchos tipos. Pero también dijo que no nos desalentáramos. Cuando aguantamos y le seguimos como sea, maduraremos y llegaremos a ser completas, cumpliendo perfectamente el plan divino para nuestra vida.

Amado Padre, ayúdame a perseverar cuando la vida se hace difícil.
Ayúdame a aferrarme a ti y a hacer las cosas a tu manera, incluso cuando
siento que no puedo seguir. Confío en que tu no me darás más de lo
que pueda manejar y que estás obrando para que yo madure. Amén.
RB—Aliento

Busca a Dios

Amo a todos los que me aman. Los que me buscan, me encontrarán.
Proverbios 8.17 ntv

¿Has jugado alguna vez al escondite cuando eras niña? Algunas veces resultaba fácil encontrar a tus hermanos o amiga. ¡Un pie que sobresalía detrás del sofá o silla era delatador! Otras veces, un compañero de juego podía haber escogido un mejor sitio donde esconderse. Era más difícil de encontrar. Escrutabas por arriba y por abajo. Mirabas detrás de las puertas y debajo de las camas. Levantabas colchas y movías montañas de almohadas. Pero no te rendías. ¡No, hasta que lo encontrabas!

Las Escrituras nos dicen que Dios ama a aquellos que le aman y que si lo buscamos, con toda seguridad lo encontraremos. Una traducción de la Biblia lo expresa de esta manera: "Los que me buscan temprano y con diligencia me encontrarán" (trad. lit. de la versión amp).

Busca a Dios de todas las cosas y de todas las maneras. Búscale en cada momento de cada día que tengas la bendición de caminar sobre la tierra. Se le encuentra fácilmente en su creación y en su Palabra. Está contigo. Solo búscale. ¡Él quiere ser hallado!

Padre que estás en los cielos, gracias por tu constante amor por mí. Ayúdame a buscarte con diligencia. Sé que cuando busque, te encontraré. Amén.
EB—Amor

Enséñame tus caminos

Señor hazme conocer tus caminos; muéstrame tus sendas.
Encamíname en tu verdad, ¡enséñame! Tú eres mi Dios y Salvador.
SALMO 25.4-5 NVI

Este salmo es una extraordinaria oración para memorizar y tener a mano en la mente cada día. La Biblia nos dice que la Palabra de Dios es una lámpara a nuestros pies (Sal 119.105). Conforme leemos, estudiamos y escondemos la Palabra de Dios en nuestro corazón, el Espíritu Santo traerá esas palabras a la mente para guiarnos y mostrarnos el camino por el que Dios quiere que caminemos. Si quieres escuchar la voz de Dios y saber cuál es su voluntad para tu vida, entra en su Palabra.

Hebreos 4.12 nos dice que las Escrituras están vivas y activas. Tan solo piensa en esto por un momento. ¡La Palabra de Dios está viva! Como mujer ocupada puede resultarte difícil encontrar tiempo para abrir la Biblia y meditar en el mensaje, pero es necesario si quieres que Dios te enseñe su camino para tu vida.

En lugar de tirar la toalla porque no encuentras un momento para leer la Biblia, sé creativa. Descárgate una aplicación gratuita de la Biblia en tu teléfono. Haz que cada día te envíen una lectura de las Escrituras y un devocional de *heartlight.org*. Apunta unos cuantos versículos en una tarjeta para memorizarlos. Hay muchas formas de entrar en la Palabra de Dios y ser entrenada por ella. ¡Empieza hoy!

Señor, creo que tu Palabra está viva y activa. Quiero
conocer tu voluntad para mi vida. Ayúdame a entrar más
en tu Palabra y a entender tu plan para mí. Amén.
MP—ORACIÓN

Amor verdadero

*El amor es paciente, es bondadoso. El amor no es envidioso ni jactancioso
ni orgulloso. No se comporta con rudeza, no es egoísta, no se enoja
fácilmente, no guarda rencor. El amor no se deleita en la maldad sino que
se regocija con la verdad. Todo lo disculpa, todo lo cree, todo lo espera,
todo lo soporta. El amor jamás se extingue, mientras que el don de profecía
cesará, el de lenguas será silenciado y el de conocimiento desaparecerá.*
1 Corintios 13.4-8 nvi

Imagina la intimidante tarea de definir con exactitud amor. La mayoría
de los diccionarios confían en las frases sinónimas: Amor es "un fuerte
afecto", "un cálido apego", "una preocupación benevolente por los
demás". Los diccionarios definen el amor a través del lenguaje de la
emoción.

El apóstol Pablo entendió que el amor es más que un sentimiento.
Cuando se sentó a escribir su famosa descripción del amor en 1 Corintios
13.4-8, en lugar de definir la palabra amor, explicó lo que es el amor:
amor es la demostración de actos abnegados hacia los demás.

Pablo explicó que el verdadero amor se manifiesta por medio
de conductas generosas de paciencia, amabilidad, humildad, perdón,
protección, confianza, esperanza y perseverancia. Esta es la clase de amor
que Jesús mostró hacia los demás y que Dios demuestra hacia nosotros
cada día. El bondadoso amor de Dios nunca falla.

Las palabras te amo, se escurren fácilmente de los labios y van a la
deriva. El apasionado sentimiento de amor se enfría a veces. Pero el amor
de Dios no cambia. Siempre es puro, incondicional y para siempre.

*Padre celestial, recuérdame hoy las palabras de Pablo. Ayúdame a no amar a
los demás tan solo de palabra, sino también a través de mis acciones. Amén.*
JF—Amor

La oración y la Palabra abren el pestillo de la puerta

*Pido que les inunde de luz el corazón, para que puedan entender
la esperanza segura que él ha dado a los que llamó —es decir,
su pueblo santo—, quienes son su rica y gloriosa herencia.*
EFESIOS 1.18 NTV

Las matemáticas tienen su propio lenguaje. Lamentablemente, muchos
estudiantes luchan por aprenderlo. A veces nunca llegan a entenderlo por
completo, pero retienen justo lo suficiente del lenguaje para poder sacar
adelante los cursos requeridos. En muchos casos se busca a otra persona
que habla "mates" para que ayude a los estudiantes con dificultades a
abrir el pestillo de la puerta de la barrera del lenguaje.

Tu vida espiritual también es un lenguaje diferente. Los caminos de
Dios no son los de este mundo. Con frecuencia, sus formas de hacer las
cosas son similares a aprender un nuevo idioma. La oración puede abrir
la puerta para entender la Palabra de Dios y su designio para nuestra
vida. Al pasar tiempo con Dios en oración, y pidiendo comprensión de su
Palabra, su verdad te hablará de una forma totalmente nueva. El Espíritu
Santo te ayudará a desatrancar los secretos de su propósito y su plan para
tu vida.

Descubrir su propósito para tu vida puede ser apasionante, si estás
dispuesta a abrir la puerta a una nueva aventura con él.

*Padre celestial, gracias por la Biblia. Ayúdame a leerla con entendimiento
y a llegar a conocerte de una forma totalmente nueva. Amén.*
SG—ORACIÓN

Guardar silencio

El odio es motivo de disensiones, pero el amor cubre todas las faltas.
PROVERBIOS 10.12 NVI

Afrontémoslo. Todas le sacamos jugo a un cotilleo aquí y allá. Por malo que parezca, la mayoría de nosotras somos culpables de remover las cosas en un momento u otro. Tampoco es tan malo, ¿no?

Pero la Palabra de Dios nos dice que el cotilleo es más un indicativo del odio que del amor. Las palabras pueden hacer más daño que cualquier cantidad de daño físico. El cotilleo duele. Destroza y hiere nuestro espíritu. Causa un dolor profundo que puede tardar años en curarse. Y, a veces, sus heridas no sanan jamás de este lado de la eternidad.

El amor siempre protege, siempre sana, siempre edifica. En ocasiones, es necesario para revelar una información dolorosa. Pero con mayor frecuencia, solo podemos dejar pasar las cosas y proteger a los que nos rodean de comentarios hirientes. Podemos mantener la boca cerrada, dejar de remover las cosas y permitir que los conflictos mueran antes de empezar. O, al menos, podemos escoger no contribuir en él.

El odio aviva las llamas de la polémica y de la disensión sin preocuparse por quién salga herido. Por el contrario, el amor cubre nuestros errores. Cuando se ejerce, el conflicto puede ahogarse antes de que el daño se salga de control.

Amado Padre, quiero edificar a otros, no destrozarlos. Perdóname por remover el conflicto. Ayúdame a mostrar sabiduría y amor negándome a contribuir al chismorreo, a la controversia y a la disensión. Amén.
RB—AMOR

Nada en absoluto

Pues estoy convencido de que ni la muerte ni la vida, ni los ángeles ni los demonios, ni lo presente ni lo por venir, ni los poderes, ni lo alto ni lo profundo, ni cosa alguna en toda la creación, podrá apartarnos del amor que Dios nos ha manifestado en Cristo Jesús nuestro Señor.
Romanos 8.38-39 nvi

En ocasiones, cuando nuestras circunstancias descienden en espiral y sentimos que estamos viviendo una pesadilla, nos preguntamos dónde se ha ido Dios. Su amor, que supuestamente no tiene fin, parece fuera de nuestro alcance. Oramos, pero nuestras palabras parecen rebotar contra el techo y caen de bruces sobre el suelo.

Pero no importa cómo nos sintamos. Dios prometió que nada puede separarnos de su amor abrumador, magnífico y poderoso. Y, aunque nuestras circunstancias puedan bloquear nuestros sensores, haciendo que su amor parezca ausente, podemos apoyarnos en la fe en las promesas divinas. Su amor está ahí, envolviéndonos, lo sintamos o no. Nada en este mundo puede impedir que nos ame. Absolutamente nada.

El cáncer puede destruir nuestra carne, pero no arruinará el amor de Dios. Las facturas pueden agotar nuestras finanzas, pero no mermarán su amor. Las relaciones pueden quebrantar nuestro corazón, pero jamás romperán su amor. No tenemos por qué afrontar ninguna de las dificultades de la vida a solas, porque nuestro Creador nos ama. Él sostendrá nuestra mano hasta que atravesemos esta situación. Y, cuando somos demasiado débiles para afrontar otro día, su amor nos llevará.

Amado Padre, ayúdame a descansar en tu amor
constante e inalterable. Amén.
RB—Aliento

Él las recoge

Las oraciones de todo el pueblo de Dios, sobre el
altar de oro que está delante del trono.
APOCALIPSIS 8.3 NVI

Suzy pensó lo imposible que parecía contar las oraciones. Había muchas contestadas de las que podía acordarse y que realmente fortalecían su fe. Había muchas más sin responder, que desafiaban su fe, pero que hacían que siguiera confiando en Dios. En total, sabía que había olvidado probablemente miles de oraciones que había elevado a Dios a lo largo de los años, contestadas o no.

Había oraciones infantiles sobre temores, riñas y regalos de navidad. Había oraciones de adolescente sobre chicos, dramas de amigas y escuela. Había oraciones juveniles sobre amigas embarazadas, relaciones y decisiones profesionales. Como adulta que pasaba de los treinta, había oraciones sobre amigas maltratadas, matrimonios rotos e iglesias enfermas.

A Suzy le resultaba sorprendente pensar cómo Dios escuchaba cada una de las oraciones que ella hubiera pronunciado o pensado jamás. Y más asombroso aún es que nunca olvidará ni una sola de ellas, no en toda la eternidad.

Y la forma en que responde a esas oraciones ha cambiado el aspecto de la eternidad.

Padre Dios, recuérdanos de nuevo el poder de la oración.
Es tan importante —nuestra comunicación contigo— que
recuerdes cada oración por toda la eternidad. Amén.
SL—ORACIÓN

Amor sin límites

Tu amor, SEÑOR, llega hasta los cielos; tu fidelidad alcanza las nubes.
SALMO 36.5 NVI

El amor y la fidelidad de Dios no tienen límites. Llegan hasta los cielos. Se estiran hasta los cielos y más allá. Esto nos resulta difícil de entender. Como seres humanos, incluso nuestros mejores intentos de amar y de ser fieles son limitados. El amor de Dios es ilimitado. Cuando Dios te creó, te formó en el vientre de tu madre y te trajo al mundo, te amó. Y te ama hoy del mismo modo en que te amaba cuando eras un bebé inocente. Es incapaz de amarte ni más ni menos de lo que ya lo hace. Su amor no se basa en lo que haces o dejas de hacer. No está aquí hoy y mañana se ha ido por culpa de cualquier error o fracaso, o fallo en tu vida. Él es fiel incluso cuando nosotros no tenemos fe. Si parece que no estás cerca de Dios como lo estuviste una vez, no es él quien se ha movido. Acércate a tu Padre celestial. Descubrirás que él está ahí, fiel y verdadero, preparado para recibir de vuelta a él. Dale hoy gracias al Señor por ese tipo de amor infalible e inimaginable. ¡Qué bendición es el amor de nuestro Dios fiel!

Gracias, Dios, por amarme con un amor que llega hasta los cielos.
Eres fiel incluso cuando yo no lo soy. Te amo, Señor. Amén.
EB – AMOR

Ora por su regreso

*Ya se acerca el fin de todas las cosas. Así que, para orar
bien, manténganse sobrios y con la mente despejada.*
1 Pedro 4.7 NVI

La paz del mundo es una preocupación siempre presente y probable, una que el pueblo de Dios le lleva a él en oración. Parece abrumador orar por algo que parece imposible, pero cuando los cristianos oran pidiendo paz, oran sabiendo que Jesús cumplirá su promesa de volver. ¿Cuánto tardará en regresar? Ningún ser humano lo sabe. Mientras tanto, los cristianos oran con persistencia, por su regreso e intentan vivir apaciblemente en un mundo caótico.

Alrededor del 600 A.D., Jerusalén cayó ante los babilonios. Los judíos fueron exiliados a Babilonia y allí estuvieron cautivos durante setenta años. Dios le dijo al profeta Jeremías que dijera a su pueblo que se establecieran allí y que vivieran normalmente. Dijo que deberían buscar la paz en el lugar en el que vivieran hasta que él volviera a por ellos (Jer 29.4-7).

Los cristianos de hoy son similares a aquellos judíos. Viven normalmente en un mundo malo, procurando la paz en la tierra, mientras se aferran a la promesa del regreso de Jesús.

Pablo escribió: "Por último, hermanos, consideren bien todo lo verdadero, todo lo respetable, todo lo justo, todo lo puro, todo lo amable, todo lo digno de admiración... Pongan en práctica... y el Dios de paz estará con ustedes" (Fil 4.8-9 NVI).

Que la paz de Dios esté contigo hoy y cada día hasta que Jesús venga.

Señor, que tu reino venga y que la tierra esté llena de tu Gloria. Amén.
JF—Oración

Desenamorarse

Y nosotros hemos llegado a saber y creer que Dios nos ama. Dios es
amor. El que permanece en amor, permanece en Dios, y Dios en él.
1 Juan 4.16 nvi

"Mamá —dijo Zola—. Ken y yo nos estamos divorciando".

Su madre se sentó en silencio, junto a la mesa de la cocina,
permitiendo que las palabras se asentaran lentamente. El divorcio era
contrario a todo lo que ella creía.

"¿Por qué?", preguntó.

"Por ninguna razón —respondió Zola—. Sencillamente, nos hemos
desenamorado".

Ocurre con frecuencia; la vida se mete por medio, los corazones se
desenamoran. El amor humano falla, y las personas se divorcian.

En Malaquías 2.16, Dios dice que odia el divorcio. Lo compara con la
violencia. Son palabras fuertes. ¿Pero significa esto que aborrezca a las
personas divorciadas? No. Dios las ama.

Las relaciones humanas son inmensamente diferentes de las que
Dios mantiene con los seres humanos. A diferencia del divorcio, las
relaciones Dios-seres humanos no pueden fallar. Dios no se desenamora
nunca de su pueblo. No puede. No ama, porque sienta amor, sino porque
él es amor.

Cuando los matrimonios se alejan, alguien debería alentarlos a
trabajar en sus dificultades e intentar salvar su matrimonio. Pero cuando
todo lo demás falla, Dios no lo hace. Los ama en su desolación y los ayuda
a seguir adelante: "Porque yo sé muy bien los planes que tengo para
ustedes —afirma el Señor—, planes de bienestar y no de calamidad, a fin
de darles un futuro y una esperanza" (Jer 29.11 nvi).

Amado Dios, cuando el amor humano falla, recuérdame que el tuyo no. Amén.
JF—Amor

Ora con regularidad

Tarde y mañana y a mediodía oraré y clamaré y él oirá mi voz.
Salmo 55.17 rvr1960

Jenn y su madre tenían una estrecha relación. Cuando ocurría algo apasionante, se enviaban un correo electrónico la una a la otra de inmediato. A lo largo del día, con frecuencia se comunicaban enviándose mensajes de texto por el teléfono móvil. Si Jenn estaba teniendo un día difícil en el trabajo o si su madre se enfrentaba a una prueba médica, se alentaban la una a la otra.

Dios quiere que nuestra vida de oración sea como la relación de Jenn y su madre. Quiere que le llamemos por la mañana, a mediodía y por la noche, y muchas veces entremedio. Puede parecer que tu Padre celestial está lejos, pero, en realidad, solo está a una oración en un momento dado. Siempre está ansioso por ayudarte cuando sientas que tu fuerza falla. Le gusta regocijarse sobre ti en tus victorias, y él proporcionará una calma en medio de la tormenta cuando necesites ser consolada.

Antes de correr a otra persona, acude a Dios. Él es tu Creador, tu Redentor, y tu Amigo. Te conoce mejor que nadie y nunca está demasiado ocupado para escuchar tus oraciones.

Señor, antes de acudir a la familia y a las amigas, recuérdame que comparta mis victorias y mis cargas contigo. Haz que la oración sea para mí tan natural como respirar; te lo pido en el nombre de Jesús. Amén.
EB—Oración

No te decepcionará

Les digo que Cristo se hizo servidor de los judíos para demostrar la
fidelidad de Dios, a fin de confirmar las promesas hechas a los patriarcas.
ROMANOS 15.8 NVI

Todo el mundo ha sufrido en algún momento u otro por una promesa rota.
Cuando esto ocurre, es mejor perdonar y seguir adelante. Las personas
solo son personas. Lo echan todo a perder. Pero hay Alguien que nunca
rompe las promesas que nos hace: nuestro Padre celestial. Podemos
depositar nuestra esperanza en él sin problemas.

Hebreos capítulo 11 enumera los personajes bíblicos que depositaron
su confianza y su esperanza en Dios y que no fueron defraudados. ¿Crees
que a Noé le apasionó construir un arca? Con toda seguridad, Sara y
Abraham no habían planeado ser padres a su edad. Daniel se enfrentó al
foso de los leones sabiendo que su Dios cuidaría de él. Podemos encontrar
aliento en sus ejemplos, sabiendo que su fe en el Dios que había venido
a su rescate una y otra vez, no estaba infundada. No se cansaron ni se
desalentaron. Sabían que siempre había sido fiel.

Hoy, escogemos depositar nuestra fe en las promesas de Dios. No
nos desalentaremos con el tiempo: el tiempo de Dios siempre es perfecto.
No nos desalentarán las circunstancias: Dios puede cambiarlo todo en un
abrir y cerrar de ojos. Mantendremos nuestro corazón en la mano de Dios.
Porque sabemos que él es fiel.

Señor, escojo en este día depositar mi confianza en ti, porque
sé que eres el único verdaderamente constante. Amén.
EK—ALIENTO

Por la libertad

Dios es tan rico en gracia y bondad que compró nuestra libertad
con la sangre de su Hijo y perdonó nuestros pecados.
EFESIOS 1.7 NTV

La libertad siempre tiene un precio. Para nuestras tropas estadounidenses,
ellas lo saben muy bien, podría ser su vida y la entregan voluntariamente
por su país. Sus sacrificios siempre incluyen el precio de dejar atrás a sus
seres queridos durante muchos meses o incluso un año.

En el caso de Danny significaba dejar a su reciente esposa, justo días
después de su boda para ser enviado a Afganistán. La angustia que sentía
por echarla de menos parecía casi insoportable a veces. Pero su sentido
del deber para con su país, y la libertad que defendía para todos nosotros,
eran aún mayores.

Esa libertad incluía el derecho de los ciudadanos de decir cosas
hirientes contra el personal militar, algo que le ocurría a veces a Danny.
Pero sabía que los comentarios estaban basados en malentendidos y sabía,
con seguridad, que estaba en lo correcto. Les respondía con misericordia.

Dispuesto a entregar su vida. Respondía a las críticas con amor.
Ofrecía libertad a cambio de rechazo. Parece que Danny está en una
compañía muy buena. Cristo también hizo esas mismas cosas por
nosotros.

Señor Jesús, gracias por los muchos estadounidenses que
se sacrifican por nuestra libertad, reflejando de muchas
maneras tu sacrificio mucho mayor. Amén.
SL—AMOR

La perfecta audiencia

Atiende, Señor, a mis palabras; toma en cuenta mis gemidos.
Escucha mis súplicas, rey mío y Dios mío, porque a ti elevo mi
plegaria. Por la mañana, Señor, escuchas mi clamor; por la mañana
te presento mis ruegos, y quedo a la espera de tu respuesta.
SALMO 5.1-3 NVI

Greta sintió el tirón de una pequeña mano en la pernera de su pantalón.

"Mami" —dijo Justin, su hijo pequeño, llorando e intentando atraer su atención.

Ella tenía las manos ocupadas, haciendo sándwiches de crema de cacahuete y gelatina.

Su hija mayor gritó desde el salón: "¡Mamá, la última correa de mi mochila que estaba bien acaba de romperse!".

Si tan solo pudiera prestarle a cada uno de mis hijos una atención total, pensó. Media hora más tarde, cerró la puerta al marcharse sus hijos en edad escolar. "Mami —volvió a llamarla Justin—, no eres muy buena escuchando". Tenía razón. Se inclinó hacia él. "Estoy lista para escucharte ahora", le dijo.

A veces resulta difícil ser la audiencia perfecta para cualquiera que necesite nuestra atención. Afortunadamente, Dios no está nunca demasiado ocupado. Él es el oyente perfecto. Tal vez no responda dentro de su cuadro de tiempo, pero promete estar ahí cada vez.

Dios, gracias por estar siempre ahí cuando te necesito. Nunca estás
demasiado ocupado para escucharme. Tienes las respuestas que necesito
para mi vida. Ayúdame a prestarte mi atención completa cuando respondes.
SG—ORACIÓN

Nos lleva al perfeccionamiento

*Estoy convencido de esto: el que comenzó tan buena obra en
ustedes la irá perfeccionando hasta el día de Cristo Jesús*
FILIPENSES 1.6 NVI

¿Recuerdas el Viejo dicho: "Si no lo consigues al principio, inténtalo,
inténtalo de nuevo"? Es una declaración alentadora. Pero no nos dice
cuántas veces deberíamos probar. No nos indica cuándo deberíamos tirar
la toalla y abandonar.

Aunque pueda haber un momento adecuado para abandonar en una
habilidad o en un proyecto, no deberíamos tirar la toalla nunca con las
personas. Deberíamos seguir esperando, orando y amándolas. Después de
todo, es lo que Dios hace por nosotros.

Independientemente de cuántas veces fallemos, de las veces que
nos equivocamos, sabemos que Dios no nos ha dado por perdidas. Sigue
trabajando en nosotros. Sigue amándonos. Conoce nuestro potencial,
porque nos creó y no deja de llevarnos adelante hasta que su plan se haya
perfeccionado.

Aquellas de nosotras que han sido adoptadas en la familia de Dios
creyendo en su Hijo, Jesucristo, podemos confiar en que Dios no tirará la
toalla con nosotros. Independientemente de lo desordenadas que puedan
parecer nuestras vidas, él sigue obrando en nosotros hasta que su plan se
cumpla y comparezcamos delante de él perfectos y completos.

*Amado Padre, gracias por no tirar la toalla conmigo. Ayúdame a colaborar
en tu proceso de cumplimiento de tu propósito en mí. Amén.*
RB—ALIENTO

Mi niño

Vosotros, pues, oraréis así: Padre nuestro que estás
en los cielos, santificado sea tu nombre.
MATEO 6.9 RVR1960

El famoso teólogo Charles Spurgeon dijo: "El Padrenuestro empieza por donde debe comenzar toda oración verdadera, con el espíritu de adopción: 'Padre nuestro'. No hay oración aceptable hasta que podamos decir: 'subiré e iré a mi Padre'".

Qué hermosa imagen verbal ofrece esto: un niño que suplica delante de su Padre celestial. No a un extraño delante de un dios desconocido, sino un hijo del Rey. Con todo, se requiere fe para recibir y creer esa imagen. Nuestra vida en esta tierra nos carga con patrones de pensamiento negativo, desgarrándonos de los brazos de Jesús para meternos en la autocondenación y la culpa. Absolvernos de este problema recurrente parece imposible. "Ninguna otra persona ha ____". Podemos rellenar el hueco con sentimientos de indignidad y duda.

Tienes que saber esto: Al enemigo le encanta dividir y destruir aislándonos y haciéndonos sentir rechazadas. ¡Qué mentiroso es! El Creador nos ama con gran amor y debemos permitir que ese pensamiento impregne nuestras almas. Dios nos ama tanto que envió a su Hijo a enseñarnos un patrón de oración. Y ese modelo empieza con las palabras que nos dan conocimiento del corazón: somos sus niños.

Amado Padre celestial, enséñanos a aceptar tu gracia y misericordia,
y a entender que tú estás de verdad en nuestras vidas. Amén.
EK—ORACIÓN

Esperanza en tiempos desesperados

Mantengamos firme la esperanza que profesamos,
porque fiel es el que hizo la promesa.
HEBREOS 10.23 NVI

Cada mañana, las noticias de la televisión están llenas de informes en cuanto a que el mundo va mal. El periódico requiere un examen y un rescate para encontrar recortes de buenas nuevas. Demasiados amigos están muriendo, diagnosticados de muerte, o se están divorciando. Los niños en el vecindario se quedan solos, tienen que cuidarse solos y recurrir, con demasiada frecuencia, a actividades ilegales.

En un mundo profundamente cargado de pecado, podemos considerarlo de dos maneras: podemos sentirnos desesperados por marcar la diferencia y no hacer nada, sintiendo que todo es futilidad. O podemos ver que hay una oportunidad infinita de impactar al mundo sufriente que nos rodea con el amor de Cristo y la esperanza que ofrece.

Una iglesia de Ohio envió a un grupo de personas al centro de Toledo para que se sentaran y hablaran con personas en necesidad en las calles. Voluntarios de apoyo, en una ciudad cercana, alientan a los niños en múltiples formas con el trabajo escolar y con la vida. En otra ciudad local, un ministro universitario hace pancakes en un patio cerca de los bares del centro para interesarse por las personas e invitarlas a la iglesia. Una mujer les lleva galletas a sus vecinos solo por tener la oportunidad de conocerlos mejor.

¿Qué podrías hacer tú para marcar una diferencia en tu vecindario y en tu ciudad?

Dios, ayúdanos a no perder la esperanza; más bien facúltanos para que
amemos a las personas y procuremos hacer una diferencia para ti. Amén.
SL—ALIENTO

Sigue en su amor

Yo los amo a ustedes como el Padre me ama a mí;
permanezcan, pues, en el amor que les tengo.
JUAN 15.9 DHH

¿Qué significa "seguir" o "permanecer" en el amor de Cristo? Ya que su amor es perfecto y lo demostró en la carne, permanecer en su amor significa mantenerse conectada a la persona de Jesucristo por medio del regalo inestimable de su Espíritu.

A lo largo de tu día, pídele a Dios que te dé formas creativas para permanecer conectada a Jesús. Aquí tienes unos cuantos ejemplos:

Cuando te levantas y te diriges a la cafetera, la enciendes, ora para que Dios derrame su amor en ti y que tú puedas derramarlo a los demás.

Mientras te duchas, pídele a Dios que limpie tus pecados.

Al maquillarte o cepillarte el cabello, medita en su hermosura y su bondad. Pídele que te haga consciente de la belleza que él da por medio de la creación y de otras personas a lo largo del día.

Mientras comes, alaba a Dios por la comida que nos da en su Palabra. Tómate el tiempo de meditar en las Escrituras, aunque solo sea por unos momentos, mientras comes. Si compartes la comida con otros, ora por las oportunidades de hablar sobre él.

Señor Dios, te alabo por ser mi Creador, Redentor y Amigo. Gracias por darme
el amor de Jesús y ayudarme a permanecer en el amor cada día. Amén.
DD—AMOR

La oración... en la vida real

Cuando lo tomó, los cuatro seres vivientes y los veinticuatro ancianos
se postraron delante del Cordero. Cada uno tenía un arpa y copas de
oro llenas de incienso, que son las oraciones del pueblo de Dios.
APOCALIPSIS 5.8 NVI

En la película Como la vida misma, el actor Steve Carrell interpreta a Dan,
un viudo cuya vida personal y profesional se complica cuando se enamora
de Marie, la novia de su hermano.

En un momento de la película, el padre de Dan le alienta a empezar
a salir de nuevo, no dándose cuenta de que Dan languidece por alguien.
"Siempre dijiste que con Suzanne ganaste la lotería, y que intentarlo
de nuevo sería sentirte codicioso —dijo el padre—. Pero ya han pasado
cuatro años".

A lo largo de la película, Dan se da cuenta de que se ha enamorado
de Marie por su celo por la vida, su inteligencia y su belleza. Finalmente,
empiezan una relación. Dan no puede creer la suerte que tiene; el rayo
había caído dos veces en el mismo sitio.

La oración es un escenario similar. Nos da vitalidad y sabiduría y
nos hace receptivas a la belleza de Dios. Los dones que encontramos a
través de la oración contestada son tan ricos que casi podemos sentirnos
culpables de pedir más. La oración es más poderosa que el relámpago y
contiene riquezas que superan a un billete de lotería premiado. Y, cuando
la vida se va complicando, podemos aferrarnos a Aquel que nos adora más
de lo que podemos imaginar, por medio de la oración.

Señor, te damos las gracias por el don de la oración que
es más valiosa que un millón de dólares. Amén.
DD—ORACIÓN

Tres cuerdas

*Más valen dos que uno, pues mayor provecho obtienen de su trabajo. Y
si uno de ellos cae, el otro lo levanta. ¡Pero ay del que cae estando solo,
pues no habrá quien lo levante!... Uno solo puede ser vencido, pero dos
podrán resistir. Y además, la cuerda de tres hilos no se rompe fácilmente.*
ECLESIASTÉS 4.9-10, 12 DHH

Dios usa a su pueblo para alentarse y fortalecerse los unos a los otros.
Así como el hierro se afila con el hierro, un amigo lo hace con un amigo
(Pr 27.17). Nos sentimos más realizados en nuestra propia vida —y en
el gran esquema de las cosas— cuando estamos abiertos a la ayuda y al
aliento de los demás.

Si ves a una amiga que necesita ayuda física, emocional o espiritual,
pídele al Señor que te dé la sabiduría y el entendimiento para ser usada
en formas útiles. Y cuando una amiga te ofrece a ti una ayuda similar, no
seas demasiado orgullosa para aceptarlo.

Pide al Señor que te guíe para que encuentres a una compañera de
"tres hilos" para rendirle cuentas. Busca a una mujer cristiana con una fe
fuerte en el Señor que esté dispuesta a orar contigo, alentarte en tu fe
y ser sincera sobre tus fuerzas y tus debilidades. Reúnanse varias veces
al mes y formúlense una a otra las preguntas difíciles: ¿Has sido fiel al
Señor esta semana? ¿Has criticado? ¿Hay algo por lo que estés luchando
ahora mismo? ¿Cómo puedo orar por ti?

Dios, tú y una amiga cristiana de confianza, juntos, se convierten en
una cuerda de tres hilos ¡que resulta difícil romper!

*Padre, gracias por usar a tu pueblo para alentarme y afilarme.
Guíame al buscar a una compañera a quien rendir cuentas y
que me ayude a crecer en mi relación contigo. Amén.*
MP—ALIENTO

Fuerza en el Señor

El Señor es mi luz y mi salvación; ¿a quién temeré? El Señor
es el baluarte de mi vida; ¿quién podrá amedrentarme?
Salmo 27:1 nvi

Aun cuando parece que todo se está amontonando a tu alrededor, Cristo está aquí para ti. ¡Anímate! Él es tu Fortaleza, una ayuda muy presente justo en medio de tu prueba. Independientemente de lo que venga contra ti en esta vida, tienes al Señor de tu lado. Él es tu luz en la oscuridad y tu salvación de la separación eterna de Dios. No tienes nada que temer.

En momentos, este mundo puede ser duro, injusto y un lugar solitario. Desde la caída del hombre en el jardín, las cosas no han sido como Dios pretendía originalmente. La Biblia nos asegura que nos enfrentaremos a pruebas en esta vida, ¡pero también exclama que somos más que vencedoras por medio de Cristo que está en nosotros! Cuando te encuentras frente a una tribulación que parece insuperable, alza la mirada. Cristo está ahí. Él va delante de ti, está a tu lado y te respalda en tu tiempo de necesidad. Puedes perder a todos y todo lo demás en esta vida, pero nada tiene el poder de apartarte del amor de Cristo. Nada.

Jesús, me aferro a la esperanza que tengo en ti. Tú eres mi roca, mi
fortaleza, mi defensa. No temeré, porque tú estás siempre conmigo. Amén.
EB—Aliento

Cuando renuncias a tu vida

*Porque ¿quién de vosotros, queriendo edificar una torre, no se sienta
primero y calcula los gastos, a ver si tiene lo que necesita para acabarla?*
Lucas 14.28 rvr1960

Henry David Thoreau dijo una vez: "El precio de cualquier cosa es la
cantidad de vida que des a cambio". Las vidas ocupadas dictan a menudo
que no hay tiempo para las cosas importantes. Las personas dicen: "Oh no
tengo tiempo para esto ni para lo otro", o "desearía tener tiempo para...".
La verdad es que sacas tiempo para aquello a lo que le das más valor.

Cada persona tiene la misma cantidad de vida cada día. Lo que
importa es cómo la gastes. Es fácil malgastar tu día haciendo cosas
insignificantes —lo que muchos llaman malgastadores de tiempo—
dejando poco tiempo para Dios. Las cosas más importantes en la vida son
esfuerzos eternos. Pasar tiempo en oración a Dios por los demás. Dar tu
vida para edificar una relación con Dios, leyendo su Palabra y creciendo
en fe. Compartir a Cristo con otros y darles la oportunidad de conocerle.
Estas son las cosas que durarán.

¿En qué estás gastando tu vida? ¿Qué estas sacando de aquello a lo
que te entregas cada día?

*Padre celestial, mi vida está llena. Te ruego que me des
sabiduría e instrucción para entregar mi vida a las cosas que más
importan. El tiempo que tengo es precioso y valioso. Ayúdame
a invertirlo con sabiduría en las cosas eternas. Amén.*
SG—Amor

La luz de su Palabra

Por el contrario, me salvó de la muerte y todavía puedo ver la luz.
JOB 33.28 DHH

Natasha colgó el teléfono en shock. El doctor acababa de llamar confirmando su peor pesadilla: su mamografía había dado positivo. Tenía cáncer.

Su mente y su corazón iban a toda velocidad. Se estremeció incontrolable y estalló en gemidos. Después de varios minutos, respiró hondo y suspiró, sus energías se habían agotado.

¿Y ahora qué?, pensó. Se sentó, paralizada durante varios minutos. Natasha sabía que necesitaba llamar a sus padres, hermanos y amigas, pero no estaba preparada aún para hacerlo.

Entonces, una voz le susurró en la cabeza: "Lee la Biblia".

Natasha se puso de pie, temblando, se dirigió a su estantería y sacó su amada y ajada Biblia. Recurrió hambrienta a los Salmos y leyó varios de ellos en voz alta, como para convencerse a sí misma de la verdad que encerraban. Lentamente, el ritmo de su corazón regresó a la normalidad y sus pensamientos se ralentizaron. Entonces, Natasha pasó al libro de Job en el Antiguo Testamento. Este siervo de Dios había sufrido terriblemente, y, a pesar de todo nunca maldijo a Dios. Natasha leyó varios pasajes y, cuando llegó a Job 33.28, lo subrayó.

Me aferraré a este versículo, pensó. Se convirtió en su salvavidas a lo largo de su dura experiencia con el cáncer.

Señor, gracias por estar con nosotros y no dejarnos nunca. Gracias por haber redimido nuestra vida y salvarnos de la destrucción de la muerte. Amén.
DD—ALIENTO

Un amor para siempre

Pero yo confío en tu gran amor; mi corazón se alegra en tu salvación.
Salmo 13.5 nvi

La Biblia nos dice que el amor de Dios por nosotros es confiable. El diccionario define confiable como "completamente fiable, incansable, infinito". Nuestros corazones pueden regocijarse verdaderamente sabiendo que no podemos agotar jamás el amor de Dios. Nunca se acabará. Podemos depender por completo de Dios y de su amor por nosotros en todo tiempo y en todas las situaciones.

Muchas personas —incluso cristianos— pasan por la vida creyendo que Dios no es más que un viejo cascarrabias en el borde del cielo, mirando hacia abajo, a nosotros, con decepción y disgusto. ¡Nada podría estar más lejos de la verdad! Por medio de Jesucristo y de su poder obrando dentro de nosotros, Dios nos ve como santos e hijos tiernamente amados (Col 3.12 nvi). Su amor es infalible ¡y eso no puede cambiar jamás! Comprueba los versículos siguientes:

Por tu gran amor guías al pueblo que has rescatado por tu fuerza los llevas a tu santa morada. Éxodo 15.13 nvi

Muchas son las calamidades de los malvados, pero el gran amor del Señor envuelve a los que en él confían. Salmo 32.10 nvi

¡Cuán precioso, oh Dios, es tu gran amor! Todo ser humano halla refugio a la sombra de tus alas. Salmo 36.7 nvi

La próxima vez que empieces a pensar que Dios está molesto contigo, recuerda su amor confiable e inmutable.

Padre que estás en el cielo, tu amor constante me rodea al confiar en ti. ¡Gracias por tu sorprendente promesa! Amén.
MP—Amor

Cómo ser una belleza natural

*Que la belleza de ustedes no sea la externa, que consiste en
adornos tales como peinados ostentosos, joyas de oro y vestidos
lujosos. Que su belleza sea más bien la incorruptible, la que
procede de lo íntimo del corazón y consiste en un espíritu suave
y apacible. Ésta sí que tiene mucho valor delante de Dios.*
1 PEDRO 3.3-4 NVI

¿Eres una de esas a las que les encanta la ropa, los zapatos, las joyas
y llevar el cabello a la moda? ¡Muchas de nosotras lo somos! Nos gusta
vernos bien arregladas cuando vamos al trabajo o a la iglesia. ¿Quién
no se siente maravillosa cuando lleva un atuendo extraordinario que
sabe que le sienta bien? ¿O tal vez eres de las que no salen del gimnasio
procurando conseguir el cuerpo perfecto en bañador?

Aunque no hay nada de malo en querer verse guapa o lucir bien,
el aspecto externo acabará marchitándose. La hermosura que no se
desvanece jamás viene del interior. Cuando sabemos que el Maestro
Creador nos hizo, podemos entrar en cualquier situación confiadamente,
sabiendo que Dios nos quiere tal como nos hizo y que tiene un plan para
nuestra vida. ¿En qué adornos estás invirtiendo?

*Padre Dios, gracias por hacerme. Gracias también por amarme tal como
soy. Ayúdame a verme como tú me ves y a quererme por la persona
que tú me has hecho... una hermosa hija del Dios Altísimo. Amén.*
BO-E—AMOR

Agrada a Dios

Pues Dios se complace en ustedes cuando hacen lo que saben que es correcto y sufren con paciencia cuando reciben un trato injusto.
1 Pedro 2.19 NTV

Pocas madres oyen comentarios de sus hijos o de su marido del estilo de: "Hei, gracias por lavarme la equipación de baloncesto", o "Me gusta la forma en que me recuerdas que haga mis deberes", o "¡Vaya! ¡La taza del váter está resplandeciente de limpia!". Afróntalo. Sencillamente, las mujeres no reciben este tipo de aliento; a pesar de ello, hacemos las cosas de todos modos, sin pensar en recibir crédito por ello. Es simplemente lo que hacemos por nuestra familia.

Lo mismo ocurre como creyentes. Siempre está bien obrar bien. Los cristianos sirven, dan, oran, alientan y bendicen a otros, porque es lo correcto. Estas acciones son tan naturales para el verdadero creyente como lo es para una madre acompañar a su niño de cinco años a cruzar la calle.

¿Te desalienta cuando nadie se da cuenta de lo bien que has dirigido un estudio bíblico o que has servido una comida en la iglesia? ¿Te molesta que tus buenas obras pasen inadvertidas? Entonces es hora de comprobar las motivaciones. Dios, que conoce los pensamientos y las intenciones de nuestro corazón, se agrada cuando hacemos lo que es correcto, lo note alguien o no.

Servimos sin aplauso, porque amamos a Dios y no porque deseemos agradar a los hombres. Además, el Único al que deberíamos esforzarnos por satisfacer es a nuestro Dios, que ve lo que hacemos en lo secreto y se complace.

Amado Señor, gracias por el aliento que me das a diario.
Aunque no lo merezco, ¡aprecio tu aprecio! Amén.
TK—Aliento

Un arma poderosa

*Al mismo tiempo, les pidió que imploraran la misericordia del Dios
del cielo en cuanto a ese sueño misterioso, para que ni él ni sus
amigos fueran ejecutados con el resto de los sabios babilonios.*
DANIEL 2.18 NVI

Nina aceptó un empleo a tiempo parcial en su iglesia como coordinadora
de estudios bíblicos infantiles a mitad de semana. Amaba a los niños
y a los padres a los que servía, pero cada miércoles, algo ocurría para
amenazar su cordura.

Una semana, la computadora de la iglesia se estropeó, enviando todos
sus documentos —incluidas las copias de las lecciones de aquella tarde—
al olvido. El miércoles siguiente, solo dos de los cuartos de baños del ala
infantil funcionaban.

Finalmente, una mujer sabia del personal titular mencionó que sus
dificultades podrían tener algo que ver con la guerra espiritual. Después
de todo, preguntó la mujer, ¿acaso no están aprendiendo los niños sobre
el amor por Jesús y vivir para él? ¿No odia esto el diablo?

Nina asintió y se maravilló de no haber pensado en un aspecto tan
obvio del ministerio. Ese día, empezó a formar un equipo de individuos
que prometieran orar a diario por los maestros de estudio bíblico, por los
estudiantes, por las instalaciones... y por Nina. Aunque sus dificultades
no cesaron, notó que se sentía menos ansiosa y que tenía más paz al
planificar las lecciones de cada semana. Asimismo, vio un aumento en la
asistencia de los niños y la fidelidad de los maestros.

La Biblia así lo dice y Nina lo vio: la oración funciona.

*Padre celestial y Creador de todas las cosas, gracias por
darme el don de la oración. Ayúdame a buscar y hallar a
personas que se comprometan a orar conmigo. Amén.*
DD—ORACIÓN

Un corazón verdadero

Jesús les contestó: «Bien habló el profeta Isaías acerca de lo hipócritas que son ustedes, cuando escribió: 'Este pueblo me honra con la boca, pero su corazón está lejos de mí. De nada sirve que me rinda culto: sus enseñanzas son mandatos de hombres'».
Marcos 7.6–7 dhh

Jesús consideraba a los fariseos hipócritas porque fingían honrar al Señor para que otros pensaran que eran santos y los tuvieran en alta consideración. Pero sus corazones no estaban en ello.

Dios quiere nuestro corazón y nuestras palabras. La Biblia afirma en Lucas 6.45 que "de la abundancia (desbordamiento) del corazón habla su boca". Lo que pienses y sientas en tu interior es, en última instancia, lo que saldrá. Si tu corazón no está realmente establecido en el Señor, las personas verán que tus actos no corresponden con lo que estás diciendo.

Cuando ores, sé siempre sincera con Dios y contigo misma. Cuando te pidan que ores en público, no hay necesidad de usar grandes palabras floreadas para impresionar a los demás. Dios es el Único que importa.

En una ocasión, se le pidió a un hombre que bendijera la cena en una gran festividad. Obedeció, pero hablaba tan bajito que no muchos pudieron escuchar nada en absoluto. Cuando dijo "amén", la familia levantó la mirada para ver si había acabado de verdad.

"¡No podíamos oírle!", dijo la familia.

"¡Bueno, no estaba orando para ustedes!", respondió el hombre.

Amado Jesús, que mi corazón, mis palabras y mis acciones sean siempre sinceras para ti. Amén.
MP—Oración

Bendiciones de cosecha propia

También les dijo: «Yo les doy de la tierra todas las plantas
que producen semilla y todos los árboles que dan fruto
con semilla; todo esto les servirá de alimento».
GÉNESIS 1.29 NVI

Una joven era una notable quisquillosa para comer, sobre todo cuando se trataba de fruta y verdura. Una primavera, su madre tuvo la idea de plantar un jardín como proyecto de familia, esperando que la implicación de su hija la ayudara a cambiar de opinión.

"Mamá, ¡mira! ¡Maíz!".

Unas cuantas mazorcas se las habían arreglado para polinizar correctamente bajo el sol del verano con unos granos bien desarrollados, de un brillante color amarillo jaspeado.

"¿Podemos guardarlos para el Día de Acción de Gracias, mamá? ¿Podríamos comerlos para cenar como hicieron los peregrinos?".

"Si los congelamos..." —respondió la madre, mientras recogían las mazorcas de los tallos. Estaba entusiasmada al ver que la pequeña quería comer de verdad lo que habían cultivado.

Aquel Día de Acción de Gracias sacaron el maíz del congelador y lo prepararon. Asimismo, abrieron varios tarros de verduras de cosecha propia que habían enlatado. Delante de ellas había un abundante festín, la mayor parte del cual procedía de la labor de sus propias manos y de las bendiciones de suficiente lluvia y sol. Dios había provisto de una forma muy parecida a como lo había hecho con nuestros antepasados aquel primer Día de Acción de Gracias.

Gracias, Señor, por tu abundancia de tantas maneras... Tu amor, tu
provisión y el sacrificio supremo de tu Hijo. Te estoy sumamente
agradecida por haber proveído para todas mis necesidades. Amén.
BO-E—ORACIÓN

Vive en unidad

Que Dios, quien da esa paciencia y ese ánimo, los ayude a vivir en plena armonía unos con otros, como corresponde a los seguidores de Cristo Jesús.
ROMANOS 15.5 NTV

¿Cómo se vive en unidad con tantos tipos diferentes de personas? Una mujer prefiere colores vibrantes y atrevidos y su personalidad es acorde a ello. Otra prefiere tonos más apagados y su recatada actitud encaja consecuentemente. Un miembro de la iglesia podría sentirse atraído por los himnos clásicos y tradicionales, mientras que otro prefiere música más contemporánea.

Los cristianos discrepan en muchas cuestiones y el resultado suele ser a menudo el conflicto en y fuera de la iglesia. A pesar de ello, debemos ejercer la paciencia y el aliento que Dios proporciona para ayudarnos a vivir en armonía los unos con los otros.

Hay una cita que lo expresa bien: "Dios premia la unidad cristiana por encima de la exactitud doctrinal". Nuestra salvación se basa en aquel a quien adoramos, no dónde o cómo lo hagamos. Ser quisquilloso en cuanto al corte, al estilo o al color de nuestra ropa espiritual hace que sucumbamos a nuestra naturaleza carnal y no a la voluntad de Dios para nosotros.

Las preferencias personales y las opiniones sinceras son lo que nos convierte en individuos. Cada creyente tiene un don que compartir dentro del Cuerpo de Cristo. Si todos fuéramos iguales, ¿cómo podríamos crecer y aprender? Jesús oró por la unidad entre los creyentes. Dios nos alienta a hacer lo mismo.

Padre, gracias porque me das la capacidad y el poder de andar en unidad con mis hermanos y hermanas en Cristo. Oro por la unidad cristiana. Haz que empiece por mí. Amén.
TK—ALIENTO

Corazón sumamente agradecido

Oh Señor, quiero alabarte con todo el corazón y contar tus muchas maravillas.
Salmo 9.1 dhh

Si vivimos desde la perspectiva de que el diez por ciento de vida es lo que te ocurre y el resto es cómo respondes, cada situación tiene un lado... positivo o negativo. Pongamos que llegas tarde al trabajo; en tu camino, todos los semáforos están en rojo y sientes que no vas a llegar a tiempo. En lugar de quejarte, considera que el retraso fue designado por Dios para mantenerte a salvo.

Cuando escoges plantearte la vida desde el lado positivo, puedes encontrar agradecimiento en la mayoría de las circunstancias de la vida. Cambia tu perspectiva, tu actitud y tu rostro. Dios quiere bendecirte. Cuando sientas la tentación de compadecerte de ti misma o de echarles la culpa a los demás, o a Dios, por las dificultades, pulsa Pausa. Tómate un momento y rebobina tu vida. Mira hacia atrás y cuenta las bendiciones que Dios te ha dado. Al recordar todo lo que él ha hecho por ti y en ti, provocará un cambio en tu actitud y te dará esperanza en la situación a la que te estés enfrentando. Cuenta hoy tus bendiciones.

Señor, estoy agradecida por mi vida y por todo lo que has hecho por mí. Cuando la vida ocurre, ayúdame a responder de una forma sana y positiva. Recuérdame de mirarte a ti y confiar en ti para que me lleves por los desafíos de la vida. Amén.
SG—Oración

Sigue orando

Orad sin cesar.
1 Tesalonicenses 5.17 rvr1960

"Hablarles a los hombres de parte de Dios es algo grande, pero hablarle a Dios a favor de los hombres es aún más extraordinario" (E. M. Bounds). ¿Te has dado cuenta de que podemos darle testimonio a alguien todo el día y no alcanzar jamás a esa persona para Cristo hasta que la oración vigorice nuestras palabras?

Tal vez tengas un hijo o una hija caprichoso/a, o un marido inconverso. ¿Estás afligida y has intentado compartir el mensaje de salvación, una y otra vez, sin resultado. Has orado, pero nada cambia. Esperando abrir sus ojos, sigues "predicando", pero pronto tu predicación se convierte en una retahíla y se resisten mucho más a tus palabras. ¿Qué deberías hacer, pues? ¿Dejar de compartir la verdad que tú sabes que lo/la liberará? ¿Guardar silencio y esperar lo mejor?

Jesús dijo: "Nadie puede venir a mí si no lo atrae el Padre que me envió y le da el deseo de venir a mí..." Juan 6.44 (trad. lit. de la versión amp). La oración es un prerrequisito para la salvación. La oración sistemática y apasionada por los demás mueve a Dios para atraerlos por medio del poder del Espíritu Santo. Nuestras oraciones ablandan los corazones endurecidos y preparan el terreno del corazón para recibir la Palabra de Dios.

Nuestra tarea consiste en orar de manera específica por las necesidades de una persona, y es Dios quien tiene que cambiarle el corazón para recibir el mensaje del evangelio.

Así que no desesperes. Solo sigue orando.

Señor, cuando me sienta frustrada y no consiga ver los resultados de mis oraciones, aliéntame a seguir orando. Amén.
TK—Oración

Bondad

Éste es mi siervo, a quien sostengo, mi escogido, en quien me deleito.
Isaías 42.1 nvi

Jackie y sus hijas celebraron Adviento de una forma única. Decidieron que cada día realizarían pequeños actos de bondad. Escribieron sus ideas y, con gran entusiasmo, planearon sorprender a amigos, familiares y extranjeros con bendiciones inesperadas. Pagaron parquímetros a punto de expirar, cantaron villancicos en residencias de ancianos, le ofrecieron chocolate caliente al cartero, cuidaron niños gratuitamente, e hicieron otras muchas cosas de forma anónima o sin esperar nada a cambio. ¿El resultado? Fueron bendecidas con sonrisas, gracias y hasta con unas cuantas lágrimas de felicidad; y esperaron que sus actos de bondad impulsaran a otros a hacer lo mismo.

En 1 Pedro 5.2, la Biblia afirma: "Cuiden como pastores el rebaño de Dios que está a su cargo, no por obligación ni por ambición de dinero, sino con afán de servir, como Dios quiere..." (nvi).

Dios llama a su pueblo a servir, y el servicio viene de muchas formas. Algunos trabajan activamente en la iglesia como ministros o misioneros. Otros son voluntarios en sus comunidades a través de refugios para los sin hogar, proyectos de recaudación de fondos, bancos de alimentos y otras causas. Y, cada día, cristianas como Jackie y sus hijas trabajan en silencio en un segundo plano, llevando a cabo pequeños actos de bondad.

¿Puedes alentar a alguien hoy, por medio de un pequeño acto de bondad?

Amado Dios, ¿cómo puedo servirte hoy? ¿Qué puedo hacer para mostrar bondad a los demás? Amén.
JF—Aliento

Sonríe, alguien lo necesita

El corazón alegre hermosea el rostro.
PROVERBIOS 15.13 RVR1960

El dependiente de la gasolinera silbó y sonrió cuando Phyllis pagó su compra.

"Es agradable escuchar a alguien tan alegre, temprano por la mañana", dijo Phyllis.

"Bueno, mi padre, que era cristiano, siempre decía que independientemente de lo mal que te sintieras por dentro, había que mantener una actitud alegre —respondió el hombre—. Las personas creen que siempre estoy contento, pero mi corazón se está rompiendo —confesó, mientras metía sus artículos en una bolsa—. Mientras hablamos, mi hijo de veintitrés años está compareciendo en un tribunal para escuchar su sentencia. Le he sacado muchas veces de la cárcel, pero esta vez le dije que tendría que afrontarlo solo. Pero duele".

Conmovida, Phyllis animó al hombre diciendo: "Comoquiera que sea, tiene que saber que la mano de Dios está sobre la vida de su hijo".

El hombre sonrió y dijo. "Gracias. Por esa razón puedo sonreír".

Hay una cita que dice: "Algunos persiguen la felicidad, otros la crean". Cada persona tiene una historia y, con frecuencia, es una triste. ¿Quién sabe a qué se está enfrentando el dependiente de la tienda, o la persona sentada a tu lado en el banco de la iglesia? Una sonrisa o una palabra amable pueden disminuir su tristeza incluso por una fracción de segundo. Puede ser el único "abrazo" que reciba en todo el día.

Phyllis oró por el padre que silbaba a pesar de su dolor, el hombre que había aprendido que, independientemente de lo que ocurriera, Dios le animaría a sonreír.

Señor, crea en mí un corazón alegre para ofrecer una
sonrisa en medio de la adversidad. Amén.
TK—ALIENTO

Dios tiene el control

Así que no temas, porque yo estoy contigo; no te angusties, porque yo soy tu Dios. Te fortaleceré y te ayudaré; te sostendré con mi diestra victoriosa.
Isaías 41.10 nvi

Una tarde, después de otro tratamiento de quimio, Jim estaba agotado y dispuesto a tirar la toalla. Su hijo, un conocido entrenador de fútbol, pasó después de un partido a ver cómo estaba su padre. Lo encontró en el sofá, desplomado y derrotado. "Ya no puedo ni sentarme derecho —le dijo a su hijo—. ¿De qué sirve? ¿De qué le valgo a nadie? Ni siquiera puedo alimentarme".

El joven y saludable entrenador se sentó en el sofá con su padre. "¿Recuerdas cuando era niño? —le preguntó—. Tú solías hacerlo todo por mí. ¡Tú y mamá tenían que cortarme la carne! Me cargabas sobre tus hombros en los juegos de pelota, para que pudiera ver por encima de la multitud. ¿Lo recuerdas, papá?".

Jim sonrió al pensar en aquellos días de hacía tanto tiempo.

"Bueno, ahora me toca a mí", dijo el hijo de Jim. Acomodó el delgado y débil cuerpo de su padre para que las almohadas le ayudaran a mantenerse derecho. Tomó la bandeja de la cena que Jim había dejado a un lado en su frustración y empezó a cortarle la comida.

Señor, gracias por la seguridad de que tú eres mi fuerza. Cuando estoy débil o asustada, me sostienes con tu fuerte y justa diestra. Amén.
EB—Aliento

Ama a tus enemigos

Ustedes, por el contrario, amen a sus enemigos, háganles bien y denles prestado sin esperar nada a cambio. Así tendrán una gran recompensa y serán hijos del Altísimo, porque él es bondadoso con los ingratos y malvados.
Lucas 6.35 NVI

Estas palabras, pronunciadas por Jesús, son unas de las más duras que hemos de considerar. ¿Amar a nuestros enemigos? ¿De veras?

Sencillamente, el pensamiento de amar a quienes nos hacen daño no encaja bien. Pensar en ofrecer amabilidad a cambio de intención maliciosa no tiene sentido y nos provoca un nudo en el estómago, nuestros hombros se tensan. ¿Amar a nuestros enemigos? Por favor, Dios... ino!

¿Acaso no basta con evitarlos y no hacerles daño?

A veces sí. Puede ser. Pero la mayor parte del tiempo Dios nos llama a un amor tan valiente, tan intenso que desafía la lógica y cambia por completo el mundo. Nos llama a amar como él lo hace.

Esto significa que debemos mostrar paciencia cuando otros no están a la altura. Debemos mostrar bondad cuando otros han sido crueles. Debemos buscar formas de bendecir, cuando otros han maldecido.

Hay algo en todo esto que no le parece bien a nuestro corazón humano.

Pero Dios promete grandes recompensas para aquellos que actúan de este modo. Oh, los galardones pueden no ser inmediatos. Sin embargo, cuando Dios promete grandes recompensas, sabemos sin lugar a dudas que cualquier lucha presente será gratificada con creces, con bondad y bendición.

Amado Padre, ayúdame a amar a quienes me odian; a bendecir a los que me maldicen y a mostrar bondad a aquellos que han sido crueles. Ayúdame a amar como tú amas. Amén.
RB—Amor

¡Ten ánimo!

Pero el Señor le dijo a Samuel: «No te dejes impresionar por su apariencia ni por su estatura, pues yo lo he rechazado. La gente se fija en las apariencias, pero yo me fijo en el corazón».
1 SAMUEL 16.7 NVI

Muchos están esperando escuchar de labios de otros que son valiosos. Van de grupo en grupo hasta que se establecen en el mayor postor. Independientemente de lo mal que este grupo los trate, piensan *esto es lo que valgo*. Pero no es verdad. Solo Dios conoce tu potencial. Solo Dios conoce los talentos escondidos que ha puesto dentro de ti. Solo Dios conoce sus planes para ti. Solo Dios conoce tu corazón. ¡Los demás siempre te infravalorarán!

Dios le dijo al profeta Samuel que escogiera al nuevo rey de Israel, porque Dios había revelado que procedería de aquel linaje. Dios contempló a los que se presentaron y le preguntó a Isaí si tenía otro hijo. Estaba buscando a alguien cuyo corazón estuviera vuelto hacia él. Cuando llegó el más joven, el menos probable, el Señor dijo: "Este es; levántate y úngelo" (1 S 16.12 NVI).

David se convirtió en rey de Israel, porque escuchó a Dios y derramó su corazón ante él. Fue escogido, porque Dios miró su corazón. Y le agradó lo que vio. Vuelve hoy tu corazón a Dios para que pueda sentirse complacido.

Padre, en este día, te escojo a ti. Amén.
EK—ALIENTO

Ora por las familias cristianas

Cuando habla, sus palabras son sabias, y da órdenes con bondad.
PROVERBIOS 31.26 NTV

¿Hay alguna mujer cristiana a la que admires, alguien que te haya ayudado a crecer en tu fe? En la segunda carta de Pablo a Timoteo menciona a dos mujeres especiales en la vida de este: "Traigo a la memoria tu fe sincera, la cual animó primero a tu abuela Loida y a tu madre Eunice, y ahora te anima a ti. De eso estoy convencido" (2 Ti 1.5 NVI). ¡Cuán precioso es a los ojos de Dios que sus hijos sean criados en familias en las que él es el fundamento y la familia es la prioridad.

En las familias cristianas, los niños aprenden sobre el amor y la fidelidad de Dios. La disciplina se administra con amorosa bondad, sin ira, y el amor se enseña por medio del ejemplo de los padres. Es un hogar en el que la sabiduría como la de Cristo va pasando de generación en generación.

En la familia de Timoteo, aprendió de la fe de su madre y de su abuela, y, según Pablo, aquellas semillas de fe crecieron en el joven Timoteo y lo llevaron a convertirse en siervo del Señor.

Estés casada o soltera, tengas hijos o no, puedes plantar semillas de fe a través de tu propio ejemplo cristiano y tu oración. Ora por todos los niños, para que crezcan en hogares piadosos y ora por las mujeres en todas partes, para que críen a sus hijos en familias cristianas y que permanezcan siempre fieles a Dios.

Padre celestial, haz resplandecer tu luz a través de mí hoy,
para que pueda ser un ejemplo para otros. Amén.
JF—ORACIÓN

La miseria se convierte en ministerio

Lo mejor que puede hacer el hombre es comer y beber, y disfrutar del fruto de su trabajo, pues he encontrado que también esto viene de parte de Dios.
ECLESIASTÉS 2.24 DHH

Donna pasó sus años adolescentes como modelo profesional. Al principio se sentía poderosa y hermosa, pero con el tiempo, el glamur de la industria empezó a desvanecerse. Conforme iba comiendo menos y menos, la energía de Donna fue decayendo y sucumbió a la presión de las drogas. Pero aquellas sustancias pasaron factura rápidamente a su mente, su cuerpo y su espíritu.

Una noche, desesperada, clamó a Dios. Minutos después, una amiga de su pasado le envió un mensaje por Facebook. "¿Podemos encontrarnos? ¿Te apetece que nos pongamos al día?", decía el mensaje. Resultó que su amiga era ahora estudiante de seminario y también sabía escuchar. En el transcurso de varias conversaciones, Donna le entregó su vida a Cristo. Empezó a rechazar trabajos de modelo de lencería y bañadores (para consternación de sus agentes), se implicó en una iglesia y estudió la Biblia en su tiempo libre.

Ahora, Donna tiene un ministerio mundial para jóvenes mujeres a través de conferencias, libros y videos en la red. Suele dar su testimonio con frecuencia y ofrece asesoramiento sobre salir con chicos, la belleza y la presión de grupo. Nunca se había sentido más feliz. "Mi miseria se convirtió en mi ministerio", afirma resplandeciente.

Señor, tú no desaprovechas nada. Dame sabiduría para confiar en ti mientras me conduces al trabajo más gratificante donde pueda glorificarte a ti y marcar la diferencia. Amén.
DD—ALIENTO

El amor cubre multitud

Ahora, pues, permanecen estas tres virtudes: la fe, la esperanza
y el amor. Pero la más excelente de ellas es el amor.
1 Corintios 13.13 nvi

Se deja la tapa del váter levantada y olvida cerrar los cajones con regularidad. A veces usa el cepillo de dientes equivocado y deja dentífrico seco en el cepillo de ella. Derrama café molido en el cajón de la cubertería y no deja ni una cacerola limpia en la cocina cuando cocina. Pero le envía mensajes de texto diciéndole que la ama.

Sus calcetines sudados, hechos una bola, que tienen que soltarse antes de lavarlos o secarlos suelen estar llenos de hierba o suciedad. Deja las bicicletas y otras cosas detrás de los autos aparcados, y se olvida de ellas. Pero sigue trabajando duro para mantenerla a ella y a los niños.

No es capaz de recordar la cena de la que ella le ha hablado unas tres veces esta semana y ha vuelto a perder su teléfono...

Entonces, ella recuerda lo paciente que es Dios con los muchos defectos de ella. Dios nunca deja de obrar y, es evidente, que la ama. Dios dice en texto cómo murió por ella y que jamás tirará la toalla con ella.

El amor cubre una multitud. Desde luego que sí.

Señor, gracias por la forma en que nos amas, sin excepción,
incluso con nuestros muchos defectos. Gracias por
ayudarnos a amar a otros de la misma forma. Amén.
SL—Amor

Gracias

No he dejado de dar gracias por ustedes al recordarlos en mis oraciones.
EFESIOS 1.16 NVI

Después de que Japón atacara Pearl Harbor, el presente Franklin Roosevelt emitió una orden proclamando que gran parte de la costa del Pacífico estadounidense era zona militar y excluyendo a personas de origen japonés que ya no podían vivir allí. En 1942, más de cien mil japoneses fueron obligados a reubicarse en "Campos de Reubicación de Guerra". Entre ellos se encontraba la familia Honda que vivía cerca de Los Ángeles.

La joven Rose Honda, estudiante de séptimo grado, tuvo que abandonar la escuela que amaba, un lugar en el que sobresalía tanto académica como socialmente. La reubicación no solo afectó a Rose, sino también a sus amigos de la escuela y a sus profesores. Se mantuvieron en contacto a través del correo.

Hoy, el Enclave Histórico Nacional Manzanar señala la ubicación de uno de los campos. Allí se exhibe una carta que la escuela de Rose escribió a la familia. Les da las gracias por las cosas tan benévolas que hicieron y les dan crédito por construir un buen espíritu entre los estudiantes japoneses que se vieron obligados a reubicarse. La carta sigue elogiando a Rose y alentándola a regresar pronto.

Una carta sincera que expresa gratitud en una forma en que los cristianos pueden alentarse los unos a los otros. Con frecuencia, Pablo escribía misivas cuando estaba en la cárcel y dependía de las cartas de apoyo de sus amigos.

Las palabras escritas permanecen... así que escribe hoy una carta. Dale las gracias a alguien. Aliéntalos con tus palabras.

Amado Señor, te ruego que me proporciones las mejores palabras para agradecer sinceramente a otros y alentarlos. Amén.
JF—ALIENTO

Orar por nuestros seres queridos

*Por eso les digo: Crean que ya han recibido todo lo que
estén pidiendo en oración, y lo obtendrán.
MARCOS 11.24 NVI

Una de las mejores cosas que podemos hacer por nuestros amigos y miembros de la familia es orar por ellos. Y, aunque en la Biblia no existe una formula única para la oración, podemos tomar como ejemplo las oraciones que hicieron algunas personas en las Escrituras.

¿Somos fariseicas cuando hablamos con nuestro Padre celestial y le pedimos que cambie a otros, pero descuidamos rogarle que nos cambie a nosotras? ¿Asumimos las responsabilidades por los daños causados, como hizo David en los Salmos? ¿Oramos con acción de gracias, como hizo María después de que Gabriel viniera a ella?

¿Le suplicamos a Dios con fe, creyendo que él lo puede todo, como hizo Ana? ¿O más bien oramos vacilantes, carentes de convicción? También podríamos aprender mucho de las oraciones de Pablo en sus cartas a las iglesias a las que ministraba. Muchas de sus oraciones se pueden hacer palabra por palabra, por aquellos a los que amamos.

También encontramos ayuda y esperanza cuando nos sentamos en silencio, escuchando en oración. Por medio de su Espíritu Santo, Dios puede darnos sabiduría, resistencia y un conocimiento interno al que nunca accederíamos por nosotras mismas.

Aunque no siempre lo podamos ver, él está obrando... en el corazón de nuestros seres queridos... y en el nuestro.

Señor, gracias por preocuparte por aquellos a los que
amo. Sé que los amas incluso más que yo. Amén.
DD—ORACIÓN

La corriente del amor

*Pero la gracia de nuestro Señor se derramó sobre mí con
abundancia, junto con la fe y el amor que hay en Cristo Jesús.*
1 TIMOTEO 1.14 NVI

Hacerle un regalo a un ser querido suele proporcionarnos gran placer.
Compramos anticipando el entusiasmo del destinatario en nuestras
compras. Cuando amamos a esa persona, nuestro gozo puede ser aún
mayor. Lo mismo ocurre con el amor de Dios por nosotros. Él nos dio a su
Hijo: un regalo puro y perfecto, porque nos ama de una forma inmensa.

Independientemente de la actitud que podamos tener hacia Dios,
no podemos olvidar jamás su precioso regalo: Jesucristo. Incluso cuando
reflejamos desesperación o enojo, él nos ama. Las Escrituras declaran
que la gracia y el amor se dan con abundancia, y esto significa de forma
copiosa, exuberante, generosa. ¿Cómo podemos pasar por alto el amor de
Dios cuando es tan benevolente?

El famoso teólogo Charles Spurgeon lo expresa de esta forma:
"Nuestro Dios nunca deja de brillar sobre sus hijos con rayos de amor.
Su amorosa bondad no deja de fluir, como un río, con una plenitud
inagotable, como su propia naturaleza".

Levántate hoy con la expectativa de una gracia y un amor
extraordinarios. Deja que tu vida refleje ese amor y siente su placer.
Sumérgete en el río de su amor y siente que él te lleva por sus corrientes.
Relájate en sus brazos, sabiendo que él cuida de ti.

*Señor, llévame por la corriente del manantial de
tu amor. Te amo profusamente. Amén.*
EK—AMOR

¡Regocíjate!

Alégrense siempre en el Señor. Insisto: ¡Alégrense!
FILIPENSES 4.4 NVI

Pablo escribió estas palabras desde la prisión. Considerando sus circunstancias, no parece que tuviera muchas razones para regocijarse. A pesar de ello, sabía lo que muchas de nosotras olvidamos: cuando tenemos al Señor de nuestra parte, siempre tenemos motivos para alegrarnos.

No dice: "Regocíjense en sus circunstancias", sino que se regocijaran en el Señor. Cuando nos sentimos deprimidas, angustiadas o perdidas en las desesperación, podemos pensar en nuestro Señor. Podemos recordarnos lo amadas que somos. Para Dios somos especiales. Nos adora, y, en su corazón, cada una de nosotras es irreemplazable.

Tal vez la razón por la que perdemos nuestro gozo sea, en ocasiones, porque dejamos que las cosas malas sean la fuente de nuestro gozo. Si este se encuentra en nuestras finanzas, nuestro empleo o nuestras relaciones, ¿qué ocurre cuando estas cosas se vienen abajo? Perdemos nuestro gozo.

Pero cuando Dios es la fuente de nuestro gozo, jamás lo perderemos. Las circunstancias pueden frustrarnos y quebrantar nuestro corazón. Pero Dios es capaz de suplir todas nuestras necesidades. Es capaz de restaurar las relaciones rotas. Puede darnos un nuevo empleo o ayudarnos a tener éxito en el que desempeñamos ahora. Pese a todo y con todo, podemos regocijarnos al saber que somos de Dios y que él nos ama.

Amado Padre, gracias por amarme. Ayúdame a
convertirte en la fuente de mi gozo. Amén.
RB—ALIENTO

Ora sin cesar

*Orad sin cesar. Dad gracias en todo, porque esta es la
voluntad de Dios para con vosotros en Cristo Jesús.*
1 Tesalonicenses 5.17-18 rvr1960

*Oren sin cesar. Oren continuamente. No dejen nunca de orar. Oren todo el
tiempo.* Independientemente de la traducción de la Biblia que escojas, el
mandamiento es el mismo. ¡Parece imposible! ¿Cómo se puede orar todo
el tiempo? Considera esto. Eres joven y estás enamorada. Tienes que ir
a la escuela y trabajar. Es posible que una gran distancia te separe de tu
amado. A pesar de ello, cada momento de cada día, esa persona está en tu
mente. Hablas por teléfono con él y, constantemente, le envías mensajes
de texto. Su nombre está siempre en tus labios. ¡Tanto que, para algunos
de tus amigos resulta ya fastidioso! ¿Es tu relación con Jesús como la
que se describe aquí? Él quiere ser el nombre que está de continuo en tu
mente cuando sueñas de día. Quiere ser el primero con el que converses
cada mañana y el último en quien confíes cada noche. ¡Quiere que estés
tan completamente absorta en él que algunas de tus amigas empiecen a
aburrirse de escucharte! Ora sin cesar. Ama a Jesús con todo tu corazón.
Él está loco por ti.

*Jesús, gracias porque a pesar de mi pecado, tú moriste por mí. Haz
que mi caminar contigo sea lo más importante en mi vida. Amén.*
EB – Oración

Fuerza nevada

¡Así que sé fuerte y valiente! No tengas miedo ni sientas
pánico frente a ellos, porque el Señor tu Dios, él mismo
irá delante de ti. No te fallará ni te abandonará».
Deuteronomio 31.6 ntv

Jenna quedó con una buena amiga para comer e ir de compras una
noche de invierno. Pasaron un tiempo muy bueno juntas. Disfrutaron
de una cena italiana en un restaurante exclusivo al que rara vez podían
permitirse llevar a su familia. Descubrieron unos cuantos regalos de
Navidad de última hora en un centro comercial al aire libre y acabaron en
una cafetería, donde perdieron la noción del tiempo charlando.

Cuando se dieron cuenta, era casi media noche y hora de volver a
casa; también se percataron de los quince centímetros de nieve que se
habían acumulado en las carreteras. Se habían sentido tan felices de
pasar tiempo juntas que ni lo habían notado.

Pero cuando Jenna se puso al volante para iniciar los cuarenta y ocho
kilómetros de viaje a casa, su preocupación fue en aumento. Conducir
no resultó tan complicado hasta que llegó a las carreteras donde no
habían retirado la nieve, que eran la mayoría de ellas. Aquella noche
era especialmente oscura y casi no había tráfico. Su coche patinó unas
cuantas veces y Jenna empezó a sentir pánico.

Empezó a orar y a pensar en las facultades que Dios le
proporcionaba. La persona fuerte que ella perdía de vista con frecuencia.
Cantando mientras regresaba a casa, le dio gracias a Dios por poder ser la
persona valiente en quien él la había convertido.

Señor Dios, gracias por ayudarme a ser fuerte y valiente
frente a las situaciones temibles o desafiantes. Amén.
SL—Aliento

Amor imperturbable

«Porque aunque las montañas se muevan y los montes caigan en pedazos, mi amor no se apartará de ti, mi compromiso de pacto no se quebrantará». El Dios que tiene compasión de ti así lo afirma.
Isaías 54.10 (traducción libre de la versión msg)

Como mujeres modernas, la angustia parece acecharnos. El proveedor de noticias de nuestro Twitter menciona revueltas, ataques terroristas, fluctuaciones del mercado y huracanes. El temor es una reacción muy común en la inestabilidad mundial y puede nublar fácilmente nuestra mente, convirtiéndonos en niñas temblorosas y aterrorizadas. La pregunta es: ¿queremos transformarnos en mujeres asustadas y angustiadas que apenas se atreven a salir de sus ámbitos de comodidad, o deseamos ser mujeres valientes, atrevidas del Rey Altísimo?

Dios no quiere que nos acobardemos bajo el peso de la incertidumbre. En vez de ello, a través de las Escrituras, de otros creyentes y del Espíritu Santo que mora en nosotras, nos alienta a ser valientes, apasionadas y fieles. ¿Pero cómo establecemos un puente entre nuestras emociones y sus deseos para nosotras?

La respuesta es el amor. Debemos descansar en el amor salvaje e inflexible que Dios siente por nosotras. En Isaías promete que, independientemente de lo que ocurra, jamás se apartará de nosotras. Cuando creemos en él de todo corazón y reposamos en su amor, se apodera de nosotras una paz que deshace el temor y una fe intrépida. Esa fe nos permite tener grandes sueños y vencer las inquietudes que nos mantienen encadenadas.

Señor, gracias por tu amor que nunca se aparta de mí. Ayúdame a descansar en tu amor por encima de todo lo demás. Amén.
DD—Amor

Totalmente equipada

Su divino poder, al darnos el conocimiento de aquel que nos llamó por su propia gloria y potencia, nos ha concedido todas las cosas que necesitamos para vivir como Dios manda. Así Dios nos ha entregado sus preciosas y magníficas promesas para que ustedes, luego de escapar de la corrupción que hay en el mundo debido a los malos deseos, lleguen a tener parte en la naturaleza divina.
2 Pedro 1.3–4 nvi

Como cristianas, estamos totalmente equipadas para vivir una vida piadosa en la tierra. No tenemos que vivir en un estado de confusión constante. No tenemos que estresarnos sobre qué hacer o cómo vivir. Dios nos ha dado todo lo que necesitamos para ser capaces de seguirle a diario.

Segunda de Corintios 1.21-22 (nvi) nos dice que "nos selló como propiedad suya y puso su Espíritu en nuestro corazón, como garantía de sus promesas". Cuando aceptamos a Cristo como nuestro Salvador y Señor de nuestra vida, ¡Dios nos da su Espíritu! ¡Coloca su propio Espíritu en nuestro corazón! ¿No es asombroso? Tómate algún tiempo para reflexionar en ello.

Juan 15.26 denomina al Espíritu Santo como nuestro "Ayudador". No estamos nunca solas. El Espíritu de Dios está ahí con nosotras cuando tomamos decisiones, en el transcurso de nuestro día, al enfrentarnos a las pruebas y al disfrutar de sus bendiciones. ¡Tenemos un Ayudador constante dondequiera que vamos!

Padre celestial, estoy asombrada de lo que has hecho.
Gracias por poner al Espíritu en mi corazón. Ayúdame a
escucharte según me diriges y me guíes. Amén.
MP—Aliento

Conocer a Dios

El que no ama no conoce a Dios, porque Dios es amor.
1 Juan 4.8 nvi

A primera vista, este es uno de los versículos más dulces y fáciles. Dios es amor. Y nos gusta pensar en el amor. Es suave y agradable, como el terciopelo.

A pesar de ello, si queremos tener un acceso pleno a ese gran amor de Dios, debemos amar a los demás como él nos ama a nosotros.

¡Vaya!

Si el amor es paciente, tenemos que mostrar paciencia a los demás, o no conocemos de verdad a Dios. Si el amor es atento, nosotros también debemos ser atentos, o no podremos afirmar tener una estrecha relación con Dios. Si el amor siempre espera, siempre protege, siempre soporta... tenemos que hacer todas estas cosas por los demás o no podremos conocer a Dios íntimamente.

No podemos tener envidia de otros, porque el amor nunca es envidioso.

No podemos enojarnos fácilmente ni jactarnos, ni deshonrar a los demás, o chismorrear, o buscar elevarnos por encima de todos los que nos rodean, porque ninguna de estas cosas son características de la clase de amor de Dios.

Si queremos conocer a Dios de una forma íntima, si queremos experimentar las recompensas de su gran amor por nosotros, debemos permitirle que viva ese amor en nuestra vida. Cuando lo hacemos, experimentamos una cercanía con Dios que lleva nuestro espíritu a ese lugar suave como terciopelo que solo se puede encontrar en su amor.

Amado Padre, quiero conocerte. Quiero amar como tú amas,
para que otros puedan experimentar tu gran amor. Amén.
RB—Amor

¿Cuál es tu talento?

Sí, mi hermano, te ruego que me hagas este favor por amor al Señor. Dame ese ánimo en Cristo.
FILEMÓN 1.20 NTV

El aliento se presenta en muchas formas. Una ovación de pie y un generoso aplauso alienta al artista. Los equipos deportivos remontan con las ovaciones de su leal afición. Para el cristiano, nada se compara con el estímulo que recibimos los unos de los otros, a través del amor de Dios.

El mundo está lleno de competición; por consiguiente, las palabras de aliento escasean. Tristemente, el Cuerpo de Cristo suele hacer lo mismo con frecuencia, cuando la envidia bloquea el flujo del estímulo hacia nuestros hermanos y hermanas en Cristo.

Toda creyente está dotada de formas distintas. Sin embargo, a veces codiciamos el talento que Dios le ha dado a otro. Desearíamos poder cantar o recitar las Escrituras, o enseñar como otros. No obstante, Dios equipa a cada creyente con diferentes talentos.

¿Has encontrado el tuyo? Con frecuencia, los mayores dones son los que están detrás de bambalinas. Los intercesores que oran a diario por los pastores y líderes están grandemente dotados del poder del Espíritu Santo para enfocar y orar por quien sea que Dios haya puesto en su corazón. Algunos poseen el don de dar, no solo económicamente, sino en la entrega de sí mismos. Otros poseen la visión de Dios y comparten una palabra que alguien necesita con desesperación. ¿Dónde estaríamos sin estas personas amorosas y compasivas?

Estando encarcelado, Pablo le escribió a Filemón pidiéndole un favor, y le indicó que sería de gran aliento para él. Dios también nos alienta a alentar.

Señor, ayúdame a alentar a otros como tú me alientas a mí. Amén.
TK—ALIENTO

Amor infalible

El Señor dice: «Yo te instruiré, yo te mostraré el camino que debes seguir;
yo te daré consejos y velaré por ti. Muchas son las calamidades de los
malvados, pero el gran amor del Señor envuelve a los que en él confían».
Salmos 32.8, 10 nvi

¡Qué asombroso y sorprendente que el Dios de toda creación quiera
instruirnos y aconsejarnos personalmente! Nos ama a cada una de
nosotras de forma individual como si fuéramos las únicas en existir. Él
vela por nosotras y nos protege. ¿No te dan ganas de hablarle al mundo de
su infalible amor?

El amor de Dios nos rodea siempre, si confiamos en él. ¿Has
depositado toda tu confianza en el Señor? De no ser así, ábrele tu corazón
y pídele que se convierta en el Señor de tu vida. Jesús está a la puerta
de tu corazón, preparado para entrar cuando respondas (Ap 3.20). O tal
vez ya has aceptado a Cristo como tu Salvador, pero no estás del todo
segura si puedes confiar en él. Tienes que saber que ha sido fiel a sus
hijos a lo largo de todas las generaciones y que está obrando en todas las
circunstancias de tu vida para tu propio bien (Ro 8.28).

Dios y Padre, te alabo por tu amor infalible. Sigue aconsejándome
y dirigiéndome en el camino por el que debo andar. Gracias por
velar por mí. Ayúdame a confiar en ti por completo. Amén.
MP—Oración

La oración apunta al egoísmo

No hagan nada por egoísmo o vanidad; más bien, con humildad consideren a los demás como superiores a ustedes mismos. Cada uno debe velar no sólo por sus propios intereses sino también por los intereses de los demás.
FILIPENSES 2.3–4 NVI

Cada lugar de trabajo parece tener una. Un vago: la persona que suda y se afana cuando el jefe está presente, pero luego holgazanea, conversa y elude el trabajo cuando nadie lo supervisa. Como resultado, la carga de trabajo de los que son trabajadores, aumenta.

Las personas que luchan por parecer mejores que los demás piensan poco en cómo afecta su egocentrismo a sus compañeros de trabajo, sus amigos o su familia. Son difíciles de tolerar, por no hablar de orar por ellos.

El versículo más arriba desalienta la ambición egoísta y nos alienta a buscar el interés de los demás. Como creyentes, Dios espera que escojamos el buen camino. Esto significa que, a pesar de la conducta de alguien, estamos llamadas a orar. Ora por su salvación; ora para que Dios obre en su corazón y en su mente; ora para que cuando le plantees la verdad, la reciba con un espíritu humilde y abierto.

Dios apunta a cada corazón con la flecha de su Palabra. Viaja tan lejos como el poder de Aquel que la lanza. La oración, junto con la Palabra de Dios compartida con los que son difíciles de amar, nunca yerran la diana.

Pero debemos orar primero para ver más allá del egoísmo y ver las necesidades que subyacen. Cuando lo hacemos, Dios nos equipa para orar por otros. Entonces se lanza la flecha de la transformación.

Jesús, ayúdame a no limitarme a tolerar, sino a
orar por aquellos por los que tú moriste.
TK—ORACIÓN

¿Cuánto tiempo hace?

Mi alma se aferra a ti; tu mano derecha me sostiene.
SALMO 62.8 NVI

Hay un himno de principios del siglo XX que dice así:

Entra en las profundidades de la promesa de Dios;
pide gratuitamente de él, y recibe;
puedes recibir todo lo bueno por pedirlo,
si, al buscar, crees de verdad...
Entra en las profundidades de la promesa de Dios;
y pide lo que quieras;
la bendición no te faltará,
su Palabra sin duda cumplirá.

¿Hace mucho que derramaste tu corazón por completo delante de Dios? No me refiero a tus oraciones cotidianas por la familia y las amigas, sino a un derramamiento completo y exhaustivo de tu corazón ante el Señor. La mayoría de las veces acudimos a amigas o consejeros espirituales en los momentos de preocupaciones y problemas, pero Dios quiere que, en primer lugar, vertamos lo que hay en nuestro corazón en su presencia.

La próxima vez que agarres el teléfono para llamar a una amiga y compartir todos tus sentimiento, détente y ora primero. Comparte tu corazón con Dios y obtén su perspectiva en cuanto a tus problemas. El Dios que te creó te conoce mejor que nadie. Deja que él sea tu primer punto de contacto en cualquier situación.

Padre celestial, ayúdame a confiar en que estás aquí
para mí, para escucharme y guiarme. Dame sabiduría
para tomar decisiones que te honren. Amén.
MP—ORACIÓN

Maravillosa tú

*Tú creaste mis entrañas; me formaste en el vientre de mi
madre. ¡Te alabo porque soy una creación admirable! ¡Tus
obras son maravillosas, y esto lo sé muy bien!*
Salmo 139.13-14 nvi

Muchas de nosotras nos miramos y encontramos algo que queremos
cambiar:

"Ojalá tuviera la figura de Julie. Odio mis caderas".

"Me gusta el pelo rizado de Marcia. ¡El mío es tan liso y difícil de
manejar!".

"Tal vez me tiña el cabello de color caoba. El marrón parece
apagado".

Y, sin embargo, muchas de esas mismas cosas que no nos gustan
son las que nos hacen únicas. El salmista dice que estamos hechas de
una forma formidable y maravillosa. Esto significa que la forma en que
estamos hechas produce reverencia e inspira asombro. Nuestro cuerpo es
complicado y maravilloso en su forma de funcionar y de sanar.

Mirándonos como Dios nos contempla, podemos ver que nuestras
diferencias son una razón para alabarle y reconocer que es justo honrarle,
amarle y agradecer toda su creación, incluidas nosotras. Aunque podamos
no entender por qué nos dio los atributos físicos que nos dio, podemos
alabarle porque sabemos que puso gran amor y placer en crearnos.

*Amoroso Padre, te alabo por haberme hecho como me hiciste. Estoy
profundamente impresionada por cómo me formaste y me hiciste
tan única; no hay nadie exactamente como yo. ¡Te amo! Amén.*
BO-E—Aliento

La oración de María

Entonces María dijo: He aquí la sierva del Señor; hágase conmigo
conforme a tu palabra. Y el ángel se fue de su presencia.
LUCAS 1.38 RVR1960

Imagina el entusiasmo y el deleite de María cuando aceptó la proposición matrimonial de José. A esta joven prometida, que tiene toda la vida por delante, se le acerca un ángel con otro tipo de proposición. En primer lugar, ver a un ángel era, ciertamente, una sorpresa chocante; luego, que le dijera que había sido escogida para concebir al Hijo de Dios, convertirse en madre sin haber conocido varón. ¡Imagina la emoción y también la preocupación! ¿Qué pensaría José al descubrir que estaba embarazada antes de la boda? Sin duda ella debió de pensar en ello.

Sin embargo, María le dijo al ángel que aceptaría el designio de Dios: "Hágase en mí como has dicho". Estaba dispuesta a aceptar la voluntad de Dios por fe. Tuvo que creer que Dios se ocuparía de todos los detalles... y lo hizo. Tomó a José aparte y le aseguró que María no había estado cono otro hombre, y que el niño era el propio Hijo de Dios.

¿Qué ha puesto Dios en tu corazón? ¿Estás dispuesta a permitir que su perfecta voluntad se cumpla en ti a expensas de lo que otros puedan pensar?

Señor, dame un corazón para tu propósito y tus planes. Ayúdame a creer
que tú te ocuparás de todos los detalles al dar yo el paso de fe. Amén.
SG—ORACIÓN

El regalo de Navidad

El segundo es: «Ama a tu prójimo como a ti mismo». No
hay otro mandamiento más importante que éstos.
MARCOS 12.31 NVI

El vecindario sabía que Mary había emigrado de Alemania durante la
Segunda Guerra Mundial, pero como era tan reservada, eso era todo lo
que sabían de ella. Los demás residentes veían su extraña costumbre de
barrer siempre la calle delante de su casa.

Suzanne decidió que la casa de Mary debía estar en la lista para
los villancicos de Navidad. Como organizadora de las actividades de
los residentes, ya había reunido un montón de música y a un grupo de
voluntarios de todas las edades.

"Aprenderemos 'O Tanenebaum' en alemán", le explicó al grupo de
voluntarios. "Les proporcionaré incluso la fonética".

Cuando el grupo se congregó delante de la casa de Mary, la noche de
Navidad, se cantaron los primeros compases del villancico. Los cantantes
solo habían ensayado unas pocas veces y el alemán sonaba bastante
aproximado. Sin embargo, siguieron cantando en el porche oscuro. Pronto,
la luz se encendió y la puerta se abrió de par en par, dejando ver a una
anciana con las lágrimas rodando por su arrugado rostro.

"Ha sido la canción más hermosa que he oído jamás", exclamó
secando las lágrimas de sus mejillas. "Ha sido el mejor regalo de mi vida".

Gracias, Padre, por guiarnos a mostrar tu amor en muchas maneras:
el toque de una mano, una sonrisa y hasta compartir una sencilla
canción. Todas somos valiosas a tus ojos, independientemente de
la edad o las circunstancias. ¡Tu amor es asombroso! Amén.
BO-E—AMOR

Amor perfecto

En esa misma región había unos pastores que pasaban la noche en el campo,
turnándose para cuidar sus rebaños. Sucedió que un ángel del Señor se les
apareció. La gloria del Señor los envolvió en su luz, y se llenaron de temor.
Pero el ángel les dijo: «No tengan miedo. Miren que les traigo buenas noticias
que serán motivo de mucha alegría para todo el pueblo. Hoy les ha nacido
en la ciudad de David un Salvador, que es Cristo el Señor. Esto les servirá de
señal: Encontrarán a un niño envuelto en pañales y acostado en un pesebre.»
LUCAS 2.8-12 NVI

Las fiestas pueden ser un tiempo en que los temores se acercan
sigilosamente hasta nosotras, de forma inesperada. Podemos temer por
nuestro país, por los conflictos familiares que pueden aflorar en las cenas
festivas, el temor por el estado de nuestra economía y de las relaciones...
la lista de temores puede ser larga.

Lo que el ángel dijo a los pastores se aplica a nosotros ahora y
siempre. "No tengan miedo. Miren que les traigo buenas noticias que
serán motivo de mucha alegría para todo el pueblo". Estas Navidades,
céntrate en esas gozosas noticias. El nacimiento de Jesús nos da
esperanza. No hemos de tener temor.

1 Juan 4.18 nos dice que el perfecto amor echa fuera el temor. El
perfecto amor nació el día de Navidad. Deja que ese perfecto amor llene
tu corazón de gozo, esperanza y paz. Entonces ya no quedará lugar en él
para el temor.

Amado Jesús, llena mi corazón con tu amor infalible, estas Navidades
y siempre. Gracias porque no tengo que temer jamás. Amén.
MP—AMOR

¡Mira hacia arriba!

Tu amor, Señor, llega hasta los cielos; tu fidelidad alcanza las nubes.
SALMO 36.5 NVI

En la época bíblica, las personas solían estudiar el cielo. Mirar hacia arriba hacía que recordaran a Dios y sus poderosos prodigios. Un arcoíris fue la señal de Dios para Noé de que la tierra jamás volvería a ser destruida por un diluvio. Dios usó miríadas de estrellas para predecirle a Abraham la abundancia de su familia y una sola estrella fue heraldo del nacimiento de Cristo.

El tema de los cielos atraviesa las Escrituras de principio a fin. Las primeras palabras de la Biblia dicen: "En el principio Dios creó los cielos". David, el salmista, mostró la grandeza de Dios en comparación con ellos: "los cielos declaran la gloria de Dios". y, en el Nuevo Testamento, Jesús describe los tiempos del fin, diciendo: "Habrán señales en el sol, la luna y las estrellas... En ese momento [las personas] verán al Hijo del Hombre viniendo en una nube con poder y gran gloria".

Algunas de las obras más extraordinarias de Dios ocurrieron en el cielo.

Este inmenso espacio que llamamos "cielo" es un reflejo del amor infinito y de la fidelidad de Dios. Llega mucho más allá de lo que una pueda ver o imaginar, hasta el cielo. Con demasiada frecuencia, el trabajo, mantener a la familia, ser madre y otras tareas nos impiden mirar hacia arriba. Tómate tiempo hoy. Mira a los cielos y dale gracias a Dios por su amor sin límites.

Padre celestial, recuérdame que me detenga y aprecie tus maravillosas creaciones. Y, al mirar hacia arriba, lléname de tu amor infinito. Amén.
JF—AMOR

Amor incondicional

Ni lo alto ni lo profundo, ni cosa alguna en toda la creación, podrá apartarnos
del amor que Dios nos ha manifestado en Cristo Jesús nuestro Señor.
Romanos 8.39 nvi

Intentar comparar el amor de Dios con el humano es prácticamente
imposible. Amamos a nuestras familias y a nuestras amigas más cercanas.
¿Pero es nuestro amor incondicional? Las familias se han dividido por
incidentes tan poco importantes como una falta de entendimiento o un
estallido inesperado. Los desacuerdos, los sentimientos heridos o el enojo
acumulado han provocado que muchas personas corten lazos preciosos.

Sin embargo, el amor de Dios es incondicional. No se basa en
nuestras buenas obras. Ni en nuestra bondad o fidelidad personales.
Cuando pecamos, nos perdona. Si caemos, nos levanta y nos ayuda
a proseguir. No se enoja fácilmente ni nos vuelve la espalda cuando
hacemos o decimos algo con menosprecio.

¿Qué ocurriría si ejerciéramos el amor de Dios hacia los demás? ¿Si
no nos ofendiéramos cuando alguien es ofensivo, si perdonáramos cuando
nos hacen daño, si oráramos en lugar de acusar, si amáramos incluso
cuando alguien no nos ama?

Como cristianos, nada puede separarnos del amor incondicional de
Dios arraigado en una relación personal con Jesús. Dios te ama de todos
modos. Ve y haz lo mismo.

Padre, gracias por el amor incondicional que muestras hacia mí
cada día. Ayúdame a extender ese amor a los demás. Amén.
TK—Amor

Un día así

Antes de recibir esa circuncisión, ustedes estaban muertos en sus pecados. Sin embargo, Dios nos dio vida en unión con Cristo, al perdonarnos todos los pecados y anular la deuda que teníamos pendiente por los requisitos de la ley. Él anuló esa deuda que nos era adversa, clavándola en la cruz.
COLOSENSES 2.13-14 NVI

¿Has tenido alguna vez un día que parecía condenado a ser sombrío desde el principio? Bueno, olvida el principio; no llegaste tan lejos. Fue desde que saliste del calorcito de las sábanas que no querías abandonar.

Las exigencias del día estaban firmemente en su sitio y te hacían señas desde un espacio más frío, a veces en sentido bastante literal. No te tomaste el tiempo de hacer una pausa con Dios. "¿Tomar tiempo?", dices. No había tiempo. Tu actitud sufrió miserablemente en las trincheras de tus deberes. Sí, ahora estás en las trincheras.

Allí (en las trincheras), otras personas también se sienten bastante deprimidas, y lo único que dices y haces son cosas deprimentes. Ofendes a las personas. Ellas te ofenden a ti. Olvidas por un tiempo lo que Dios hizo por ti: redimirte en la cruz.

Ahora vienes a Dios y vuelves a pedirle su perdón y perdonas a las demás personas desde ese día deprimente.

¿Has tenido alguna vez un día así?

Señor, gracias por colocar nuestros pecados en la cruz y redimirnos. Gracias por tu perdón y tu amor. Amén.
SL—AMOR

El amor dirige el camino

Ustedes han visto lo que yo hice con los egipcios, y cómo los he traído a ustedes a donde yo estoy, como si vinieran sobre las alas de un águila.
ÉXODO 19.4 DHH

Cuando Moisés lideró a los hijos de Israel, sacándolos de Egipto y llevándolos a la Tierra Prometida, no utilizó la ruta más corta. Dios lo dirigió para que tomara el camino más largo, para que el pueblo no volviera atrás rápidamente cuando las cosas se pusieran difíciles. Dios los guiaba de día con una columna de nubes y, por la noche, con una columna de fuego. ¡Con cuánta claridad se mostró a sus hijos! El pueblo depositó su esperanza en un Dios todopoderoso y siguió su dirección. Cuando tenían sed, Dios les dio agua. Cuando tuvieron hambre, envió el maná. Ninguna necesidad quedó sin suplir.

La cantidad de comida y de agua que necesitaba el grupo era inimaginable. Moisés dependió de Dios. Creyó que él cuidaría de ellos. Y es que él conocía el gran amor de Dios y confiaba en el Creador.

Si Dios puede hacer esto por tantas personas, puedes estar tranquila de que cuidará de ti. Conoce tus necesidades incluso antes de que pidas. Deposita tu esperanza y tu confianza en él. Él puede. Lo ha demostrado una y otra vez. Al leer las Escrituras y orar a Aquel que te ama, puedes sentir que su cuidado es infinito. Su palabra es definitiva. Dios te ama.

*Señor, ayúdame a ver que tú diste tu vida por
mí. Enséñame a confiar en ti. Amén.*
EK—AMOR

Abre los ojos de la fe

Por eso les digo: Crean que ya han recibido todo lo que
estén pidiendo en oración, y lo obtendrán.
MARCOS 11.24 NVI

Al final de la Segunda Guerra Mundial y al final del Holocausto, estas palabras se encontraron grabadas en la pared de una granja abandonada: "Creo en el sol aunque no brille. Creo en el amor, aunque no se demuestre. Creo en Dios, aunque esté en silencio". Dibujada junto a la prosa ajada por el tiempo había una Estrella de David.

¿Has orado alguna vez por algo o alguien y ha parecido que Dios ha hecho oídos sordos? Una mujer estuvo orando por la salvación de su hijo durante siete años. Cada día se arrodillaba a los pies de su cama manchada por las lágrimas, suplicando por su hijo. Pero Dios parecía silencioso. A pesar de ello, lo que ella no acababa de entender era que el Señor había estado obrando para alcanzar a su hijo de formas que ella desconocía. Finalmente, su hijo aceptó el evangelio a través de una serie de circunstancias transformadoras de vida.

El mundo dice: "Creeré cuando lo vea", mientras que la Palabra de Dios promete: "Cree y verás".

Alguien dijo una vez: "La forma de ver por fe es cerrar los ojos de la razón". Cuando oramos, es en lugar de preguntarle a Dios por qué nuestras oraciones se quedan sin contestar, tal vez deberíamos pedirle al Señor que cierre nuestros ojos para que podamos ver.

Señor, creo, incluso cuando mis oraciones no son contestadas.
Sé que en vez de ello, estás obrando a mi favor. Amén.
TK—ORACIÓN

¿Y si?

El Señor te protegerá; de todo mal protegerá tu vida.
Salmo 121.7 nvi

"Mamá, ¿y si el sol se cae? ¿Y si un terremoto se traga nuestra casa? ¿Y si...?". Cuando el mundo les parece aterrador a los niños, corren a sus padres y les hacen preguntas. Acuden a su madre y su padre en busca de consuelo, tranquilidad y paz.

Los mayores no son diferentes. Corren al Dios Padre con sus ¿Y si? "¿Y si tengo cáncer? ¿Y si pierdo mi trabajo? ¿Y si hay un ataque terrorista? ¿Y si...?".

El salmo 46 proporciona la respuesta a todas estas preguntas: Dice: "Dios es nuestro amparo y nuestra fortaleza, nuestra ayuda segura en momentos de angustia. Por eso, no temeremos aunque se desmorone la tierra y las montañas se hundan en el fondo del mar; aunque rujan y se encrespen sus aguas, y ante su furia retiemblen los montes... El Señor Todopoderoso está con nosotros; nuestro refugio es el Dios de Jacob" (nvi).

Sentirse a salvo y segura no depende del mundo ni de los demás seres humanos, sino de Dios solamente. Él es la ayuda y la esperanza del cristiano en toda situación de miedo. Promete proporcionar paz a todo aquel que ponga su fe y su confianza en él.

¿A qué le tienes miedo hoy? Permite que Dios te aliente. Confía en él para atravesar esa situación y te dé paz.

Amado Señor, escucha mis oraciones, cálmame
con tus palabras y dame paz. Amén.
JF—Aliento

Colaboradoras

Emily Biggers es una Académica Avanzada Especialista de Texas. Disfruta escribiendo, viajando y decorando. Emily se encuentra en el proceso de adoptar a una niñita de Honduras.

Encuentra los devocionales de Emily en: 1, 5, 14, 28, 44, 51, 59, 65, 76, 93, 99, 107, 109, 116, 122, 130, 140, 148, 165, 176, 190, 195, 205, 213, 214, 245, 253, 266, 280, 292, 302, 209, 213, 322, 336, 346.

Renae Brumbaugh es una escritora superventas, autora independiente y columnista de humor premiada. Vive en Texas con su atractivo esposo y dos niños casi perfectos y extremadamente activos.

Encuentra los devocionales de Renae en: 3, 6, 11, 27, 31, 36, 45, 55, 60, 66, 77, 84, 95, 108, 113, 127, 141, 147, 153, 161, 177, 187, 199, 215, 223, 237, 246, 270, 275, 286, 301, 306, 307, 316, 337, 345, 350.

Como madre ocupada y esposa de ministro, **Dena Dyer** pierde constantemente las cosas, pero sigue en su sano juicio (a duras penas). ¿Sus formas favoritas de terapia? Conversar y reír con sus hijos, citas nocturnas con su esposo, leer, cocinar y ver películas. Dena está agradecida por su vida creativa que es variada y plena. Eso no significa que sea fácil...

Encuentra los devocionales de Dena en: 9, 15, 35, 38, 50, 72, 74, 79, 101, 110, 111, 117, 132, 133, 157, 158, 163, 183, 196, 206, 219, 221, 235, 252, 256, 263, 282, 283, 284, 319, 320, 324, 328, 340, 343, 348.

Jean Fischer escribe literatura cristiana para adultos y niños. Amante de la naturaleza, disfruta viviendo en Wisconsin a un paso de la orilla del lago Michigan.
Encuentra los devocionales de Jean en: 7, 25, 34, 37, 40, 43, 62, 67, 69, 91, 102, 106, 121, 125, 129, 155, 169, 182, 186, 191, 212, 217, 227, 248, 251, 255, 277, 278, 304, 309, 310, 311, 334, 339, 342, 359, 364.

Shanna D. Gregor es una escritora independiente, editora y diseñadora que ha servido en varios ministerios y editoriales desde 1996 y ha producido más de sesenta libros que expresan la voz de Dios para hoy. Con una pasión por ver que la verdad de la Palabra de Dios toque vidas a través de la palabra escrita, sigue sirviendo por medio de las puertas abiertas que Dios pone delante de ella. Madre de dos jovencitos, Shanna reside con su esposo en Tucson, Arizona.
Encuentra los devocionales de Shanna en: 2, 10, 22, 32, 39, 64, 68, 73, 94, 98, 100, 103, 112, 115, 126, 136, 152, 162, 184, 192, 198, 201, 222, 229, 236, 249, 259, 262, 271, 276, 287, 296, 305, 315, 323, 332, 356.

Eileen Key se jubiló tras enseñar después de trabajar durante treinta años como maestra de escuela. Escritora independiente y editora, madre de tres hijos y abuela de tres nietos, Eileen reside en San Antonio, Texas, donde es un miembro activo de la Grace Community Church.
Encuentra los devocionales de Eileen en: 8, 12, 33, 41, 61, 63, 71, 90, 97, 105, 120, 123, 128, 135, 154, 160, 166, 181, 189, 193, 197, 216, 218, 228, 250, 258, 273, 279, 288, 313, 317, 338, 344, 362.

Tina Krause es la autora de *Laughter Therapy, Grand Moments for Grandmothers,* de Barbour, *The Bible Promise Book for Women, Life is Sweet,* y *God's Answers for Your Life—Parents' Edition.* Es colaboradora de más de veintitrés recopilaciones de libros y cuenta con novecientos créditos de escritora publicados. Escritora independiente y columnista premiada, Tina vive con su esposo, Jim, en Valparaiso, Indiana, donde disfruta malcriando a sus cinco nietos. *Encuentra los devocionales de Tina en*: 16, 21, 35, 54, 57, 75, 85, 89, 92, 124, 138, 159, 172, 175, 178, 180, 204, 209, 231, 233, 238, 241, 243, 267, 291, 293, 298, 300, 327, 331, 333, 335, 351, 353, 360, 363.

Shelley R. Lee es la autora de los libros *Before I Knew You* y *Mat Madness.* Su firma ha aparecido en numerosas revistas y periódicos, así como en la serie de Humor Celestial de Barbour. Reside en el noroeste de Ohio con el que ha sido su esposo desde hace veintiocho años, David, y sus cuatro hijos adultos. *Encuentra los devocionales de Shelley en*: 4, 18, 24, 42, 49, 53, 70, 80, 88, 96, 104, 118, 131, 134, 137, 143, 151, 156, 168, 203, 208, 211, 220, 225, 247, 264, 268, 281, 290, 294, 297, 308, 314, 318, 341, 347, 361.

Betty Ost-Everley es una autora a nivel internacional que vive en Kansas City, Missouri. En la actualidad vive como ejecutiva. Fuera de la oficina, Ost-Everley está activa en su iglesia y es la defensora de su vecindario. Asimismo, es miembro de Heart of America Christian Writers' Network.

Encuentra los devocionales de Betty en: 20, 23, 26, 46, 48, 52, 58, 82, 83, 87, 144, 145, 149, 150, 164, 171, 174, 185, 188, 200, 202, 207, 224, 226, 234, 239, 242, 257, 261, 265, 289, 295, 326, 330, 355, 357.

MariLee Parrish vive en Ohio con su esposo Eric, y sus hijos pequeños. Es oradora, música y escritora que desea retratar a Dios con su vida, sus talentos y sus ministerios. Visita su página web en www.marileeparrish.com para más información.

Encuentra los devocionales de MariLee en: 13, 19, 29, 30, 47, 56, 78, 81, 86, 114, 119, 139, 142, 146, 167, 170, 173, 179, 194, 210, 230, 232, 240, 244, 260, 269, 272, 285, 299, 303, 321, 325, 329, 349, 352, 354, 358.

Índice de Escrituras